iCourse·教材

《教师教育课程标准（试行）
国家级精品资源共享课、国

U0685626

教师职业道德

（第2版）

主　编　陈大伟

副主编　万正维

编写者　陈大伟　胡　珍　魏　青

　　　　姚便芳　刘华锦　万正维

　　　　唐红英　吴银涛

高等教育出版社·北京

iCourse·教材

内容提要

本书作为教师教育国家级精品资源共享课、国家级一流本科课程配套教材，依据《教师教育课程标准（试行）》和《中小学教师职业道德规范（2008年修订）》编写，阐述教师职业道德规范，着重从爱岗敬业、依法执教、为人师表、师生关系、教师心理健康与幸福生活、教师终身学习与专业发展等角度展开，引用大量实践案例，加上讨论、对话的方法，通过学习活动、思考和讨论、参考阅读、思考和实践以及拓展阅读等学习形式，组织学习者体悟"师道"，修炼德性，养成德行，为教师走上幸福生活之道奠定基础。

书中使用二维码提供了大量拓展阅读资料和国家级一流本科课程的微视频，学习者可以扫描学习。学习者也可以在"爱课程"网（http://www.icourses.cn）中国大学MOOC频道中搜索"教师职业道德"课程进行学习。

本书适合作为高等师范院校"教师职业道德"课程的教材（可以采用线上线下混合学习方式），也可作为在职教师的师德读本和相关人员的参考用书。

图书在版编目（CIP）数据

教师职业道德 / 陈大伟主编. -- 2版. -- 北京：高等教育出版社，2022.7（2023.8重印）
ISBN 978-7-04-058581-0

Ⅰ. ①教… Ⅱ. ①陈… Ⅲ. ①教师-职业道德-师资培训-教材 Ⅳ. ①G451.6

中国版本图书馆CIP数据核字(2022)第068035号

Jiaoshi Zhiye Daode

策划编辑	肖冬民 何 淼	责任编辑	肖冬民	特约编辑	何 淼	封面设计	张申申
版式设计	童 丹	责任校对	窦丽娜	责任印制	刁 毅		

出版发行	高等教育出版社	网　址	http://www.hep.edu.cn
社　址	北京市西城区德外大街4号		http://www.hep.com.cn
邮政编码	100120	网上订购	http://www.hepmall.com.cn
印　刷	北京市鑫霸印务有限公司		http://www.hepmall.com
开　本	787 mm×1092 mm　1/16		http://www.hepmall.cn
印　张	17	版　次	2015 年 2 月第 1 版
字　数	330千字		2022 年 7 月第 2 版
购书热线	010-58581118	印　次	2023 年 8 月第 2 次印刷
咨询电话	400-810-0598	定　价	38.00元

第2版前言

百年大计，教育为本；教育大计，教师为本。教师大计，师德为本。《中共中央 国务院关于全面深化新时代教师队伍建设改革的意见》（以下简称《意见》）进一步明确了教师队伍的重要地位："教师承担着传播知识、传播思想、传播真理的历史使命，肩负着塑造灵魂、塑造生命、塑造人的时代重任，是教育发展的第一资源，是国家富强、民族振兴、人民幸福的重要基石。""把全面加强教师队伍建设作为一项重大政治任务和根本性民生工程切实抓紧抓好。"《意见》强调："健全师德建设长效机制，推动师德建设常态化长效化，创新师德教育，完善师德规范，引导广大教师以德立身、以德立学、以德施教、以德育德，坚持教书与育人相统一、言传与身教相统一、潜心问道与关注社会相统一、学术自由与学术规范相统一，争做'四有'好教师，全心全意做学生锤炼品格、学习知识、创新思维、奉献祖国的引路人。""造就党和人民满意的高素质专业化创新型教师队伍。"

一方面，教师在面对学生时要以身作则，师德是教师开展教育教学工作所借助的主要手段和工具，是潜移默化影响学生的重要载体，是教师专业化的核心内容和重要标志；另一方面，师德又对教师专业发展与提升其他职业素养起着动力、导向和保障作用，是教师专业成长的基础。对于教师教育而言，师德教育与师德修养至关重要。"教师职业道德"课程可以帮助学习者认识、理解师德的原则与规范要求，引导学习者实践师德修养方法，促进学习者加强师德修养、提升师德水平，为学习者成长为优秀教师奠定基础，它是教师教育的核心课程。

成都大学历经十余年开展"教师职业道德"课程的研究和实践，使该课程入选教师教育国家级精品资源共享课和国家级一流本科课程。本书作为其配套教材，依据《教师教育课程标准（试行）》和《中小学教师职业道德规范（2008年修订）》编写，在编写中参照了《中学教师专业标准（试行）》《小学教师专业标准（试行）》《幼儿园教师专业标准（试行）》提出的要求，适合高等院校师范生、在职教师学习和使用。本书有别于传统教材，更加注重以学习者为中心组织内容，与数字课程资源相互配合，突出利用翻转教学理念及方式。

一、本书内容

本书讨论教师职业道德的相关问题，以认识道德修养、学习修养方法为主线，以认同和选择当教师为前提，以遵纪守法为底线，以为人师表为基础，力求帮助学习者实践教书育人，在此过程中维护心理健康和追求幸福生活，并以终身学习与研究的积极态度开启教师人生。全书共设八个单元。

第一单元"道德的意蕴与修养的方法"重在引导学习者领会由"道"而"德"的过程，了解道德意蕴与道德行为，以及"修以求其粹美，养以期其充足"的修养目的和"修犹切磋琢磨，养犹涵育熏陶"的修养方法，是对本课程"为什么学""学什么"以及"怎么学"的讨论和回答。

第二单元"教师职业道德规范和修养方法"引导学习者在体会教师劳动的特点和教师德行的意义的基础上，学习教师职业道德范畴、教师职业道德原则、教师职业道德规范、教师职业道德修养方法，是对"教师为什么需要职业道德""教师职业道德的内容是什么""教师职业道德怎么学习和实践"的讨论和回答。

第三单元"爱岗敬业"致力于引导学习者理解和体会教师劳动的意义，确立从事教育工作的职业选择，帮助学习者建构教育理想，并讨论在做出从事教师职业的选择后，如何脚踏实地地在所处岗位上爱岗敬业，是对"我为什么要选择当教师""我要当什么样的教师""我怎样在教师岗位上坚守"的思考和讨论。

第四单元"依法执教"基于爱国守法的底线，引导学习者认识教育实践中的遵纪守法问题，认清教师的权利和义务，从而知法懂法，敬法守法，依法维护自己的合法权益；还专门讨论了教育惩戒与体罚的界限在哪里，如何处理因材施教与尊重学生隐私的矛盾等问题。

第五单元"为人师表"是对教师如何"育人先育己""正人先正己",并通过"以身立教""以身示范"的方式履行教师责任等问题的讨论。内容包括教师的言行举止、教师与同事的协作共进、教师与家长的沟通合作、教师的廉洁从教等。

第六单元"师生关系"在遵纪守法、为人师表的基础上讨论教师与学生的相处,以及对学生的教育等问题,对保护学生、尊重学生、引导和帮助学生、关爱学生、和学生一起成长等专题进行讨论,逐步递进,帮助学习者理解以关爱学生为核心的更为全面的师生关系,并讨论如何更有效地教书育人。

第七单元"教师心理健康与幸福生活"基于教师生活的繁杂艰辛,介绍教师保持心理健康和克服职业倦怠的心理调适方法,引导学习者认识教育与幸福的关系,帮助学习者从认识幸福、感受幸福、创造幸福等方面学习创造教师幸福生活的方法。

第八单元"教师终身学习与专业发展"基于实践工作的复杂性和创造性,讨论如何以终身学习和研究的职业信念克服教师生涯的种种困难,介绍终身学习与教师专业化的背景与趋势,讨论新教师的岗位适应与教师专业发展的路径和方式,同时还就创新教育实践和教育研究中的道德问题展开讨论。

全书力图体现教师立场和实践取向,即站在实践中的教师角度解读教师道德生活的应然性、可能性和理想状态;力求清晰地阐述师德规范的要求和教师道德生活的途径,致力于建构理想的教师职业道德生活图景,引导教师追求和实现幸福生活。全书紧扣教师教育教学的工作实际(特别是师范生将要面临的问题和困难)设计专题和选择案例(一些问题、案例直接来源于师范生"教师职业道德"的课程作业)。对于案例中的问题和困惑,本书力图在讨论、诠释中揭示实践原则、方法,以帮助学习者获得实践指引和启示。

二、本书体例和使用建议

本书在单元下设专题。全书共31个专题,每个专题大致按1学时的容量设计教学内容和教学活动;每个专题下讨论2~4个相关问题。

师德修养关键在修养,在于把师德规范内化成道德信念,并在教育教学活动中外化为道德行为,养成德性,体现德行。本书在专题的体例安排上体现了这样的理念。总的来说,每个单元正文都通过讲解和引导帮助学习者获得相关的知识、方法和能力，揭示该专题核心的学习内容，促进学习者得到提升。每个单元都设置有"单元学习目标""学习活动""参考阅读""思考和实践""拓展研读"等栏目。"单元学习目标"简要介绍要学习的主要内容，并提出学习的基本要求；"学习活动"提供相关故事或材料，要求学习者先行独立思考或与同伴讨论相关案例；"参考阅读"是在讲解和引导过程中向学习者提供研读资料；"思考和实践"是引导学习者用所获得的相关知识和方法，在认知与思维得到改善的基础上知行合一。这些栏目均体现了道德实践重在实践、重在修养的特点。单元末的"拓展研读"提供了本单元的课外研读资料，以满足学有余力或有兴趣的学习者深入研究的需要。

建议执教者采用案例教学的方式实施各专题的课堂教学：（1）学习者独立阅读相关案例，思考相关问题，做好学习准备；（2）学习者交流对案例的认识和理解；（3）执教者梳理和提炼学习者对案例的学习和讨论成果，讲解核心内容；（4）学习者选择"思考和实践"中的项目进行相应练习。

对于在职教师的学习，我们有这样的提醒：这不是一本讲解师德要求的书，而是一本提供师德修养方案的修养手册。对案例后面的思考问题，请不要轻易跳过，你需要唤醒自己的经验，结合自己的实际认真思索，对案例形成自己的见解和想法；在阅读正文时要检视和反省自己过去的实践经验，形成对过去经验的丰富、充实和改造；并通过"思考和实践"活动形成对未来教师人生以及教育教学实践的重新规划和向往。

依据大规模在线开放课程（MOOC）建设标准和学习特点，结合"教师职业道德"课程定位和修养要求，在教师教育国家级精品资源共享课的基础上，我们已经将该课程建成国家级一流本科课程，并在"爱课程"网（http://www.icourses.cn）上线。学习者可以结合本书上网学习，也可以扫描书中的二维码获取相关资源进行学习。

三、其他说明

本书由成都大学"教师职业道德"课程建设团队合作编写，第1版分工如下：第一、二、四单元由陈大伟编写，第三单元由万正维（第三专题）、陈大伟（第一、二、四专题）编写，第五单元由唐红英（第一专题部分）、胡珍（第一专题部分、第四专题）、陈大伟（第二、三专题）编写，第六单元由刘华锦（第二专题）、陈大伟（第一、三、四、五专题）编写，第七单元由魏青（第一专题）、陈大伟（第二、三专题）编写，第八单元由姚便芳（第二专题）、吴银涛（第四专题）和陈大伟（第一、三专题）编写。全书由陈大伟、万正维统稿。第2版修订由陈大伟、万正维完成，在修订中删掉了部分较为陈旧的内容和资料，增加了近几年有关教师职业道德的新法规和新案例，同时也提供了一些新的观点和方法。

在编写和修订的过程中，我们学习、参考了有关的文献和资料（包括网络资料），对于这些文献和资料，我们尽可能标注来源，在此向这些文献和资料的原创者表示敬意和谢意。同时要感谢成都大学的历届学生，经征得他们的同意，我们引用了他们曾经做过的一些作业作为案例，对他们的作业我们酌情进行了一些删节和改编，对其中的当事人进行了隐名处理。

师德问题是教师专业发展的一个核心问题，也是学生、家长和社会各方面关注和讨论相对较多的话题。我们努力把这本书写好，以期帮助大家学好、用好。但是由于水平和能力所限，本书难免存在问题，对此我们诚恳期待您的指正。

陈大伟

于2021年冬

目　录

第一单元　道德的意蕴与修养的方法　1

专题一　道德意蕴与道德行为　2

一、道德意蕴　2

二、道德行为及评价　5

三、德福一致与道德信念　7

专题二　修养的目的和方法　12

一、目的："修以求其粹美，养以期其充足"　12

二、方法："修犹切磋琢磨，养犹涵育熏陶"　13

第二单元　教师职业道德规范和修养方法　21

专题一　教师劳动的特点与教师职业道德　22

一、教师劳动的特点　22

二、教师职业道德　24

三、教师德行的意义　26

专题二　教师职业道德范畴和原则　30

一、教师职业道德范畴　30

二、教师职业道德原则　34

专题三　教师职业道德规范　40

一、教师职业道德规范的意义　40

二、《中小学教师职业道德规范（2008年修订）》的
内容及解读　40

三、新时代教师职业行为准则　43

专题四　教师职业道德修养方法：学、思、行　48

一、学："人不学，不知道"　48

二、思："学而不思则罔"　51

三、行："绝知此事要躬行"　54

第三单元　爱岗敬业　59

专题一　人生的选择和坚守　60

一、人生就是选择　60

二、学会选择　63

三、坚守选择　65

专题二　理解和认同教师生活　67

一、理解教师职业　67

二、认同教师劳动　72

专题三　理想的教育和理想的教师　77

一、追寻理想的教育　77

二、成为理想的教师　81

专题四　对教育事业"敬"和"爱"　84

一、以敬畏之心做教育　84

二、热爱所处岗位　86

三、做好岗位工作　88

第四单元　依法执教　91

专题一　知法懂法　92

一、依法治教与依法执教　92

二、教育法律关系　92

专题二　敬法守法　99

一、违法的含义和构成　99

二、法律责任归责原则　100

三、教育法律责任　101

专题三　教育法律救济　105

一、教育申诉制度　106

二、教育行政复议　108

三、教育行政诉讼　109

专题四　教师的权利和义务　111

一、教师的权利　111

二、教师的义务　114

专题五　依法执教疑难探讨　117

一、教育惩戒与体罚　117

二、因材施教与尊重学生隐私　122

第五单元　为人师表　127
　　专题一　教师言行雅正　128
　　　　一、教师的语言修养　128
　　　　二、教师的形象气质　131
　　　　三、教师的着装修饰　135
　　　　四、禁止针对学生的性行为　138
　　专题二　与同事协作共进　140
　　　　一、协作共进的意义　140
　　　　二、协作共进的取向和方法　142
　　专题三　与家长沟通合作　147
　　　　一、理解、尊重和平等对待家长　147
　　　　二、积极帮助和引导家长　150
　　　　三、发挥家长委员会的作用　152
　　专题四　教师廉洁从教　154
　　　　一、教师廉洁从教的含义和意义　154
　　　　二、教师廉洁从教的要求　155

第六单元　师生关系　159
　　专题一　保护学生　160
　　　　一、保护学生生命安全　160
　　　　二、呵护学生精神成长　164
　　专题二　尊重学生　167
　　　　一、尊重学生的权利　167
　　　　二、尊重学生的人格　169
　　　　三、尊重学生的差异　170
　　专题三　引导和帮助学生　174
　　　　一、借助课程影响和教育学生　175
　　　　二、创设学习（生活）环境，组织学习活动　176
　　专题四　关爱学生　182
　　　　一、没有爱就没有教育　182
　　　　二、学习如何关爱学生　183
　　专题五　和学生一起成长　189
　　　　一、进入"同学"时代　189
　　　　二、教师向学生学习的意义　191
　　　　三、怎样和学生一起成长　193

第七单元　教师心理健康与幸福生活　197

专题一　教师心理调适　198

一、保持心理健康　198

二、克服职业倦怠　200

专题二　教育与幸福　205

一、幸福的权利和意义　205

二、幸福的主观性和客观性　206

三、教育与幸福的关系　208

专题三　创造教师的幸福生活　210

一、认识幸福　210

二、感受幸福　212

三、创造幸福　214

第八单元　教师终身学习与专业发展　219

专题一　教师终身学习与专业化　220

一、教师的终身学习　220

二、教师专业化和教师专业发展　223

三、教师专业素养　225

专题二　新教师的岗位适应　229

一、如何进行教学准备　229

二、如何适应工作环境　232

三、如何适应人际关系　235

专题三　教师专业发展的路径和方式　239

一、专业发展的心态　239

二、工作、学习、生活一体化　241

三、专业发展的主要方式　242

四、运用信息技术实现专业发展　245

专题四　创新教育实践和教育研究中的道德　247

一、以研究的方式做教育　247

二、遵守研究的道德规范　249

三、修炼成为研究型教师　251

主要参考文献　255

第一单元　　道德的意蕴与修养的方法

单元学习目标

理解道德的含义，体会从"道"到"德"的意义。了解道德行为的特征，培养道德信念，理解修养的目的和意义，学习和运用切磋琢磨和涵育熏陶的修养方法进行道德修养。

专题一　道德意蕴与道德行为

一、道德意蕴

[学习活动]

阅读以下故事：

在外省读书的张某找了一个女友，晚上带她去兜风，遇到红灯，在没有车辆穿行和警察巡视的情况下，张某闯了过去。女友很快和他分手："红灯都敢闯，和这样的人在一起没有安全感。"

回到家乡后，张某又谈了一个女友，晚上驾车又到了红灯前，也在没有车辆穿行和警察巡视的情况下，张某停下来等绿灯，没有闯红灯。女友却也很快跟他分手："闯个红灯都不敢，这人不会有什么出息。"

思考和讨论：（1）从这个故事中，你想到了人类道德生活的哪些问题？（2）道德和伦理的区别与联系是什么？

（一）道德产生和发展的原因

闯红灯的主要目的是为了抢时间。人为什么要抢时间？马克思说："……人们为之奋斗的一切，都同他们的利益有关。"[①]人们常说，时间就是金钱，时间就是财富，闯红灯本质上是为了追求时间"利益"。抢时间无可厚非，而且在日常生活中我们还鼓励抓紧时间，有效利用时间——"一寸光阴一寸金""明日复明日，明日何其多"——不浪费时间本身是一种美德。但是，在道路资源有限的情况下，大家都抢时间就会出现拥挤、发生踩踏，其中的弱小者不仅会因为无力争抢而失去机会，而且很有可能会在争抢中受到伤害。为了避免拥挤、踩踏，以及对弱小者的不公平，更好地利用道路资源，节约时间，这时就需要一种安排行进顺序的方式——设置红绿灯，并明确"红灯停，绿灯行"的规范。可以说，"红灯停，绿灯行"是人们在长期的共同生活过程中建立的行为规则。当这种规则以法律的形式颁布，并采取强制方式执行时，它就是一项法律要求；而当这条规则依靠教育、社会舆论和人们内心信念的力量执行时，它就是一种道德规范。

以小见大，由此我们可以理解道德产生的客观原因和主观条件。就其客观原因而言，"道德都是人的需要的产物，人作为主体的需要是道德得以产生的根

[①] 马克思，恩格斯. 马克思恩格斯全集：第1卷［M］. 中共中央马克思恩格斯列宁斯大林著作编译局，编译. 北京：人民出版社，1995：187.

源"①。由于生产和生活的需要，人类形成了复杂的社会关系。社会关系中的人有不同的利益诉求，存在利益关系，协调彼此的利益关系需要社会规范和规则。从主观条件看，道德是人的意识发展到一定程度，人们对这种需要有了清醒的认识，并能通过理性的思考、彼此的协商，对建立和遵守这样的规则达成一致的产物。约翰·罗尔斯（John Rawls）说："虽然我们通常把道德要求都看成是强加到我们身上的约束，但它们有时是为了我们的利益而审慎地自我给予的。"②可以说，道德规范的产生和发展基于增进人类利益的愿望，是人类理性的产物。道德是有益于个体、群体和全人类以及环境的现在和将来利益的规范。人类生活不仅需要作为强制规范的法律，也需要自觉遵守的道德。

（二）道德的含义

有学者认为，传统哲学中的"道"有三种含义：一是实存意义上的道，是指一种在经验基础上形而上的预设，宇宙生天地，天地生万物，虽然无名、无题，却是宇宙间一切存在的根源，有无尽的潜力、创造力和生命力；二是规律意义上的道，即万事万物所固有的因果性和规律性；三是生活所依循的道，自然而显现的特性，应该为人类所体验、所取法。③道者，路也。"路"也好，"规律""法则"也好，对每一个体都是一种先在的要求和外在的规范。"道"作为行走的道路，指引人行走的方向。从伦理学角度看，"道"是人们为调节彼此利益关系而形成的规范和法则，"道"指示方向，要求人们遵循。合"道"就是走正路，合"道"就是行为符合外在的"善"的社会评价标准，合"道"更容易受到公众舆论的肯定和鼓励；不合"道"就是违反公认的外在要求，就可能受到外在舆论的批评和谴责。这样，"道"就有了一种"他律"的力量，这种力量一般表现为社会的舆论和公众的目光。在上述故事中，"红灯停，绿灯行"的行为规则就是一种指引人行为的"道"，张某在外省的女友用分手的方式表达了对小伙子不循"道"的谴责与不信任。

什么是"德"呢？《礼记·乐记》有云："德者，得也。"传统哲学上的"得"是人对"道"所体现的规律的运用或"合道而行"。其含义有二：其一是得"道"之义，即个体分享、获得了作为普遍生活原则的"道"，并凝聚为个人的德性；其二是"得于人"之义。④这里"得"是与"德"相通的。简单地说，"德"是将外在的规则和要求转化为内在的信念，并表现出符合"道"的行动，成为个人的德性。德性需要培养，形成人的德性的过程就是获得"德"的过程。"德性是一

学习视频《怎样认识和理解道德》

---

① 杜振吉. 道德的起源与人的需要 [J]. 理论学刊，2003（5）：25-29.
② 罗尔斯. 正义论 [M]. 何怀宏，何包钢，廖申白，译. 北京：中国社会科学出版社，1988：336.
③ 赵军华. 新编中华伦理 [M]. 北京：首都师范大学出版社，1998：60-66.
④ 吴安春. 回归道德智慧：转型期的道德教育与教师 [M]. 北京：教育科学出版社，2004：13.

种获得性人类品质，这种德性的拥有和践行，使我们能够获得实践的内在利益，缺乏这种德性，就无从获得这些利益。"① 在上述故事中，"红灯停，绿灯行"是一种先在和外在的"道"，得"道"就是自觉地将这种"道"转化为内在信念，表现出相应的遵守交通规则的行为来。只有得"道"并循"道"而行，人才能成为具有某种德性的有"德"之人。

"道"与"德"是互相依存的关系："道"是"德"的前提，是"人所共由"的，是要求大家共同遵循的，没有了"道"人无从所得，也就谈不上人的内在所得了。《释名·释言语》说："道，导也，所以通导万物也。"道德以善恶为评价标准，"道德把有利于人自我实现和完善的因素与有利于社会和谐稳定的因素都评价为善，而把个人伤害社会和以社会整体扼杀个人同时评价为恶"② 。善恶标准起着"道"——引导的作用。与"道"的外在规范要求比较，"德"重在主观修养，强调自我约束，它要求人在规则面前自觉地"自律"，这种自律的力量主要依靠个人的良心，有良心、讲良心是德性的基本要求。如果把"道"看成规律，我们还可以这样说：实践需要遵循规律，按规律办事，循道才能"德"，才能有所得，否则就可能欲速则不达。

（三）伦理与道德

伦理的"伦"是人伦，指人与人之间的关系；"理"即道理、规则，也可以说是研究、梳理。伦理是人们处理相互关系应遵循的道理、规则和规范。这样的道理、规则和规范是侧重"道"的道德，它是由一定社会的经济关系所决定，以善恶标准进行评价，依靠人们内在信念、社会舆论和传统习惯来维系，调整人与人、人与社会之间的社会意识和行为规范的总称。伦理学就是研究、梳理道德的学问，正因为如此，伦理学又称"道德哲学"或"人生哲学"。

伦理提供了道德的基础，但伦理又不完全等同于道德。檀传宝认为："伦理主要指客观的道德法则，具有社会性和客观性；而道德是客观见之于主观的法，主要是指个人的道德修养及其结果。"③ 伦理是对人的道德行为进行规范的一般法则或规则，更多地表现为社会性、客观性和外在性的特点；道德侧重人的修养行为，是对伦理规范的一种"德"，它和个体的修养有关。"德"的结果是形成个体的道德品质。个体的道德品质包括道德认知、道德情感、道德意志和道德行为：道德认知是对伦理规范的认识和觉知；道德情感是对道德关系、道德实践的情感体验，形成"道德良心"；道德行为是在实践情境中表现出的行为方式和行为习惯。一般而言，践行道德行为的过程往往是战胜自我欲望的过程，

---

① 麦金太尔. 德性之后 [M]. 龚群，戴扬毅，等译. 北京：中国社会科学出版社，1995：241.
② 黄云明. 论道德的本质 [J]. 河北大学学报（哲学社会科学版），1998（1）：70.
③ 檀传宝. 教师伦理学专题 [M]. 北京：北京师范大学出版社，2000：6.

需要自我选择、自我控制、自我约束，道德意志是克服困难、战胜自我而自觉循"道"的内在力量。

二、道德行为及评价

[学习活动]

阅读以下材料：

高老师自某师范大学毕业后，任教已经五年了。五年来，高老师对自己的工作倾注了大量心血，每天备课、听课、上课、找同学谈心、做家访，经常从早忙到晚。但是，高老师的教学效果却并不理想，他任教的班级每次考试成绩都很靠后。学生们一提起高老师，都说高老师人不错，但就是教学能力和组织能力不足，家长也多次联名写信要求替换教师。在教师职业道德评价中，高老师的得分较低。为此，高老师很不理解，感到很委屈，认为自己已经尽全力了，不像有的教师虽然教学效果比自己好，但平时在工作上的付出比自己少多了，业余时间从不加班加点，与他们相比，自己在职业道德方面问心无愧。

思考和讨论：对于高老师的教学你如何评价？你是否赞同高老师的意见？

（一）道德行为

道德行为是在一定的道德意识支配下的对待自我、他人和社会的涉及善恶的行为。道德行为具有以下特征：一是道德行为的主体对自己行为所涉及的自我、他人或社会的利益有清醒的意识；二是道德行为是行为主体根据自己的意志作出的自愿选择；三是道德行为涉及利益关系，它是有利于或有害于自我、他人和社会的行为。

道德行为有广义和狭义之分。广义的道德行为是指在一定的道德意识支配下，由行为主体自觉选择而发生的有利或有害行为，它包括道德的和不道德的行为。狭义的道德行为专指善的行为，也就是符合伦理要求、遵守一定道德原则和规范的行为。

（二）对道德行为动机和效果的评价

道德评价是基于善恶标准对人的行为及其品质所进行的道德价值衡量或判定。人的活动是有意识、有目的并在一定意志力支配下进行的，表现为从动机出发到产生某种效果的过程。这样，对人的行为或品质作出评价，就可以从行为的动机和效果两个方面来进行。

　　在西方伦理思想史上，伊曼纽尔·康德（Immanuel Kant）是动机论最著名的代表人物。他主张，对一个人行为的评价依据，只能是他的"善良意志"。一个行为，只要是从善良意志出发的，并为此用尽一切力所能及的方法，不论其是否达到目的，也不论是否产生效果，都应该评价为道德的。道德不能根源于感性的幸福和利益。感性存在的个体必须服务于普遍的人类理性及总体的人类社会的规则和准则，这便是人之高于禽兽的自由的道德本性。①动机标志着人对一定的道德理想和道德价值的偏爱与追求，体现了人的道德观念和道德理想。评价人的行为和品质必须考察行为者的主观动机，这是道德评价的特殊要求。但动机论在强调动机的决定作用时，完全抛开效果在评价中的作用，这可能会导致对"好心办坏事"的绝对宽容，而且也可能使人们忽视和不关心自身行为的道德后果，从而在客观上削弱人们的道德责任感；同时，抛开行为效果的客观性、外在性、现实性，仅通过主观、内在的动机，人们也无从准确地把握和评价自己行为的性质。

　　杰里米·边沁（Jeremy Bentham）和约翰·斯图尔特·米尔（John Stuart Mill）是效果论的代表人物，他们以效果评判人们行为的道德价值。边沁的结论是既不存在常好的动机，也不存在常坏的动机，动机在一般意义上都是中性的，因而根据动机判定善恶是不可能的。况且行为的动机是不可知的，即使根据行为效果推断出动机，也往往是不准确的。在边沁看来，道德不过是达到功利的手段，行为的功利只在效果中，因而只能根据客观的外在标准——功利来判断。②效果论奉行道德评价的功利主义原则。功利是什么呢？"功利原则指的是：当我们对任何一种行为予以赞成或不赞成时，我们是看该行为是增多还是减少当事者的幸福；换句话说，就是看该行为增进或者违反当事者的幸福为准。"③"最大多数人的最大幸福"是道德的基本原则和最高原则。效果论发现了动机论对效果的忽视，看到了效果对行为性质及道德价值判断的重要作用，把道德与行为的实际后果如利益、实惠、好处等直接联系起来了。但效果论混淆了行为的社会有益性和行为的道德性，并以前者代替了后者，这容易导致把居心不良、歪打正着的行为视为善行，使对某些复杂的道德现象的评价失去善的本意。

　　马克思主义伦理观认为，对任何人进行道德评价，既要看动机，又要看效果。首先，要把动机作为评价的首要依据：出于不正当的、恶的动机的一切行为，无论其效果是否"歪打正着"，都不能被评价为是道德行为；如果出于正当的、良善的动机，即使由于条件限制造成了结果事与愿违，我们也不能否定动机和愿望的积极性和正当性。其次，要关注和追求出于良善的动机所产生的积极效

① 唐凯麟. 西方伦理学名著提要 [M]. 南昌：江西人民出版社，2000：222.
② 唐凯麟. 西方伦理学名著提要 [M]. 南昌：江西人民出版社，2000：232.
③ 周辅成. 西方伦理学名著选辑：下卷 [M]. 北京：商务印书馆，1987：211-212.

果，用效果检验动机：当行为者发现行为的后果不理想或将不理想时，是积极地采取补救措施，尽快重新审核行为方案，寻找出现差错的地方，调整行为方案，采取积极的防范措施，还是听之任之、漠不关心？当行为的后果明显不利时，行为者是从内心深处感到痛心、愧疚、自责，并诚恳地进行自我批评，还是对出现的错误满不在乎、毫不介意，抑或一味地替自己辩护、开脱？在后续的实践中，行为者是认真地总结经验教训，力争继续努力，达到预期的好效果，还是当什么也没发生一样一如既往，甚至幸灾乐祸？对于前一种人，我们可以肯定其在行为过程中怀有纯正的目的或动机；对于后一种人，无论他怎样宣称自己行为高尚、动机纯正，我们也不能轻易相信。

（三）教育行为的良善标准

与成人相比较，学生的主体性尚未得到充分的发展，在与作为成人的教师交往的过程中，学生处于相对弱势的地位，加之教育效果具有复杂性和长期性的特点，用效果论考量教师行为的道德容易导致教育实践的急功近利。对于教育实践中的行为，不仅要考察是否出于良善的动机，是否获得了积极的效果，而且要关注行为的过程和实践所借助的手段与工具，以及为争取更好效果的努力与变革。英国哲学家彼得斯（Richard Stanley Peters）认为，教育的核心标准应该包括：第一，在具体目的上，教育所获得的成就必须是善的和有价值的；在终极目的上，教育必须帮助人们获得健康的生活形式，树立一般的世界观，而不局限于纯粹功利或职业目的的达成。第二，在方法上，取得成就的教育方式必须是道德的或无可非议的。第三，在过程中，教育必须是有利于学生自主性确立和发展的。[①]

上述案例中的高老师，尽管付出了辛勤的劳动，但学生没有得到应有的发展。高老师应该做出研究和自我发展的道德努力，争取理想的教育教学效果。

三、德福一致与道德信念

📖 ［学习活动］

阅读以下故事：

（引者注：孔子和他的学生被困在陈国和蔡国的边境上）不得行，绝粮。从者病，莫能兴。孔子讲诵弦歌不衰。子路愠见曰："君子亦有穷乎？"孔子曰："君子固穷，小人穷斯滥矣。"

子贡色作。孔子曰："赐，尔以予为多学而识之者与？"曰："然。非

[①] 石中英. 教育哲学［M］. 北京：北京师范大学出版社，2007：209.

与？"孔子曰："非也。予一以贯之。"

孔子知弟子有愠心，乃召子路而问曰："《诗》云'匪兕匪虎，率彼旷野'。吾道非邪？吾何为于此？"子路曰："意者吾未仁邪？人之不我信也。意者吾未知邪？人之不我行也。"孔子曰："有是乎！由，譬使仁者而必信，安有伯夷、叔齐？使知者而必行，安有王子比干？"

子路出，子贡入见。孔子曰："赐，《诗》云'匪兕匪虎，率彼旷野'。吾道非邪？吾何为于此？"子贡曰："夫子之道至大也，故天下莫能容夫子。夫子盖少贬焉？"孔子曰："赐，良农能稼而不能为穑，良工能巧而不能为顺。君子能修其道，纲而纪之，统而理之，而不能为容。今尔不修尔道而求为容。赐，而志不远矣！"

子贡出，颜回入见。孔子曰："回，《诗》云'匪兕匪虎，率彼旷野'。吾道非邪？吾何为于此？"颜回曰："夫子之道至大，故天下莫能容。虽然，夫子推而行之，不容何病，不容然后见君子！夫道之不修也，是吾丑也。夫道既已大修而不用，是有国者之丑也。不容何病，不容然后见君子！"孔子欣然而笑曰："有是哉颜氏之子！使尔多财，吾为尔宰。"（《史记·孔子世家》）

思考和讨论：（1）子路提出了"德福能否一致"的问题，对于这个问题，你怎么看？（2）对于德福未必能够一致的现实，子贡和颜回有不同的选择，对于他们的选择，你有什么样的评价？

（一）德福一致的可能性

德福一致，简单地说，就是道德的行为应该获得益处，不道德的行为应该失去好处或受到惩罚，它是古朴的"善恶因果律"（"善有善报，恶有恶报"）在实践生活中的具体体现和发展，是伦理学公正原则的实践诉求。

是否认同"德福一致"，关系到人的道德信念确立以及对德性生活的向往。亚当·斯密（Adam Smith）认为："社会存在的基础与其说是仁慈，毋宁说是公正。没有仁慈，社会固然处于一种令人不快的状态，却仍然能够存在；但是，不公正的盛行则必定使社会完全崩溃。……公正是支撑整个大厦的主要支柱。如果去掉了这根柱子，人类社会这个巨大而广阔的建筑物必定会在一瞬间分崩离析。"[1]从社会运行状况看，如果德福背离，好人吃亏，人们就可能放弃对道德行为的选择，社会道德行为就会减少，不道德行为就会增加，社会正常的道德秩序就将受到严重挑战；相反地，当德福趋于一致时，社会道德行为就会不断增加，良好的道德秩序就易于形成。从应然角度，社会运行需要德福一致的机制，只有对德福一致的可能性怀有积极的预期，人们才会选择德性生活；同理，在教

学习视频《德行与幸福的关系》

---

[1] 王海明. 新伦理学 [M]. 2版. 北京：商务印书馆，2008：797.

育教学中，体现德福一致的方法可以是实施有针对性的奖惩，有效培养学生的良善行为。

对于德福一致，实然的情况则要复杂得多。

一方面，幸福本身包含了德行，幸福者必须有德，德行是幸福的必要条件。"福"是指个体获得利益满足的生存状态和主观心理体验。财富的充足与丰裕程度直接决定了人对幸福的感受和体验程度，福与富同源，"富也者，福也"（《礼记·郊特牲》）；"福，富也"（《释名·释言语》）。随着时代的发展，人们对"福"认识和理解也在发生变化，"一曰寿，二曰富，三曰康宁，四曰攸好德，五曰考终命"（《尚书·洪范》）。寿指寿命长，富指财产丰富，康宁指无疾病痛苦，攸好德指具有美好的德性，考终命指能尽享天年而不夭折。这之中有三项是关于生命的，一项是关于物质财富的，一项是关于德行的，涉及生命健康、物质利益和精神利益三个方面。在西方，古希腊哲学家伊壁鸠鲁（Epicuros）认为，幸福就是身体的无痛苦和灵魂的无纷扰。即幸福主要涉及身体状态和精神状态。如果把获得物质享乐的幸福看成俗福，把满足精神需要所获得的幸福看成雅福，德福一致的幸福就是俗福和雅福的统一，俗福和雅福统一是值得追求的幸福，俗福和雅福统一才是完整的幸福。

对于德行生活的幸福，有下面两段论述参考：

"行为所能达到的一切善的顶点又是什么呢？从名称上说，几乎大多数人都会同意这是幸福，不论是一般大众，还是个别出人头地的人物都说：生活优裕，行为良好就是幸福。"①

"道德是人的一种不可或缺的精神食粮；履行道德的责任与义务是一种生命的快乐，张扬善念，泯灭恶念，是追寻人生的幸福。"②

健康是影响幸福的一个因素。对于健康的含义，世界卫生组织在1978年9月提出："健康不仅仅是没有疾病和痛苦，而且包括在身体、心理和社会各方面的完好状态。"1989年，世界卫生组织对健康的标准有了新的定义：一个人只有在躯体健康、心理健康、社会适应良好和道德健康四个方面都健全，才算是完全健康的人。把个体的道德修养纳入健康范畴，这使健康的内涵从生理学、心理学领域扩充到伦理学领域。根据世界卫生组织的界定，道德健康的个体不以损害他人的利益来满足自己的需要，具有辨别真与伪、善与恶、美与丑、荣与辱的是非观念，能按照社会的行为规范与准则来约束和支配自己的思想与行为，能为他人的幸福作贡献③。

---

① 亚里士多德. 尼各马科伦理学 [M]. 苗力田，译. 北京：中国人民大学出版社，2003：4.
② 鲁洁. 再论德育之享用功能：兼答刘尧同志的"商榷" [J]. 教育研究，1995（6）：27-31.
③ 赵联. 道德健康：和谐社会的根本诉求：兼论学校道德教育 [J]. 现代教育科学，2008（1）：100.

[参考阅读]

把道德健康纳入"健康"的大范畴，是有其道理及科学根据的。巴西医学家马丁斯经过10年的研究发现，屡犯贪污受贿罪的人，易患癌症、脑出血、心脏病、神经过敏等病症，并因此而折寿。

善良的品性、淡泊的心境是健康的保证，与人相处善良正直、心地坦荡，遇事出于公心，凡事想着人民，这样便无烦忧，心理能始终保持平衡，这有利于肌体健康。良好的心理状态，能促进人体分泌更多有益健康的激素、酶类和乙酰胆碱。这些物质能把血液的流量、神经细胞的兴奋度调节到最佳状态，从而增强肌体的抗病力，使人健康长寿。

思想行为有悖于社会道德准则的人，其胡作非为必然导致紧张、恐惧、内疚等种种状态。这种精神负担，必然引起神经中枢、内分泌系统的功能失调，干扰各种器官组织正常的生理代谢过程，削弱免疫系统的防御能力，最终在恶劣心境的重压和各种身心疾病的折磨下或早衰、或早亡。[1]

另一方面，幸福又受其他多种因素影响，仅仅成为一个好人是不够的，幸福还需要一定的社会生活能力，以及德福一致的社会运行机制，等等。有德者未必有福，德不是福的充分条件。子路提问"君子亦有穷乎"，就没有意识到获得幸福与否有多种影响因素，存在道德理想主义的问题。

（二）道德信念

道德信念是一种伴随着道德情感的坚定的道德观念，它是深刻的道德认识、炽烈的道德情感和顽强的道德意志的有机统一，统一的基础是人们履行某种道德义务的社会实践。道德信念具有以下特点：（1）坚信道德观念所反映的社会道德准则及其意义的正确性；（2）确认遵循道德行为准则的必要性；（3）道德观念的实现与否，会相应地引起积极的或消极的情绪体验；（4）对道德行为的发生具有强大的动力作用，并赋予道德行为以高度的自觉性和自律性；（5）作为坚信正确而不肯改变的观念，道德信念一旦形成，就具有相对的稳定性和持久性。

在孔子的弟子中，子路对德行有着过于理想主义的想法，他认为君子不应该行不通，并没有认识到幸福还需要其他条件。子贡则有道德相对主义的主张：为了适应生存，让自己行得通，可以适当降低道德标准。而孔子则有比较坚定的道德信念："君子固穷。"（《论语·卫灵公》）对于当下的困境，他们处之泰然——"不容何病，不容然后见君子！"（《史记·孔子世家》）

学习视频《确立坚定的道德信念》

---

① 潘云广. 健康新概念：道德健康 [J]. 秘书之友，1999（2）：47.

［思考和实践］

梳理你对"德""福"关系的认识和理解，说一说德福一致对生活实践的意义与启示。

专题二　修养的目的和方法

一、目的："修以求其粹美，养以期其充足"

> 📖 **［学习活动］**
>
> 阅读以下故事：
>
> 有一天，我带我们班的小朋友到户外去玩，当时的桂花开得很好，我实在忍不住，就去摘了两朵，小朋友也纷纷去摘。我一看坏事了，就赶紧说："不能摘花。"有小朋友问："老师，你为什么摘？"我只好说："我不是摘的，是花正好掉到我手里的。"小朋友们都伸出他们的小手，放到花的下面，期待着花掉到他们的手里。这个时候，我真是羞得无地自容，我觉得自己太对不起他们了。①
>
> 思考和讨论：故事中的这位教师言行存在哪些问题？教师的自我反省又将带来什么样的改变？

　　所谓道德修养，是指人们为了培养优良的道德品质而进行的自我锻炼、自我改造、自我陶冶、自我教育的过程和所花费的功夫。道德品质不是先天就有的，而是个体在一定的社会关系里，在道德实践过程中形成的。没有主观努力，个人就不可能形成高尚的道德品质。古希腊哲学家赫拉克利特（Herakleitos）曾经说过："教养是有教养的人的第二个太阳。"②亚里士多德（Aristotle）则说："我们做公正的事情才能成为公正的，进行节制才能成为节制的，表现勇敢才能成为勇敢的。"③如果说道德教育是道德内化为良心和品质的外在要素，那么，道德修养就是道德内化为良心和品质的内在要素。

　　对于"修养"，有这样一种解释：修以求其粹美，养以期其充足。修犹切磋琢磨，养犹涵育熏陶也。"求其粹美""期其充足"是修养的目的。一方面，为了社会和谐有序，道德要限制人、约束人。一个有德行的人绝不是随心所欲的人，而是一个自我克制、自我约束的人。道德修养实质上是作为修养者的个体对自己不道德的思想行为约束和限制的过程，约束和限制的结果是在自我需要、欲望和社会客观现实之间建立一种平衡，从而成为遵守规范、为社会认可和接纳的道德人，实现个体从"自然人"向"道德人"的转化。另一方面，道德修养又是人自

---

① 鄢超云. 尊重儿童的底线 [J]. 教师博览. 2005（2）：4. 选用时有改编。
② 北京大学哲学系外国哲学史教研室. 古希腊罗马哲学 [M]. 北京：商务印书馆，1961：31.
③ 亚里士多德. 尼各马科伦理学 [M]. 苗力田，译. 北京：中国人民大学出版社，2003：26.

我实现、自我完善的一种方式。道德修养的目的不仅仅在于适应，还在于完善和充实自身。"道德是为了人而产生的，但不能说是人为了体现道德而生存。"[①]孔子说："古之学者为己，今之学者为人。"（《论语·宪问》）修养的过程是自我实现、自我完善、自我超越的过程，修养的更高目的在于自己成为纯粹而美好、丰富而充实的"理想人"。意识到修养对自我发展和实现的意义，我们需要更自觉、更主动地加强道德修养。从教师的角度，"作为德性生活的教学既是做人之道，又是成人之道；既是做人的标准，又是成人的途径"[②]。所谓"君子务本，本立而道生"（《论语·学而》），"本"就是自我修养与完善，"道"通"导"——教师的修养是引导、教育学生的基础。

二、方法："修犹切磋琢磨，养犹涵育熏陶"

[学习活动]

阅读以下资料，我们可以看到一位教育家是怎样"磨"自己的。

清晨，我动身去学校。学校离我家不远，我觉得，今天还是步行去好。因为，一方面，时间尚早；另一方面，我还得思考点什么。

我要对孩子们说的第一句话是什么呢？这句话我早已想好了："孩子们，你们好！"我们的预备班有170个学日，我将有多少次跨进教室，将有多少次向孩子们说这句话。

然而，问题不在于这句话本身，而在于我将用怎样的语气说这句话，在说这句话的时候应该有怎样的表情。不用说，我的语气应该是和蔼可亲的、慈祥的、令人感到愉快的，我的面部表情也应该是这样的。似乎这都是一清二楚的事，可是实际上能否真正做到这样，我仍然没有把握。我对自己向孩子们说这句问候语总觉得不满意：有时过于严肃、死板，有时声音太高、故意做作，有时（我羞于承认）应付了事。

也许，不值得绞尽脑汁去思考这种几乎觉察不到的问候语的语气？也许这里没有任何教育学的问题可言？难道我每天怎样向孩子们问好对他们有那么重要么？在一次由我举行的公开课上，有15位教师前来听课。我用"孩子们，你们好！"这句话开始了我的课，当时我立即高兴地意识到，我成功地以那种特殊的语气说了这句话。在下课以后，我走到听课者中间，逐一听取他们的意见："也许，您注意到了，我是怎样说'孩子们，你们好！'的，

影视片段《科内尔·韦斯特谈话》

① 弗兰克纳. 善的求索：道德哲学论 [M]. 黄伟合，包连宗，马莉，译. 沈阳：辽宁人民出版社，1987：247.
② 刘万海. 教学即德性生活：走向新的教学理解 [J]. 全球教育展望. 2005，34（7）：36-40.

您觉得如何？"可是他们都说不出什么，甚至连我用什么样的问候语向孩子们问候的，都记不清楚了。"问候语就是问候语"——他们都莫名其妙地说——"这里面有什么名堂？……"对于他们的这种话，我感到很惊讶。问候语的特殊语气——令人产生好感的，和蔼可亲的，慈祥的，激起精神振奋、学习快乐和交际幸福的语气，怎能不值得被看作是培养人对人的爱和信任、对人的期望的一种手段呢？请读者试着把"您好"用倨傲的或是表示会面快乐的这两种不同的语气对人说说看，您一定会发现，同样一句话，由于语气不同，将改变人们对您的态度。

怎样说"孩子们，你们好！"，这是一个重要的教育学问题；而对我个人来说，在这一时刻更重要的是要掌握说这句话的语气和面部表情。因为我所遵循的箴言是：如果我力图显示出自己对儿童的真正的爱，我就必须以最完美的形式去显示它。

在去学校的路上，我试着练习说这句话，"孩子们，你们好！"——我一面低声地说，一面倾听着自己的声音。没有成功。也许，这是因为在我面前没有我可以向其说这句问候语的孩子。应该设想这一场面：这就是我的班级，我走进教室，孩子们都看到了我，以好奇的目光望着我，我微笑着向他们说："孩子们，你们好！……"这时，不知为什么有一个行人以诧异的目光看了我一眼。①

（一）切磋琢磨

"有匪君子，如切如磋，如琢如磨。"（《诗经·卫风·淇奥》）君子的品行来自通过切磋琢磨提升的修养。君子如玉，我们试以治玉的"切""磋""琢""磨"来讨论人的修养。

1. "切"：发现和认可自己

《韩非子·和氏第十三》记述：楚人和氏得玉璞楚山中，奉而献之厉王。厉王使玉人相之。玉人曰："石也。"王以和为诳而刖其左足。及厉王薨，武王即位。和又奉其璞而献之武王。武王使玉人相之，又曰："石也。"王又以和为诳而刖其右足。武王薨，文王即位，和乃抱其璞而哭于楚山之下，三日三夜，泪尽而继之以血。王闻之，使人问其故，曰："天下之刖者多矣，子奚哭之悲也？"和曰："吾非悲刖也，悲夫宝玉而题之以石，贞士而名之以诳，此吾所以悲也。"王乃使玉人理其璞而得宝焉，遂命曰"和氏之璧"。这就是"和氏璧"的故事。

剖"石"见"玉"，这是一种"切"的功夫。在东方，"大学之道，在明明

---

① 阿莫纳什维利. 孩子们，你们好! [M]. 朱佩荣, 译. 北京：教育科学出版社, 2005：11-12.

德"(《礼记·大学》)，彰显人人本有、自身所具的善良天性就是修养的一种方法。在西方，据说苏格拉底（Socratēs）小时候看他父亲雕刻狮子，就问父亲："怎样才能成为一个好的雕塑师？"父亲的回答是："以这只小狮子来说吧，我并不是在雕刻它，我只是在唤醒它。狮子本来沉睡在石块中，我只是在将它从石头的监牢中解救出来而已。"苏格拉底日后成了一位致力于唤醒人们心灵的教育大师。唤醒别人首先需要唤醒自己，《三字经》说"人之初，性本善"，我们需要剖开自己的心灵，唤醒自己的"小狮子"，发现自己的"美玉"，然后坚守它，彰显它，让它发扬光大。"切"的修养过程，意义在于让我们发现自己、重视自己、珍视自己，然后向善、向美而生。

> [学习活动]
> 　　老子说："我有三宝，持而保之：一曰慈，二曰俭，三曰不敢为天下先。"(《道德经·第六十七章》)剖析自己的内心和言行，找一找自己有哪几"宝"应该"持而保之"，并想一想这样的"持而保之"对自己的意义。

　　2. "磋"：更新自己

　　切开璞石，见到美玉，但这时的玉仍被杂质包裹着，只有去掉杂质才能获得纯玉，我们可以把这样的过程看成在对玉进行"磋"。据说，在米开朗琪罗（Michelangelo Buonarroti）完成《大卫》的雕刻以后，有人提出这样的问题："你是如何雕刻出大卫的？"这位雕刻大师的回答是："大卫就在那里，我只是去掉多余的石料，让他解放出来而已。"西方谚语说人"一半是野兽，一半是天使"，如果说"切"的功夫是让天使的美好显现出来，"磋"的目的就在于让"野兽"的粗鄙减少一些。"磋"的修养过程让我们去掉缺点和毛病，少一些不足，使自己成为一个"好人"。

　　"你内心的某些东西必须'死去'，另外一些东西才能重生。如果一些狭隘的想法使你蒙蔽，这些东西就该'死亡'，从而让一些更开阔、更深刻、更具世界性的东西重生。"①美国科内尔·韦斯特（Cornel West）教授如是说。"汤之《盘铭》曰：'苟日新，日日新，又日新。'"(《礼记·大学》)商汤王在盥洗盆上刻着这九个字，用这种方式提醒自己，每天都要通过涤荡污垢，在去除中更新。

> [学习活动]
> 　　想一想自己的思想观念、言行举止中有哪些东西需要"死去"。

---

① 来自网易公开课"尽力去爱和生活"。

3. 琢：塑造自己

"玉不琢，不成器。"（《礼记·学记》）"琢"指根据玉的特征和人的需要，对玉所下的雕琢功夫。"琢"的目的在于成器，"琢"的修养过程帮助我们成为有用的人，有价值的人。教师职业道德修养中的"琢"，就是根据教师专业标准，把外在培养和自我塑造结合起来，以成为具有较高专业素养的教师。

2012年2月，教育部颁布了《中学教师专业标准（试行）》《小学教师专业标准（试行）》《幼儿园教师专业标准（试行）》，分别明确了合格的中学教师、小学教师和幼儿园教师的道德规范、知识结构与能力水平，以及中小学、幼儿园教师在教育教学活动中的基本规范，它是引领中小学、幼儿园教师专业发展的基本准则，是中小学、幼儿园教师自身专业发展的基本依据。

拓展阅读《小学教师专业标准（试行）》《中学教师专业标准（试行）》《幼儿园教师专业标准（试行）》

> **[学习活动]**
> 根据自己的教师工作实际或未来教师工作定位，研读《中学教师专业标准（试行）》《小学教师专业标准（试行）》《幼儿园教师专业标准（试行）》。对照标准开展自我评估，看在哪些方面还需要进一步加强修养。

4. 磨：完善自己

"琢"是成器的一种粗加工，得到的只是粗坯。"磨"是精细加工，通过打磨，玉器表面细致光滑，呈现灿烂的光泽。通过师范专业的系统学习和修炼，经教师资格证考试合格，师范毕业生可以取得教师资格证。但是，"教师身份不是经由教师资格证和学校聘任书来获得的，而是在教师价值、职业期待的指引下形成的；完整意义上的教师不仅是'证书'意义上的教师，更是一个在学生心灵世界中占有一席之地的教师。换言之，即使一个人拿到了教师资格证，即便被学校聘任，这也只意味着他具备了'做'教师的必要条件，具有了成为教师的可能。倘若不能按照教师的价值标准来行事，他就不可能在学生心目中成为一名完整意义上的教师。"①

教师的实践生活是道德价值观念多元的生活，也是道德情境变动不居、道德选择时有冲突的生活。因为价值多元，教师需要不断地借助理性思考来决定实践中价值的优先顺序；因为变动不居和时有冲突，教师无法一成不变地沿用固有的原则与方法处理不同道德情境中的问题，需要创造性地建构自己的教育生活、交往生活、学习生活和研究生活。在工作过程中的修炼和成长是一种"精细的'磨'"，这样的"磨"使我们精益求精，追求优秀，达到卓越。

---

① 龙宝新. 论教师工作的价值之维 [J]. 中国教师，2009（1）：7.

[参考阅读]

　　天津市电子计算机职业中等专业学校的徐英杰老师孜孜以求的是"以自身的人格力量，成为学生欣赏的教师""以独特的教学风格，成为专家型教师""以突出的教科研成果，成为学校的一面旗帜"①。这样的追求和坚持使其入选首届"全国教书育人楷模"。

（二）涵育熏陶

　　朱熹在《孟子集注》中说："养，谓涵育熏陶，俟其自化也。"涵育熏陶是处于某一种环境中，受环境浸润、培养和熏陶而逐渐和环境协调一致的变化过程。生活在社会环境中，人总要和环境相互作用、彼此影响，这种作用和影响既改变环境，又改变人自身，人的改变就是在"涵育熏陶"中所产生的变化。

学习视频《修养方法之涵育熏陶》

　　孔子说："里仁为美。择不处仁，焉得知？"（《论语·里仁》）孟母三迁是为了让自己的孩子有一个好的学习和生活环境。涵育熏陶首先要尽可能选择有利于自己专业修养的工作与生活环境，把和谐的人际关系、积极向上的校园风气和学校关心年轻人的成长看成自己所得到的一种工作福利。

　　"独学而无友，则孤陋而寡闻。"（《礼记·学记》）生活中缺乏朋友之间的交流切磋，就必然会导致视野狭窄，见识短浅。要加强自身修养，需要寻找一群志同道合的伙伴相互砥砺，共同成长。但同时，交朋友需要谨慎，《礼记·学记》说："燕朋逆其师，燕辟废其学。"孔子说："益者三友，损者三友。友直、友谅、友多闻，益矣；友便辟、友善柔、友便佞，损矣。"（《论语·季氏》）雷夫·艾斯奎斯（Rafe Esquith）则直接提醒我们："不要与讨厌教学的人为友，他们就像是学校里的病毒，要尽量回避。"②和朋友在一起，还要多围绕品行的提高、学业的精进、工作的得失交流和讨论。"群居终日，言不及义，好行小慧，难矣哉！"（《论语·卫灵公》）很显然，大家在一起净说些无聊的话，让人丧气的话，彼此之间耍小聪明，甚至只是吃吃喝喝的酒肉朋友，不仅无助于自己的专业成长，而且可能消磨自己的上进心。

　　"涵育熏陶"需要适应时代变化，与时俱进。"有一位教学能力很突出的教师上课常常过度惩罚学生，学生和家长都对此有很大的意见。学校领导与这位教师多次交流，这位教师都说：'我小时候特别调皮，是我的老师把我打出来的。在学生出现错误时，必须给学生重重的惩罚，他才能记住教训并改进。'"③这位教师在用过去的经验做今天的教育，忘了今天的教育环境已经有了很大的变化。比

① 王定华，韩筠. 师之楷模　国之栋梁：中等教育卷［M］. 北京：高等教育出版社，2017：36—40.
② 艾斯奎斯. 第56号教室的奇迹［M］. 卞娜娜，译. 北京：中国城市出版社，2009：225.
③ 陈大伟. 道德故事与师德修养［M］. 北京：北京师范大学出版社，2006：231.

如，过去过于信奉师道尊严，现在强调师生间人格平等，彼此尊重；过去自己当学生时家里有兄弟姊妹，现在的学生大多是独生子女；过去自己读书的学校是相对落后的农村，家长的维权意识可能还不强，现在一般家长生怕自己的孩子受委屈。

教师一方面要选择好有利于修养的工作与生活环境，与时代的变革、环境的改变同步；另一方面要通过自身的榜样作用，通过自己的教育行动去改造环境，和同事、和学生、和家长共同去建设一个有利于彼此成长、有利于实现自身价值、有利于教育教学工作开展的环境。比如，对于学生的家长，我们既要研究家长的要求，通过改变自己和改善教育适应家长的要求，办人民满意的教育；同时又要利用自己所具有的专业优势，引导家长的需要，使家长的教育诉求更为合理，为办符合教育发展规律和社会发展规律的教育营造良好的外部工作环境。

[思考和实践]

1. 读成都市磨子桥小学教师素质要求的"十二项修炼"，想一想自己需要从哪些方面进行修炼。

修炼自己的声音，让它引人入胜；修炼自己的语言，让它妙趣横生；修炼自己的眼睛，让它传神丰富；修炼自己的表情，让它神采飞扬；修炼自己的行为，让它规范专业；修炼自己的学识，让它犹如涌泉；修炼自己的脾气，让它逗人喜爱；修炼自己的个性，让它鲜明唯美；修炼自己的心灵，让它平和美丽；修炼自己的气质，让它超凡脱俗；修炼自己的灵魂，让它崇高圣洁；修炼自己的人生，让它阳光幸福。①

2. 回顾本单元学习活动，记下对自己道德修养最有帮助的要点。

拓展研读

[1] 杜振吉. 道德的起源与人的需要 [J]. 理论学刊，2003（5）.

[2] 黄云明. 论道德的本质 [J]. 河北大学学报（哲学社会科学版），1998（1）.

[3] 檀传宝. 提升教师德性　配享教育幸福 [J]. 中小学德育，2013（1）.

[4] 鲁洁. 道德教育的根本作为：引导生活的建构 [J]. 教育研究，2010（6）.

[5] 王啸. 人在社会中生活：道德教育的三重功能 [J]. 教育研究，2010

---

① 由成都市磨子桥小学提供，原题为《阳光型品牌教师的"十二修炼"》。

（6）.

　　[6] 张凌洋，易连云. 教师专业道德的一体化培养：价值与路径 [J]. 教育研究，2017（8）.

　　[7] 龙红霞，张卫良. 道德教育的形式之维与实践之径 [J]. 教育研究，2019（5）.

第二单元　　教师职业道德规范和修养方法

单元学习目标

认识教师劳动的特点，理解教师职业道德的意蕴，能说出教师德行的意义。结合实际认识和理解教师义务、教师良心、教师公正、教师荣誉等教师职业道德范畴，理解教师职业道德的基本原则。理解教师职业道德规范的意义，掌握《中小学教师职业道德规范（2008年修订）》和"新时代教师职业行为准则"的基本要求。了解教师职业道德修养的主要方法，自觉进行职业道德修养。

专题一　教师劳动的特点与教师职业道德

一、教师劳动的特点

[学习活动]

阅读以下故事：

王老师教语文，也是班主任。

我的第一篇作文被王老师大加赞赏，她尤其欣赏这一句：运动员像离弦的箭一样……

后来才知道，这不过是一个套路而已。

但当时如果不是赞扬，而是一顿批评呢？孩子的自信心通常是被夸奖出来的。

…………

王老师教了我一年，移交给下一任老师时，她的评语是，该生至今未发现有任何缺点。这为下一任老师"修理"我留下了把柄。

这位年轻力壮的女老师一接手，就咬着牙根对我说，听说你红得发紫，这回我给你正正颜色。

我倒也配合，大概是到了发育的年龄，整天想入非非，经常盯着黑板发愣。数学老师把教鞭指向右边又指向左边，全班同学的头都左右摇摆，只有我岿然不动。于是她掰了一小段粉笔，准确无误地砸在我脸上。

教数学的鲁老师说，你把全班的脸都丢尽了。

嗷，全班一片欢呼，几个后进生张开双臂，欢迎我加入他们的队伍。

从此我数学成绩一落千丈，患上了数学恐惧症。

高考结束，我的第一个念头是，从此再不和数学打交道了。

38岁生日前一天，我从噩梦中醒来，心狂跳不止，刚才又梦见数学考试了。水池有一个进水管，5小时可注满，池底有一个出水管，8小时可以放完满池的水。如果同时开进水管和出水管，那么多少小时可以把空池注满？

呃，……你到底想注水还是想放水？

有一天我去自由市场买西瓜，人们用手指指点点，这不是《实话实说》吗？我停在一个西瓜摊前，小贩乐得眉开眼笑，崔哥，我给你挑一个大的，一共是7斤6两4，一斤1块1毛5，崔哥，你说是多少钱？

我忽然失去控制，大吼一声，少废话！

抱歉！

对我来说，数学是疮疤，数学是泪痕，数学是老寒腿，数学是类风湿，数学是股骨头坏死，数学是心肌缺血，数学是中风……

当数学是灾难时，它什么都是，就不是数学。

所以，我请求各位师长手下留情，您不经意的一句话、一个举动或许会了断学生的一门心思，让他的生命走廊中少开一扇窗户。[①]

思考和讨论：从这个故事中，你对教师的劳动获得了什么样的认识？

（一）教师劳动的对象具有特殊性

与物质生产部门的劳动者比较，教师在教育实践中面对的是活生生的人，人有思想，有感情，有自己的爱好和兴趣，并且具有自我塑造的能力。与其他服务行业相比，教师的交往对象是未成熟的人，他们尚未定型，具有更大的可塑性；他们跟随教师学习，具有一定的向师性；他们处于成长变化过程中，其身心状态具有流变性。另外教师劳动的大多数时候，面对的是学生群体，学生个体有差异，他们有不同的家庭环境、成长经历和自己的个性。教师劳动对象的特点，要求教师：（1）意识到自身工作的意义和价值，热爱教育，审慎积极地实施教育教学工作；（2）要充分尊重和依靠学生，促进学生自我教育和自我发展；（3）以研究的态度和方式面对复杂的教育，创造性地从事教育工作；（4）不断提高专业素养，以适应复杂的不断变化的教育教学工作。

学习视频《教师劳动特点和教师劳动要求》

［学习活动］

阅读以下材料：

在实习中，我发现有一个小孩很调皮，每天都要弄出一些让老师头疼的事。只要在办公室一提到这孩子的名字，办公室里的所有老师都是同一个表情——犯难。这个孩子的班主任更是三天两头地叫孩子到办公室批评、罚站，但从未见过这个孩子有收敛的行为，老师们对此毫无办法。在一次空闲的时候，我问他："你为什么老是和老师作对呢？"这孩子先沉默了一阵，后来才说就想让老师注意他，也没有想和老师作对。我这时才明白这孩子是想有人关心他。后来再和他一聊，才知道平时他只和保姆在家，保姆又不怎么说话，所以在家里很孤单。[②]

思考和讨论：教师的劳动对象与其他职业相比，有怎样的特点？

（二）教师的劳动主体和工具具有同一性

模仿是青少年学生的一种重要学习方式，在学生身上存在或多或少的向师

---

① 崔永元. 不过如此［M］. 北京：华艺出版社，2001：3-7. 选用时有改动。
② 改编自成都大学师范生的实习日记。

性，以及不同程度的模仿学习，教师是他们最重要的学习对象。"全国教书育人楷模"石学晖教授说："老师就是学生的镜子，学生更是老师的影子。"[①] "教师不仅仅是向学生传授知识，他实际上以一种个人的方式体现了他所教授的知识。从某种意义上说，老师就是他所教授的知识。"[②] 教师劳动具有劳动主体和劳动工具同一性的特点，教师本身就是教育资源，教师需要用自己的言行和学识做影响学生的工具和手段。教师劳动的示范性特点决定了为人师表是教师职业道德的基本原则，教师应该对自己的道德修养、言行举止有更高更严的要求，需要言行一致和身体力行，需要严于律己和知错就改。

（三）教师劳动方式兼具个别性与合作性

一方面，教师主要是以个别劳动的方式进行，教师是决定课堂教学质量的关键因素，他可以让学生在教室里学得快乐并学有所成，也可以让学生在教室里"度日如年"并且一无所获。另一方面，教师的劳动成果又是集体协作和多方面影响的结果，教师需要与学生合作、与同事合作、与家长合作，以及与社会机构合作，形成教育合力，教师的个体劳动最终都要融于教育的集体劳动之中。

（四）教师劳动成效具有广延性

教师对学生的影响不仅仅限于知识、技能，通过潜移默化，学生在教师那里，可以学到对待生活和工作的态度、思考问题的方式和方法，得到人格和精神上的滋养……教师对学生的影响也不会随着课业结束而消失，教师为学生在德、智、体、美、劳诸方面发展打下的良好基础，往往会影响学生的一生，成为他们未来生活和终身发展的宝贵财富。因为教师对学生的影响具有广延性，教育就不能急功近利，教师需要关注学生的全面发展、长远发展和终身幸福。

二、教师职业道德

[学习活动]

阅读以下材料：

某地习俗，劳作之余，人们喜欢凑在一起玩麻将。受大环境影响，一些教师上课之余也参与其中。一些家长看在眼里，不断向当地教育行政部门反映，认为教师即使在课余也不能参与这样的活动。当地教育行政部门作出规

---

① 王定华，韩筠. 师之楷模　国之栋梁：高等教育卷 [M]. 北京：高等教育出版社，2017：25.
② 范梅南. 教学机智：教育智慧的意蕴 [M]. 李树英，译. 北京：教育科学出版社，2001：104.

定，要求教师在工作时间段（周一到周五）不得打麻将。规定下发以后，一些教师认为教育行政部门的要求不近人情。他们说，其他人员在八小时之外可以参与，为什么教师不能参与？他们认为对于八小时之外教师的活动，教育行政部门不能干涉。

思考和讨论：你对当地教育行政部门的规定有什么看法？由此你能想到教师职业道德与私德、社会公德的哪些联系和区别？

（一）职业道德的含义和作用

恩格斯认为："每一个阶级，甚至每一个行业，都各有各的道德。"[①]人生活在人群中，生活在社会上，也就生活在道德规范的要求中：与家人相处，有家庭伦理道德；在社会上活动，受社会公德影响；而从事职业生活，则要受到职业道德的约束。

职业道德是职业的道德要求和规范，它是与人们的职业活动紧密联系的符合职业特点要求的道德准则、道德情操与道德品质的总和。每个从业人员，只要从事某种职业，就要遵守那种职业的要求和规范。如教师要遵守教书育人、为人师表的职业道德，医生要遵守救死扶伤的职业道德，等等。职业道德不仅是从业人员在职业活动中的行为标准和要求，而且反映了本行业对社会所承诺的道德责任和义务。

理解职业道德，我们还需要注意以下几个方面：

（1）在内容方面，职业道德是一种公德，但与一般公德比较，职业道德在某些方面具有更高和更具体的道德要求。职业道德鲜明地表达了职业义务、职业责任以及职业行为方面的道德准则，具有较强的稳定性和连续性，它通过特有的道德传统、道德习惯规范来造就本行业的从业人员，使不同职业的人在道德面貌上表现出明显差异。

（2）在表现形式方面，职业道德往往比较具体、灵活、多样。它总是从职业行为的实际出发，采用制度、守则、公约、承诺、誓言、条例，以及标语口号之类的形式表达。比如对教师职业道德的要求："学而不厌，诲人不倦""教书育人""为人师表"……这些形式和内容既容易被从业人员理解和实行，也有利于为行业外的人员认识和接受，在业内、业外普遍认同和接受的基础上，逐渐成为职业的道德传统和习惯。

（3）从调节的范围来看，职业道德主要在从业人员活动时发挥作用：一方面它用来调节从业人员的内部关系，加强职业、行业内部人员的凝聚力，约束和规范从业行为；另一方面，它也用来调节从业人员与其服务对象之间的关系，用来

[①] 马克思，恩格斯. 马克思恩格斯全集：第28卷 [M]. 中共中央马克思恩格斯列宁斯大林著作编译局，编译. 北京：人民出版社，2018：348.

塑造本行业从业人员的形象。对于行业以外的人员，职业道德并不具有约束力。

（4）从产生的效果来看，职业道德是维护职业信念和尊严的基础，职业道德与职业生活结合，有利于从业人员形成相对稳定的职业心理和职业习惯。各行各业都构筑良好的职业道德，所有从业人员都遵循职业道德，有利于提升社会整体的道德水平，促进社会稳定运行和有序发展。

（二）教师职业道德的含义和特殊性

教师职业道德是教师在其职业生活中，调节和处理与他人、与社会、与集体、与职业工作的关系所应遵守的行为规范或行为准则，以及在这些方面所表现出来的观念意识和行为品质。一方面，教师职业道德是教师这一职业所特有的，是与教师这一职业密切联系的专门性道德，教师职业道德来自教师行业劳动本身。另一方面，教师职业道德的基本内涵，不只是教师在职业生活中所应遵循的行为规范或行为准则（"师道"）；还包括教师对规范或准则的内化和实践，由此形成的观念意识和行为品质（"师德"）。

教师职业道德和社会公德既相互联系又相互区别。教师职业道德是社会公德的重要组成部分，是社会公德在教师职业领域中的特殊表现，教师职业道德价值根植于社会公德中；社会公德对教师职业道德起支配和制约的作用，教师职业道德表现并影响社会公德。二者的区别主要在于：（1）社会公德是社会生活中最一般、最普遍的善恶标准和观念，而教师职业道德则是教师职业活动中特有的善恶标准和观念。（2）二者产生的时间和发展均有所不同。社会公德随人类社会产生而产生，教师职业道德是在脑体分工、教育作为一项专门活动出现以后才产生的；社会公德随社会整体发展而发展，教师职业道德虽然也随社会发展而发展，但主要是随着教师这一职业领域和职业活动的发展而发展的。（3）相比较而言，社会对教师的职业道德要求更高、更全面。（4）与其他行业道德比较，教师职业道德影响更深远、更深刻，对下一代公民的社会公德塑造更直接。

三、教师德行的意义

[学习活动]

阅读以下材料：

老师的品德比他的知识更为重要。对这一点，我有深刻的体会：我上小学时，家里没有钱。但那个时候盛行"送礼"风，谁给老师送了礼，老师就对谁多加关照：上课的座位被安排在前面，作业被优先批改，上课老师的目光更多地关注在他们身上，有什么好事也偏袒"送礼"的孩子。

> 有一件事我难以忘怀。那是上三年级的时候，我的笔找不到了，我就去告诉老师，老师很不耐烦地瞪了我一眼，说："不见了就不见了嘛，到办公室来闹什么闹？"一句话就把我弄哭了，我跑出了办公室。过了一会儿，老师一脸严肃地走进来问："徐×的笔不见了，谁拿了她的笔，马上拿出来！"我当时就愣了，我的笔不见了，老师不闻不问，还骂我一顿，徐×的笔不见了老师就这样，这差别也太大了吧！就因为她的爷爷是我们的厂长吗？
>
> 打那以后，我就厌烦这个老师。①
>
> 思考和讨论：这位教师的行为在哪些方面存在问题？教师德行具有什么样的意义？

"作为外在规范的教师道德需要内化为作为内在生命的教师德性。教师德性的提升有助于教育工作的改善，有助于学生的道德进步。更为重要的是，教师德性的提升是教师生命存在的确证，是教师生命成长的标志。所以，作为外在规范的教师道德一旦内化为教师内在的德性，就会成为稳定的精神动力，成为教师精神的核心成分。"②教师德性生活的外在表现是教师的德行，教师的德行是教育伦理学的一个范畴，德行是一种品行，也是一种智慧，主要涉及教师如何有德性地过好自己的专业生活。对教师的德行生活要求并非要求教师成为道德上的"完人"，而是要求教师在力所能及的情况下尽可能地追求善，尽可能展示自己向善的一面。

教师的德行具有以下意义：

（一）教师的德行有利于教育工作的开展

"教师个人的态度、风格和教学机智等个性特征对学生道德成长具有直接的影响。在教师与学生的直接接触中，可能对每一个问题的回应，每一次分发的作业，对每一次争论的总结，给学生的每一次评语，甚至一个眼神、一个手势和一种语气，都会在学生生长着的智力与道德敏感性上留下印迹，引导他们对求知、做人、处事方面的价值判断与善恶分别。"③人不是物，培养人、教育人、发展人无法通过加工和塑造实现，它依赖道德的手段和方法，依靠有道德的人实施。教师不仅要用自己丰富的学识教人，而且更重要的是要用自己高尚的品格育人；不仅要通过教学让学生理解知识，而且要以自己的"品格"去影响"品格"，以"心灵"打动"心灵"，用"灵魂"唤醒"灵魂"。学生在教师身上学习和理解如何"做人"，教师"其身正，不令而行；其身不正，虽令不从"（《论语·子路》）。

---

① 改编自成都大学师范生的"教师职业道德"课程作业。
② 宋晔. 教师德性的理性思考 [J]. 教育研究，2005（8）：49.
③ 刘万海. 教学即德性生活：走向新的教学理解 [J]. 全球教育展望，2005，34（7）：36-40.

教师的工作犹如春风化雨，"春风化雨是从教育者本身的精神境界发出来的作用。没有那种精神境界，就不能发生那种作用，有了那种精神境界，就不能不发生那种作用，这是一点也不能矫揉造作、弄虚作假的"①。

（二）教师的德行将促进自身发展

"教师德性的发展是教师在从事教育工作的过程中，不断提高自身的道德修养，不断充实自我，从而发现生活的意义，获得自我实现的价值的过程。所以，教师德性的获得不是对教师生命和精神的压制，而是教师对生命的表达和潜能的释放，教师德性的提高有助于教师更加明晰教育生活的意义。"②教师只有具有高尚的职业道德，具有坚定的事业心和责任感，才可能教好每一个学生、传授每一份真知；才可能在教育领域内不断探索、不断改进和超越，提高自己的研究能力；也才可能克服工作中的种种困难和压力，调整情绪和状态，形成积极乐观的生活态度、健康向上的心理素质。

（三）教师的德行有利于维护和提升行业的形象

《国际教育组织关于教师职业道德的宣言》强调："教育工作者为所有学生提供高水平的教育，以加强公众对教育工作者的信心，以赢取他们对教师职业的尊敬。""对职业标准以及伦理意识的加强，不仅可以提高教师以及（其他）教育工作者的工作满意度和自我批评，也可以提高社会对教师职业的尊敬。"教师的专业形象需要由教育行业中的每一个教师共同维护，师德高尚、业务精良的教师群体有利于赢得社会的信任和支持，有利于为行业争取更高的地位和待遇，有利于吸引更优秀的人才加盟教育工作，从而促进教育事业的整体发展和进步。

[思考和实践]

1. 阅读以下案例：

王老师大学毕业后到某中学教书。刚参加工作时，王老师上课喜欢拿上一支新粉笔，掐掉粉笔头的顶端后，用力将其扔向讲台边的墙脚，并自我感觉这一动作优美，表现潇洒。久而久之，扔粉笔便成了习惯动作。有一次在课堂上，王老师请三位学生到黑板上做练习，被请的三位学生走向讲台后不约而同地各自拿上一支新粉笔，掐掉粉笔头后，也先后将其扔向讲台边的墙脚。王老师看在眼里，想在心里，说了一声："你们怎么把粉笔头乱扔呀？"有位学生笑答道："这个动作很潇洒，很过瘾，我们都是从您那里学来的。"听了学生的回答，王老师受到

① 冯友兰. 三松堂全集：第14卷 [M]. 郑州：河南人民出版社，2001：218.
② 宋晔. 教师德性的理性思考 [J]. 教育研究，2005（8）：48.

很大震动，并下决心克服掉了自己扔粉笔头的习惯性动作。[1]

说一说：学生学习有什么特点？教师劳动对于学生的学习有什么样的影响？

2. 请你从自己过去的受教育经历中，选取一个故事说明教师德行的意义。

---

[1] 杨芷英. 教师职业道德 [M]. 新编本. 北京：高等教育出版社，2007：51.

专题二　教师职业道德范畴和原则

一、教师职业道德范畴

🔖 ［学习活动］

阅读以下材料：

我送了三年小学毕业班，突然发现那些学习刻苦的女孩子都没有长个儿。五、六年级正是她们健康成长的时候，但大量的作业压着她们，导致睡眠严重不足，而孩子们是在充足的睡眠中长个儿的。女孩子比男孩子受的影响大，因为女孩子更听话、更用功一些。刘萌是我最喜欢的学生，学习成绩特别好，作文拿了全国的特等奖。她的爸爸一米八的个子，妈妈个子也很高，可是，刘萌的个子就没有长起来。现在孩子已经上高二了，个子还是很矮。孩子各方面都特别优秀，就是个子的问题让她很自卑。我每次想到刘萌心里就不好受。①

思考和讨论：支撑教师反思背后的东西是什么？你从这位教师的反思中意识到了什么？

韩东屏认为："道德规范系统的纵向结构大致可由下至上区分为三个层次的要素，即道德准则、道德范畴和道德原则。它们一方面各有各的特点与作用，另一方面相互之间也存在着蕴涵与派生的逻辑关联。"② 本专题主要讨论教师职业道德范畴和教师职业道德原则两个方面。

广义上的教师职业道德范畴是指反映和概括教师职业道德现象的特征、方面和关系的本质的基本概念。狭义上的教师职业道德范畴，是指那些反映教师个人与社会、教师个人与他人之间最本质、最主要、最普遍的道德关系的概念，主要包括教师义务（责任）、教师良心、教师公正、教师荣誉等。

（一）教师义务（责任）

马克思曾经指出："作为确定的人，现实的人，你就有规定，就有使命，就有任务，至于你是否意识到这一点，那是无所谓的。"③ 这里说的使命和任务

---

① 蔡辰梅，刘刚."教师是一种良心活"：对教师职业认同方式的分析与反思［J］.教师教育研究，2010，22（1）：9-10.选用时有删改。

② 韩东屏.道德准则、道德范畴、道德原则：论道德规范系统的层级结构［J］.河南师范大学学报（哲学社会科学版），2011，38（3）：1-4.

③ 马克思，恩格斯.马克思恩格斯全集：第3卷［M］.中共中央马克思恩格斯列宁斯大林著作编译局，编译.北京：人民出版社，1960：329.

就是义务，也就是说每一个现实的人都应该承担起自己的责任和义务。关于义务，韩愈认为："行而宜之之谓义。"（《原道》）朱熹认为："义之为义，只是一个宜。"（《朱子语类·卷第六十八》）"宜"不仅意味着"适宜"，也意味着"应该"。"务"的意思是尽力完成某种职责。所谓承担义务，就是承担和完成应该承担的适宜的职责。它既表明这是个人应该对社会和他人承担的责任，也表明这是社会和他人有权对个人行为提出的某个方面或某种程度的要求。①

檀传宝认为，教师的义务包括"一般道德义务"和"教育道德义务"两个方面。作为普通道德生活的主体，教师有在日常生活中遵守诺言、偿还债务、扶贫济困等一般道德义务；同时，作为一个特定职业生活的主体，教师又有属于教育行业本身的一些教育道德义务。教师工作的特性之一是教师本身就是教育的中介或工具，教师劳动特点决定了教师必须正确面对上述两类义务：首先，教师必须比一般人更严格地履行一般道德义务，只有这样，他才能成为真正的道德榜样，成为真正的教育主体；其次，教师更应当严格地履行教育道德义务，努力完成教育任务。②

对于教师的义务，《中华人民共和国教师法》（下文简称《教师法》）第八条规定："教师应当履行下列义务：（一）遵守宪法、法律和职业道德，为人师表；（二）贯彻国家的教育方针，遵守规章制度，执行学校的教学计划，履行教师聘约，完成教育教学工作任务；（三）对学生进行宪法所确定的基本原则的教育和爱国主义、民族团结的教育，法制教育以及思想品德、文化、科学技术教育，组织、带领学生开展有益的社会活动；（四）关心、爱护全体学生，尊重学生人格，促进学生在品德、智力、体质等方面全面发展；（五）制止有害于学生的行为或者其他侵犯学生合法权益的行为，批评和抵制有害于学生健康成长的现象；（六）不断提高思想政治觉悟和教育教学业务水平。"对于这六条义务，我们将在第四单元进行具体讨论。

（二）教师良心

古罗马的西塞罗（Marcus Tullius Cicero）认为，对于道德实践来说，最好的观众就是人们自己的良心。③从根本上说，道德的约束力量来源于自己的良心，良心是"人内在的神"。

"在黑格尔看来，'良心'的出现，预示着'一个人的心'和'所有人的心'的同一，……良心即所谓'德'。"④道德意义上的良心，是指主体对自身道德责

① 陈惠津，范士龙. 教师职业道德与法律法规 [M]. 武汉：华中师范大学出版社，2018：41.
② 檀传宝. 教师伦理学专题 [M]. 北京：北京师范大学出版社，2000：128-129.
③ 魏英敏. 新伦理学教程 [M]. 北京：北京大学出版社，1993：452-453.
④ 樊浩. 道德教育的"'精神'形态"与"中国形态"[J]. 教育研究，2013（2）：51.

任和道德义务的一种自觉意识和情感体验，以及基于此而形成的对于道德自我、道德活动进行评价与调控的心理机制。良心由深刻的道德认识、强烈的道德感情和坚强的道德意志三种因素构成，是知、情、意的有机统一。教师的教育良心首先表现为教师对个人教育责任的认知，也就是知道自己是做什么的，自己该做什么和不该做什么；其次还是一种情感体验，具体包含无视责任、放弃责任所带来的愧疚和履行了责任所带来的心灵平静与满足，同时也是一种克服困难、承担教育责任的勇气和意志力。

卢梭（Jean-Jacques Rousseau）说："在我们的灵魂深处生来就有一种正义和道德的原则；尽管我们有自己的准则，但我们在判断我们和他人的行为是好或是坏的时候，都要以这个原则为依据，所以我把这个原则称为良心。"[1] 良心的作用主要表现为：（1）指导作用。教师在作出某种教育行为抉择时，要依据履行教师义务的道德要求，对行为的动机进行自我检查，对符合道德要求的动机予以肯定，对不符合道德要求的动机进行抑制或否定，从而作出正确的决定。（2）监督作用。在教育教学工作过程中，教师良心对自己的行为进行自我监督，对符合教师道德要求的意志和信念予以激励和坚持，对不符合教师道德要求的情感和欲念予以消除。（3）评价作用。教师良心充分发挥作用的主要时间点是在教育行为之后。因为教师只有在教育行为之后，才能从实际的教育效果及影响中，得到全面而深刻的认识，从而作出良心上的评价。良心的评价作用方式主要有两种：一是直觉；二是理智。良心的直觉作用方式是指良心通过无形的力量使人的行为沿着一定的道德轨道进行。良心的理智作用方式即良心以"自己跟自己打官司"的形式充当内在法庭，发挥检验和评价的作用。良心使人对履行了道德义务的后果和影响，内心感到满足、欣慰和高兴；对没有履行道德义务的不良后果和影响，表现出内疚、惭愧和悔恨。

前述案例中的教师，通过反思学生的身体发育状况批评自己的教育行为，并由此感到内疚，正是教师良心在发挥评价作用。有了这样的内疚，在以后的教育实践中，该教师就有可能调整自己的价值取向，改变实践行为。

（三）教师公正

📖 ［学习活动］

观看电影《放牛班的春天》片段。

思考和讨论：你从中发现了哪些地方存在不公正？对教育实践中的公正，你有什么看法？

影视片段《放牛班的春天》

---

[1] 卢梭. 爱弥儿：下卷［M］. 李平沤，译. 北京：商务印书馆，2017：456.

人是向往和追求幸福的。"幸福原理所处理的首先是每个人与自己的关系问题，即如何善待自己的问题……要保证幸福生活，我们还需要用另一个原理来处理人与人之间的关系问题，这就是公正原理。"[①]幸福原理和公正原理是伦理学的基本原理。公正是体现人格尊严、实现人的价值的不可或缺的前提，作为社会生活的基本需要，社会越是进步，人们对公正的内在需求越是强烈。在众多社会公正问题中，教育公正至关重要：一方面教育公正是社会公正的重要组成部分；另一方面教育公正是社会公正的基础，教育在提升竞争能力、实现人的纵向流动方面具有重要作用，具有保障起点公正的意义。

简单地说，公正就是"公平"的"正义"。它是处理人际关系的基本的伦理原则。具体地说，公正必须体现出如下三条特性：

一是对等性。也就是对人、对己要一个规则、一个标准，不能对人一套，对己一套；对待他人要一视同仁，不带偏见。在古希腊神话中，正义女神的形象手持天平，蒙住双眼。她手中的天平不倾斜，意味着正义与公平；她蒙住双眼，意味着不带任何偏见。

二是可互换性。也就是在责任和利益分配面前，当事者可以互换位置并愿意接受。"己所不欲，勿施于人"（《论语·颜渊》），就是一种心理互换、达成公平的思维方式。例如，在自己心里思考"假如我是孩子""假如我是家长"……角色互换、心理互换将使我们更加公正地思考和处理彼此相处的问题。

三是最终价值判定的依赖性。判断是否公正的价值依据，"一是看它是否有利于社会的发展，二是看它是否有利于个体的幸福。当然，这两个依据本身又是统一的。由于幸福本身的价值性、利他性，又由于社会发展的终极目的仍然是个体的幸福，所以最终的依据应当是看这一标准是否真正有利于主体幸福的实现"[②]。真正的公正应该有利于促进和实现相关主体的幸福。

教师的公正是指教师在自己的教育活动中对待不同利益关系所需要的公平和正义。上海师范大学曾对4 500名学生进行过一次调查，结果有84%的被试认为"公正"是"教师工作重要的职业品质"；92%的被试认为"偏私和不公正"是"最不能原谅的教师品质缺陷"。[③]教师必须维持教室里的秩序，但千万别忘记纪律的基本真理：教师可以严格，但不公平的教师会被学生看不起。惩罚必须和"罪行"相称，然而现实往往并非如此。只要孩子们看见教师赏罚不公，他就失去人心了。[④]约翰·罗尔斯说："正义是社会制度的首要价值，正像真理是思想体系的首要价值一样。"[⑤]公平、正义原则是教师职业道德的基本原则。

拓展阅读《教师实践教育公正的几个"不要"》

① 赵汀阳. 论可能生活 [M]. 2版. 北京：中国人民大学出版社，2010：153.
② 檀传宝. 教师伦理学专题 [M]. 北京：北京师范大学出版社，2000：60.
③ 檀传宝. 教师伦理学专题 [M]. 北京：北京师范大学出版社，2000：67.
④ 艾斯奎斯. 第56号教室的奇迹 [M]. 卞娜娜，译. 北京：中国城市出版社，2009：8.
⑤ 罗尔斯. 正义论 [M]. 何怀宏，何包钢，廖申白，译. 北京：中国社会科学出版社，1988：1.

教师公正体现在教师自身、教师与同事、教师与学生等人际关系之中。其中，公平、合理地对待和评价学生是最基本的要求。它包括在人格上给予学生平等的尊重，在学习上给予学生平等的学习机会以及帮助与指导，对学生的发展给予平等的、全面的关心，对学生的评价要符合公认的道德准则。它要求教师具有追求真理、伸张正义的内在的公正信念，在处事时办事公道、赏罚分明，在待人时一视同仁、不带偏见。

（四）教师荣誉

荣誉指一定社会或集团对人们履行社会义务的道德行为的肯定和褒奖，是特定的人从特定的组织和人群中获得的积极评价。个人因意识到这种肯定和褒奖所产生的道德情感，通称为荣誉感。教师的荣誉是社会组织和成员对教师履行教育教学义务的肯定和褒奖，教师有意识地争取这种积极评价而产生道德体验，进而获得教师职业的荣誉感。

拓展阅读《教师尊严的赢得和争取》

教师荣誉是推动教师履行教师义务的内在精神力量，在教师的职业活动中，正确的荣誉观具有非常重要的作用。首先，教师荣誉是教师道德行为的调节器，对教师的道德行为、品质取向具有导向和制约的作用；其次，教师荣誉是激励和推动教师积极进取，努力工作，更好地履行教师义务的助推器；最后，教师荣誉是促进教师自身道德发展和完善、形成良好师德风尚的重要精神条件。

提升教师职业荣誉感，一方面需要政府和社会把尊师重教落到实处，切实提高教师的地位，另一方面需要教师正确地对待和争取荣誉：（1）调整价值取向，以教书育人、培育人才为荣；（2）珍惜教师荣誉，维护教师专业荣誉和尊严；（3）加强教育宣传，争取社会对教师工作的理解和支持，不为名所累，潜心育人。

二、教师职业道德原则

[学习活动]

观看电影《叫我第一名》片段。

思考和讨论：你从中体会到了什么样的教育人道主义原则？

影视片段《叫我第一名》

道德原则是认识和处理个人利益和社会利益的基本原则，对人们的道德实践有重要的指导意义，是道德体系的核心。教师职业道德原则是调整教师在教育活动中的道德行为的指导原则，它主导着教师职业道德的全部规范，是教师职业道德体系的核心，对教师的职业活动具有普遍的指导性和严格的约束力。

教师在其职业活动中需要处理好各种各样的关系，在方方面面的关系中，最

核心、最根本的关系是师生关系。因此，讨论教师职业道德原则需要围绕师生关系这一根本问题进行展开。在现阶段，我们需要特别关注以下教师职业道德原则：教育人道主义原则、教书育人原则、公平正义原则、为人师表原则、依法执教原则。这里着重讨论教育人道主义原则和教书育人原则，其余原则将在其他单元进行探讨。

（一）教育人道主义原则

作为一种道德伦理原则，人道主义是针对非人道、非人性而言的；作为一种道德伦理精神，人道主义强调"人是目的"这一根本的道德原则，强调把"人"作为研究与处理问题的出发点和归宿；作为一种道德实践的追求，它主张以"人就是人"的眼光来看待人和处理彼此之间的关系，它要求确保人的主体性地位，肯定个体的独立价值。尊重人的权利，维护人的尊严，保障人的自由，追求人的全面发展与自我完善是人道主义原则的主要内涵。[①]

教育是一项培养人、促进人发展的社会事业，教育的主体和对象都是人，一切教育活动都是为了人、围绕人、依靠人而展开的，人是教育的核心和旨归。教育的本质决定了教育必须关怀人，必须尊重人的价值、尊严、权利和自由，必须致力于人自身的不断发展与完善。教育人道主义存在的根据在教育自身。

1. 教育要"把人当人看"

教育家阿莫纳什维利认为："首先要把他（儿童）描绘成一个正在成长中的人，一个有自己多方面的生活的人，一个与周围的人们有着复杂关系的人……既然每一个儿童都是一个有着自己的独立个性的人，因而，只有在考虑到他的实际生活经验，考虑到他的快乐和悲伤、他的需求和志向、他的才能和期望等情况的条件下，我们才能了解他，才能使他成为乐意接受教育的人……最后，我还给自己提出了这样的任务：确定学校生活的人道主义和乐观主义的教育学原则。"[②]教育人道主义原则首先要求教师要"把学生当人看"：首先，学生是有血有肉、有情感、有思维、有意志的"活生生的人"，教师要以人的方式来对待和教育学生，一方面要对学生施以人道的关怀，平等友好地对待学生；另一方面，教师要肯定学生个体存在的独立价值，尊重学生的人格尊严，保证他们作为社会平等成员所应该享有的一切基本的人权，教育的方式和手段应该是人道的、符合人性的。其次，教师要把儿童（学生）当儿童看。在人生的秩序中，每一个阶段都有其存在的独特价值，儿童就是儿童，教师不能把儿童同成人一样看待，一味地按照成人世界的标准来要求他们。教育要引导儿童珍惜童年，享受童年，使其有快乐的童年回忆。教师要把研究儿童作为专业责任，不断提高自己研究和发现儿

① 王燕. 论教育人道主义及其价值追求 [J]. 江西教育科研, 2007 (1): 3.
② 阿莫纳什维利. 孩子们，你们好! [M]. 朱佩荣, 译. 北京: 教育科学出版社, 2005: 自序.

童的专业素养。最后，教师要把学生当作一个个具体的、有差异的个体来看待。"科学的人道主义反对任何先验的、主观的或抽象的关于人的观点。科学人道主义所指的人是指一个具体的人，一个在历史背景中的人，一个生活在一定时代的人。"① 每个学生在这个世界上都是独一无二的，具有自己的独特性，教育不能无视差异或者试图消除差异，而应该尊重学生的个体差异并将其作为资源来开发，引导学生认识差异，尊重多样性，从而发展人的丰富性和生动性。

2. 教育要"使人成为人"

"只有受过合适的教育之后，人才能成为一个人。"② 首先，教师需要引导学生对所属社会的道德行为规范、价值观念和知识与技能进行系统学习与内化，使其不断地突破生物属性给予他的种种限制，进而从纯粹的自然生物性和狭隘的个人偏私性中解放出来，成长为一个个既具有充分的社会性又具有丰满个性的真正的人，促进学生社会化。其次，教师需要帮助学生面向人生的可能与理想状态进行自我完善和自我实现。"教育的目的在根本上就是人的'自我实现'，是丰满人性的形成，是人种能够达到的或个人能够达到的最高度的发展。"③ 追求人性所蕴含的丰富潜能的充分释放与发挥，使这些潜能达到所能达到的最高限度和最完满的境界，这是教育人道主义原则的更高追求和理想境界。

3. 教育要实现教育者自身的"成人"

教育人道主义原则关注的是教育过程中所有的人，教育者同样需要以人道主义原则来对待自身。仅仅强调教育者对学生个体的尊重和关心的教育人道主义是片面的。忽略教育者作为人的尊严与价值、发展与完善本身就是有违人道的。完整意义上的教育人道主义既强调学生以及教育过程中的其他参与者对教育者的尊重和关怀，又强调教育者自身在教育过程中的自我发展与完善。教师要善待自己，发展自己，这也是教育人道主义原则对教师提出的道德要求。

（二）教书育人原则

教师是从事教育教学工作、承担教书育人使命的专业人员。教书育人是教师的基本职责，也是教育规律的客观要求。"我得立刻承认，不存在'无教学的教育'这个概念，正如反过来，我也不承认有任何'无教育的教学'一样。"④ 教书育人原则指的是学校教师在组织教学活动过程中，以教育内容为载体，传授给学生系统的科学文化知识，以自身的道德行为和魅力，言传身教，引导学生寻找

---

① 联合国教科文组织国际教育发展委员会. 学会生存：教育世界的今天和明天 [M]. 华东师范大学比较教育研究所，译. 北京：教育科学出版社，1996：184.
② 夸美纽斯. 大教学论 [M]. 傅任敢，译. 北京：教育科学出版社，2014：32.
③ 彭运石. 走向生命的巅峰：马斯洛的人本心理学 [M]. 武汉：湖北教育出版社，1999：239.
④ 赫尔巴特. 普通教育学·教育学讲授纲要 [M]. 李其龙，译. 北京：人民教育出版社，1989：12.

自己生命的意义，实现人生应有的价值追求，培养学生正确的审美观和健康向上的人格。

1. 按规律育人

只有遵循教育规律，尤其是遵循教育要适应年轻的一代身心发展的这一基本规律，才能实现教育目的。学生的成长变化有其自身的生理运动规律和心理活动规律，教书育人既要遵循学科的内在规律，更要遵循学生的身心发展规律。比如：教育既要适应年轻一代身心发展的顺序性，循序渐进地促进学生身心的发展；也要适应年轻一代身心发展的阶段性，对不同年龄段的学生，在教育内容和方法上应有所不同；同时还要适应不同学生身心发展的差异性，研究不同学生的身心发展特点和发展需求，因材施教，用发展的眼光看待学生，用多把尺子评价学生，不以分数作为评价学生的唯一标准。此外，按规律育人还需要遵循学习规律，充分调动学生学习的积极性，灵活采用不同教学方法，循循善诱，努力让每个学生都参与其中，使他们成为教育教学活动的积极主体，帮助他们更好地实现自我发展。

拓展阅读《教育让学生成什么样的人》

2. "五育"并举，实施素质教育

2019年，中共中央、国务院印发的《关于深化教育教学改革全面提高义务教育质量的意见》要求："树立科学的教育质量观，深化改革，构建德智体美劳全面培养的教育体系，健全立德树人落实机制，着力在坚定理想信念、厚植爱国主义情怀、加强品德修养、增长知识见识、培养奋斗精神、增强综合素质上下功夫。坚持德育为先，教育引导学生爱党爱国爱人民爱社会主义；坚持全面发展，为学生终身发展奠基；坚持面向全体，办好每所学校、教好每名学生；坚持知行合一，让学生成为生活和学习的主人。"这份文件还明确了"突出德育实效""提升智育水平""强化体育锻炼""增强美育熏陶""加强劳动教育"的"坚持'五育'并举，全面发展素质教育"的目标和任务。

[参考阅读]

中共中央、国务院《关于深化教育教学改革全面提高义务教育质量的意见》中有关"五育"并举的要求（节选）

突出德育实效。完善德育工作体系，认真制定德育工作实施方案，深化课程育人、文化育人、活动育人、实践育人、管理育人、协同育人。大力开展理想信念、社会主义核心价值观、中华优秀传统文化、生态文明和心理健康教育。加强爱国主义、集体主义、社会主义教育，引导少年儿童听党话、跟党走。加强品德修养教育，强化学生良好行为习惯和法治意识养成。

提升智育水平。着力培养认知能力，促进思维发展，激发创新意识。严格按

照国家课程方案和课程标准实施教学，确保学生达到国家规定学业质量标准。充分发挥教师主导作用，引导教师深入理解学科特点、知识结构、思想方法，科学把握学生认知规律，上好每一堂课。突出学生主体地位，注重保护学生好奇心、想象力、求知欲，激发学习兴趣，提高学习能力。加强科学教育和实验教学，广泛开展多种形式的读书活动。各地要加强监测和督导，坚决防止学生学业负担过重。

强化体育锻炼。坚持健康第一，实施学校体育固本行动。严格执行学生体质健康合格标准，健全国家监测制度。除体育免修学生外，未达体质健康合格标准的，不得发放毕业证书。开齐开足体育课，将体育科目纳入高中阶段学校考试招生录取计分科目。科学安排体育课运动负荷，开展好学校特色体育项目，大力发展校园足球，让每位学生掌握1至2项运动技能。广泛开展校园普及性体育运动，定期举办学生运动会或体育节。

增强美育熏陶。实施学校美育提升行动，严格落实音乐、美术、书法等课程，结合地方文化设立艺术特色课程。广泛开展校园艺术活动，帮助每位学生学会1至2项艺术技能、会唱主旋律歌曲。引导学生了解世界优秀艺术，增强文化理解。鼓励学校组建特色艺术团队，办好中小学生艺术展演，推进中华优秀传统文化艺术传承学校建设。

加强劳动教育。充分发挥劳动综合育人功能，制定劳动教育指导纲要，加强学生生活实践、劳动技术和职业体验教育。优化综合实践活动课程结构，确保劳动教育课时不少于一半。家长要给孩子安排力所能及的家务劳动，学校要坚持学生值日制度，组织学生参加校园劳动，积极开展校外劳动实践和社区志愿服务。

素质教育依据人和社会发展的实际需要，以面向全体学生，全面提高学生基本素质，促进学生生动活泼发展为根本特征。实施素质教育是教育适应和促进社会发展，帮助学生适应未来生活的客观需要。为实施素质教育，教师要全面关心学生，促进学生全面发展，在教育教学中不仅要传授知识，开发学生的智力，培养学生多个方面的能力，提高学生的身心健康水平；而且要帮助学生提高思想觉悟，积极引导学生践行"富强、民主、文明、和谐，自由、平等、公正、法治，爱国、敬业、诚信、友善"的社会主义核心价值观，培养学生的良好品行。教师要把思想教育与传授知识统一于"立德树人"的目的中，统一于教学内容的选择和组织、教学活动的设计和实施、师生交往和相互影响的整个教学过程中。实施素质教育要以培养学生的创新精神和实践能力为重点，教师要努力为学生创设一个安全与宽松、平等与民主的学习环境，尊重学生的不同意见和观点，保护学生的好奇心和兴趣，激发他们的求知欲和创新精神，鼓励他们的批判思维和创造行为，培养他们的动手能力；帮助他们走出学校、迈向新环境，获得身心和谐，使他们具有爱心、责任心、担当，具有适应个人终身发展和社会发展需要的必备品格和关键能力等核心素养。

3. 教师要自觉提高教书育人的能力和水平

教书育人对教师的素养提出了较高要求，教师自身的素质直接影响教书育人的效果。教师要加强学习、不断反思，对教书育人的实践问题深入研究，不断提高自己教书育人的能力和水平，以适应学生的变化和知识的更新，以及时代对教师教书育人、立德树人所提出的更高要求。

[思考和实践]

1. 用教育人道主义原则审视当下的教育实践，说说你的看法。

2. 说一说你心目中的教育公正。

专题三　教师职业道德规范

> **[学习活动]**
>
> 1. 阅读《中小学教师职业道德规范（2008年修订）》，选择感兴趣的一条，结合教育（或受教育）经历说一说自己的认识和理解。
>
> 2. 研读《新时代中小学教师职业行为十项准则》或《新时代幼儿园教师职业行为十项准则》，讲一讲当前国家对中小学教师、幼儿园教师职业行为的要求。

一、教师职业道德规范的意义

规范是一种约定俗成或明文规定的标准。道德规范是道德关系普遍规律的反映，是一定社会或阶级对人们行为和关系的基本要求的概括。教师职业道德规范是教师的道德行为和道德关系普遍规律的反映，是教师在教育劳动中调整同他人、同社会之间关系的道德行为和道德关系的总和，它是某个时期某一社会对教师道德行为和道德关系的概括。

教师职业道德规范在教师道德体系中占有突出的地位，它对于培养教师的职业心理，形成教师特有的道德习惯、道德传统，以及推动教师的工作具有重要的作用。研制、颁布和宣传相应的规范，是教育管理部门和教育工会组织的职责。理解、认同和遵守《中小学教师职业道德规范（2008年修订）》（以下一般简称《规范》）是中小学教师的责任和义务。遵守规范既是中小学教师获得教育行业、所教学生和学生家长，以及社会接纳、认同的前提，也是加强自身修养、不断取得专业成长和进步，从而取得教书育人成功的关键。

二、《中小学教师职业道德规范（2008年修订）》的内容及解读

（一）《规范》内容

新中国成立以来，我国先后四次正式颁布中小学教师职业道德规范：1984年10月教育部、全国教育工会联合颁布了《中小学教师职业道德要求（试行草案）》；1991年8月国家教育委员会和全国教育工会联合颁布了《中小学教师职业道德规范》；1997年9月国家教育委员会和全国教育工会重新发布了《中小学教师

职业道德规范》；2008年9月教育部和中国教科文卫体工会全国委员会联合颁布了《中小学教师职业道德规范（2008年修订）》。《规范》内容如下：

《中小学教师职业道德规范（2008年修订）》

（一）爱国守法。热爱祖国，热爱人民，拥护中国共产党领导，拥护社会主义。全面贯彻国家教育方针，自觉遵守教育法律法规，依法履行教师职责权利。不得有违背党和国家方针政策的言行。

（二）爱岗敬业。忠诚于人民教育事业，志存高远，勤恳敬业，甘为人梯，乐于奉献。对工作高度负责，认真备课上课，认真批改作业，认真辅导学生。不得敷衍塞责。

（三）关爱学生。关心爱护全体学生，尊重学生人格，平等公正对待学生。对学生严慈相济，做学生良师益友。保护学生安全，关心学生健康，维护学生权益。不讽刺、挖苦、歧视学生，不体罚或变相体罚学生。

（四）教书育人。遵循教育规律，实施素质教育。循循善诱，诲人不倦，因材施教。培养学生良好品行，激发学生创新精神，促进学生全面发展。不以分数作为评价学生的唯一标准。

（五）为人师表。坚守高尚情操，知荣明耻，严于律己，以身作则。衣着得体，语言规范，举止文明。关心集体，团结协作，尊重同事，尊重家长。作风正派，廉洁奉公。自觉抵制有偿家教，不利用职务之便谋取私利。

（六）终身学习。崇尚科学精神，树立终身学习理念，拓宽知识视野，更新知识结构。潜心钻研业务，勇于探索创新，不断提高专业素养和教育教学水平。

（二）《规范》解读

1.《规范》体现的基本原则

（1）坚持"以人为本"

《规范》充分彰显了以人为本的核心思想，充分体现了"教育以育人为本，以学生为主体""办学以人才为本，以教师为主体"的理念。例如："爱国守法"强调了教师要爱祖国和人民；"爱岗敬业"要求教师忠诚于人民教育事业；"关爱学生"中的"对学生严慈相济，做学生良师益友""保护学生安全"更是表达了以人为本的教育理念；"教书育人"进一步明确了教育要以学生的发展为中心；"为人师表"对教师的衣着和言行举止、协作精神、廉洁奉公、不谋私利等方面要求具体细致，并增加了对待家长态度方面的要求，同样赋予了"以人为本"的时代含义；"终身学习"更是体现了关心教师和学生的人本思想。

（2）继承与创新相结合

《规范》认真总结历次文件的基本经验，汲取了历次文件中反映教师职业道德本质的基本要求，如把"爱"与"责任"确定为师德的核心和灵魂。同时，

《规范》又充分考虑了经济、社会和教育发展对师德提出的新要求，将优秀师德传统与时代要求有机结合，如增加了"终身学习"的要求和内容。

（3）广泛性与先进性相结合

《规范》的修订广泛征求了教师以及社会其他各方面的意见，从而使《规范》的实践有了广泛的群众基础，更有利于全面贯彻落实。《规范》的内容从教师队伍现状和实际出发，面向全体教师，对教师职业道德提出了基本要求，是每位教师应该自觉遵守的行为准则。同时，《规范》还提出了体现时代精神的新要求，如首次加入"保护学生安全""关心学生健康""教书育人""激发学生创新精神""终身学习"等内容。

（4）倡导性要求与禁行性规定相结合

《规范》从教师职业道德的阶段性特征出发，针对当前师德建设中的共性问题和突出问题，在广泛征求意见的基础上，既作出了倡导性的要求，也作出了若干禁行性的规定。如禁行性规定有：第一条"爱国守法"中的"不得有违背党和国家方针政策的言行"；第二条"爱岗敬业"中的"不得敷衍塞责"；第三条"关爱学生"中的"不讽刺、挖苦、歧视学生，不体罚或变相体罚学生"；第四条"教书育人"中的"不以分数作为评价学生的唯一标准"；第五条"为人师表"中的"不利用职务之便谋取私利"。上述禁行性规定以"不……"的方式提出有关教师职业道德的要求，使教育实践中某些比较严重的问题和倾向突显出来，可以起到"提醒""警示""亮红牌"的作用。

（5）他律与自律相结合

从"他律"走向"自律"是师德建设的最终目的。《规范》在注重"他律"的同时强调"自律"，倡导广大教师自觉践行师德规范，把《规范》的要求内化为自觉行为。如第一条倡导"自觉遵守教育法律法规"，第二条倡导"乐于奉献"，第五条倡导"自觉抵制有偿家教"。

2.《规范》内容解读

（1）"爱国守法"是教师职业的基本要求

它强调了教师的国家责任、公民意识和义务，同时也强调了教师在爱国守法方面对学生的榜样示范作用。"热爱祖国，热爱人民，拥护中国共产党领导，拥护社会主义"是从道德角度对教师提出的政治要求。热爱自己的祖国是每一个公民的义务，爱祖国需要在爱人民中落实，需要在拥护中国共产党领导和社会主义制度中体现。全面贯彻教育方针，全面实施素质教育，培养德智体美劳全面发展的社会主义事业建设者和接班人是教师爱国爱民的具体实践。守法是我国宪法规定的所有社会组织、国家机关和公民的基本义务，同时也是每个教师的神圣职责和义务。

（2）"爱岗敬业"是对教师职业的本质要求

"爱岗敬业"意味着教师对教育事业要有强烈的责任感和深厚的感情。没有责任感就办不好教育，没有感情就教不好学生。教师应始终牢记自己的神圣职责，志存高远，把个人的成长进步同社会主义伟大事业发展、同祖国的繁荣富强紧密联系在一起，抱有远大的教育理想，并在深刻的社会变革和丰富的教育实践中履行自己的光荣职责，追寻和实现自己的教育理想。

（3）"关爱学生"是教师职业道德的灵魂

只有"亲其师"，才能"信其道"。教育没有爱，也就没有了灵魂。教师必须关心、爱护全体学生，尊重学生人格，平等、公正对待学生，在教育和管理活动中对学生严慈相济，做学生的良师益友。教师要保护学生安全，关心学生健康，维护学生权益，为学生创造健康、快乐的学习和成长环境。

（4）"教书育人"是每一个教师的天职

教育规律是教师履行教书育人职责所应遵循的依据。"实施素质教育"是教书育人的原则、方向。"循循善诱，诲人不倦，因材施教"是教师在教书育人活动中所应采取的主要方法。"培养学生良好品行，激发学生创新精神，促进学生全面发展"是教师教书育人实践的归宿。"不以分数作为评价学生的唯一标准"指明了教师在教育教学评价中的主要禁忌。

（5）"为人师表"是教师职业的内在要求

"师表"是指在品德、学问上值得学习的榜样，"为人师表"就是在人品和学问等方面成为别人的榜样，它要求教师言传身教，以身立教。教师要坚守高尚情操，知荣明耻，严于律己，以身作则，在加强自身修养、关心集体、尊重同事、尊重家长、廉洁奉公等各个方面率先垂范，做学生的榜样，以自己的人格魅力和学识魅力教育和影响学生。

（6）"终身学习"是教师专业发展不竭的动力

"学不可以已"（《荀子·劝学》），终身学习是对生活在21世纪的所有人提出的时代要求。教师职业特点决定了教师更需要进行终身学习：一方面教师所面对的学生已不同于昨天，因为学生在不断地发展和变化，教师需要终身学习以适应变化；另一方面教师需要成为学生终身学习的榜样。因此，教师必须树立终身学习的理念，拓宽知识视野，更新知识结构，不断提高专业素养，并潜心钻研业务，勇于探索创新，不断提高教育教学水平。

三、新时代教师职业行为准则

2018年，教育部印发了《新时代中小学教师职业行为十项准则》《新时代幼儿园教师职业行为十项准则》，内容如下：

《新时代中小学教师职业行为十项准则》

教师是人类灵魂的工程师，是人类文明的传承者。长期以来，广大教师贯彻党的教育方针，教书育人，呕心沥血，默默奉献，为国家发展和民族振兴作出了重大贡献。新时代对广大教师落实立德树人根本任务提出新的更高要求，为进一步增强教师的责任感、使命感、荣誉感，规范职业行为，明确师德底线，引导广大教师努力成为有理想信念、有道德情操、有扎实学识、有仁爱之心的好老师，着力培养德智体美劳全面发展的社会主义建设者和接班人，特制定以下准则。

一、坚定政治方向。坚持以习近平新时代中国特色社会主义思想为指导，拥护中国共产党的领导，贯彻党的教育方针；不得在教育教学活动中及其他场合有损害党中央权威、违背党的路线方针政策的言行。

二、自觉爱国守法。忠于祖国，忠于人民，恪守宪法原则，遵守法律法规，依法履行教师职责；不得损害国家利益、社会公共利益，或违背社会公序良俗。

三、传播优秀文化。带头践行社会主义核心价值观，弘扬真善美，传递正能量；不得通过课堂、论坛、讲座、信息网络及其他渠道发表、转发错误观点，或编造散布虚假信息、不良信息。

四、潜心教书育人。落实立德树人根本任务，遵循教育规律和学生成长规律，因材施教，教学相长；不得违反教学纪律，敷衍教学，或擅自从事影响教育教学本职工作的兼职兼薪行为。

五、关心爱护学生。严慈相济，诲人不倦，真心关爱学生，严格要求学生，做学生良师益友；不得歧视、侮辱学生，严禁虐待、伤害学生。

六、加强安全防范。增强安全意识，加强安全教育，保护学生安全，防范事故风险；不得在教育教学活动中遇突发事件、面临危险时，不顾学生安危，擅离职守，自行逃离。

七、坚持言行雅正。为人师表，以身作则，举止文明，作风正派，自重自爱；不得与学生发生任何不正当关系，严禁任何形式的猥亵、性骚扰行为。

八、秉持公平诚信。坚持原则，处事公道，光明磊落，为人正直；不得在招生、考试、推优、保送及绩效考核、岗位聘用、职称评聘、评优评奖等工作中徇私舞弊、弄虚作假。

九、坚守廉洁自律。严于律己，清廉从教；不得索要、收受学生及家长财物或参加由学生及家长付费的宴请、旅游、娱乐休闲等活动，不得向学生推销图书报刊、教辅材料、社会保险或利用家长资源谋取私利。

十、规范从教行为。勤勉敬业，乐于奉献，自觉抵制不良风气；不得组织、参与有偿补课，或为校外培训机构和他人介绍生源、提供相关信息。

《新时代幼儿园教师职业行为十项准则》

教师是人类灵魂的工程师，是人类文明的传承者。长期以来，广大教师贯彻党的教育方针，教书育人，呕心沥血，默默奉献，为国家发展和民族振兴作出了重大贡献。新时代对广大教师落实立德树人根本任务提出新的更高要求，为进一步增强教师的责任感、使命感、荣誉感，规范职业行为，明确师德底线，引导广大教师努力成为有理想信念、有道德情操、有扎实学识、有仁爱之心的好老师，着力培养德智体美劳全面发展的社会主义建设者和接班人，特制定以下准则。

一、坚定政治方向。坚持以习近平新时代中国特色社会主义思想为指导，拥护中国共产党的领导，贯彻党的教育方针；不得在保教活动中及其他场合有损害党中央权威和违背党的路线方针政策的言行。

二、自觉爱国守法。忠于祖国，忠于人民，恪守宪法原则，遵守法律法规，依法履行教师职责；不得损害国家利益、社会公共利益，或违背社会公序良俗。

三、传播优秀文化。带头践行社会主义核心价值观，弘扬真善美，传递正能量；不得通过保教活动、论坛、讲座、信息网络及其他渠道发表、转发错误观点，或编造散布虚假信息、不良信息。

四、潜心培幼育人。落实立德树人根本任务，爱岗敬业，细致耐心；不得在工作期间玩忽职守、消极怠工，或空岗、未经批准找人替班，不得利用职务之便兼职兼薪。

五、加强安全防范。增强安全意识，加强安全教育，保护幼儿安全，防范事故风险；不得在保教活动中遇突发事件、面临危险时，不顾幼儿安危，擅离职守，自行逃离。

六、关心爱护幼儿。呵护幼儿健康，保障快乐成长；不得体罚和变相体罚幼儿，不得歧视、侮辱幼儿，严禁猥亵、虐待、伤害幼儿。

七、遵循幼教规律。循序渐进，寓教于乐；不得采用学校教育方式提前教授小学内容，不得组织有碍幼儿身心健康的活动。

八、秉持公平诚信。坚持原则，处事公道，光明磊落，为人正直；不得在入园招生、绩效考核、岗位聘用、职称评聘、评优评奖等工作中徇私舞弊、弄虚作假。

九、坚守廉洁自律。严于律己，清廉从教；不得索要、收受幼儿家长财物或参加由家长付费的宴请、旅游、娱乐休闲等活动，不得推销幼儿读物、社会保险或利用家长资源谋取私利。

十、规范保教行为。尊重幼儿权益，抵制不良风气；不得组织幼儿参加以营利为目的的表演、竞赛等活动，或泄露幼儿与家长的信息。

以上两个文件，立足"人民群众对更好教育的需要日益增长，知识获取方式和传授方式、教和学关系都发生了革命性变化"①对教师队伍能力和水平提出的新的更高要求，针对主要问题、突出问题，制订教师职业行为准则，明确新时代教师职业规范，既正面倡导，又划定底线，体现了教师职业道德规范要求与时俱进的特点。

以上两个文件不仅是加强师德师风建设，建设政治素质过硬、业务能力精湛、育人水平高超的高素质教师队伍的举措，也为教师严格自我约束、规范职业行为、加强自我修养提供基本遵循。中小学、幼儿园教师需要全面理解和准确把握，把教书育人和自我修养结合起来，时刻自重、自省、自警、自励，自觉以德立身、以德立学、以德施教、以德育德，维护教师职业形象，提振师道尊严，争做"四有"好老师，成为学生锤炼品格、学习知识、创新思维、奉献祖国的引路人。

[参考阅读]

阅读《国际教育组织关于教师职业道德的宣言》，了解宣言中有关教师职业承诺的内容。

拓展阅读《国际教育组织关于教师职业道德的宣言》

[思考和实践]

阅读陈垣先生的"上课须知"，说一说你的认识和体会，试为自己设计"上课须知""家访须知""同事相处须知"等。

陈垣为启功所写的"上课须知"②

1. 教一班中学生与在私塾屋里教几个小孩不同，一个人站在讲台上要有一个样子。人脸是对立的，但感情不能对立。

2. 万不可有偏爱偏恶，万不许讥诮学生。

3. 以鼓励夸奖为主。不好的学生，包括淘气的或成绩不好的，都要尽力找他们一小点好处，加以夸奖。

4. 不要发脾气。你发一次，即使有效，以后再有更坏的事情发生，又怎么发更大的脾气？万一发了脾气之后无效，又怎么下场？你还年轻，但在讲台上即是师表，要取得学生的佩服。

5. 教一课书要把这一课的各方面都预备到，设想学生会问什么。

6. 批改作文不要多改，多改了不如你替他写作一篇。改多了他们也不看。要改重要的关键处。

---

① 参见教育部网站《弘扬高尚师德　明确底线行为　造就党和人民满意的高素质专业化创新型教师队伍——教育部教师工作司负责人就印发实施新时代高校、中小学、幼儿园教师职业行为十项准则等答记者问》。
② 启功. 夫子循循然善诱人：怀念陈垣先生 [M] //张民生, 于漪. 教师人文读本：上册. 2版. 上海：上海辞书出版社, 2006: 247.

7. 要有教课日记。自己和学生有某些优缺点，都记下来，包括作文中的问题记下以备比较。

8. 发作文时，要举例讲解。缺点尽量在堂下个别谈；缺点要改好了，有所进步的，尽量在堂上表扬。

9. 要疏通课堂空气。你总在台上坐着，学生在台下听着成了套子。学生打呵欠，或者在抄别人的作业，或看小说，你讲得多么用力也是白费。不但作文课要在学生座位间行走，讲课时，写了板书也可下台看看。既回头看看自己板书的效果如何，也看看学生会不会记，有不会写的或写错了的字，在他们座位上给他们指点，对于被指点的人，会有较深的印象。旁边的人也会感兴趣，不怕来问了。

专题四　教师职业道德修养方法：学、思、行

一、学："人不学，不知道"

> **[学习活动]**
>
> 阅读以下故事：
>
> 双手支着下巴的小学生们都在津津有味、神情专注地听着李老师泛读课文《妈妈的爱》："啊，妈妈的爱是甜甜的吻……"突然，"哐当"一声脆响打断了老师的诵读。声音是从前面第一排的一个小女生那里传来的，也许是她听得太入神，身体坐偏了，椅子在无意间倒了，她自己也一屁股跌倒在地上。李老师向小姑娘看了一眼，便又继续朗诵。小姑娘的同桌——一个胖胖的小男生也只是扭头看了看，便又继续听讲。其他同学也在短暂的惊异后，继续跟随着老师的读书声。只有那位摔倒的小女生满脸通红、尴尬，也许还有愧疚，无助地从地上爬了起来……①
>
> 思考和讨论：你是否赞同这位李老师的态度和做法？为什么？教师应该如何加强师德修养？

"教师与普通人一样也是道德上的学习者，而不是一个已经成熟的道德完人。"②教师职业道德修养是培养教师自身良好道德品质的过程，道德认知、情感、意志、行为习惯是构成教师道德品质的基本要素，教师进行职业道德修养，实际就是提高道德认知、陶冶道德情感、锻炼道德意志、培养道德行为的过程。

"虽有佳肴，弗食，不知其旨也；虽有至道，弗学，不知其善也。"（《礼记·学记》）道德认知不仅是道德行为的基础，而且对整个道德行为起着指导作用。因此，学习道德知识、了解道德要求是养成道德品质的前提。只有懂了规矩，才可能自觉地遵守规矩；只有认真学习和掌握各种道德知识和做人的道理，并对所学的道德知识和人生哲理予以深入思考，才能在自己的心灵深处培养趋善避恶的道德意向和情感，从而择善而为。在我国，古代儒家把"尊德性"与"道问学"联系在一起，强调"格物致知"在道德修养中的基础地位；在西方，哲学家苏格拉底认为，美德出于有知，知识是一切德行之母。

---

① 杨芷英. 教师职业道德 [M]. 新编本. 北京：高等教育出版社，2007：22.
② 甘剑梅. 教师应该是道德家吗：关于教师道德的哲学反思 [J]. 教育研究与实验，2003（3）：25-30.

（一）学习道德知识和道德行为

1. 在书本中学习

"兴于诗，立于礼，成于乐。"（《论语·泰伯》）朱永新教授认为："个体的精神发育历程是整个人类精神发育历程的缩影。每一个个体在精神成长过程中，都要重复祖先经历的过程。这一重复，是要通过阅读来实现的。人类的历史有很多的精神丰碑，要达到或者超越那些精神高峰，阅读和思考是唯一的途径。只有通过阅读，通过与孔子、孟子等先贤达人的对话，才能达到他们那个时代的精神高度；只有通过阅读，通过和文艺复兴时期的大师们交流，才能达到他们那个时代的思想境界。……没有阅读就不可能有个体心灵的成长，不可能有个体精神的完整发育。通过阅读，我们不一定变得更加富有，但我们一定可以变得更加智慧。"[1] 就教师职业道德修养而言，教师不仅需要学习相关的法律和规范，而且需要学习前人的智慧，借鉴他人的经验，以史为鉴，以人为鉴，在实践中寻找正确的目标和方向，力争少走弯路、少犯错误。

2. 向生活中的榜样学习

生活中并不缺少美，缺少的是发现美的眼睛。观察周围的同事，他们有的真诚执着，有的敬业乐业，有的爱生如子，有的乐于助人，有的业务精湛，有的勤于钻研，有的乐观向上……见贤思齐，他们的言行就是我们研究和学习的榜样。

（二）把握教育规律，培养正确的教育观念

[学习活动]

阅读以下故事：

《中国青年报》刊发过一篇《报复与报答》的故事，故事中的主角有过这样的改变："两年前，小A是一个让妈妈绝望、让学校老师头疼的孩子，初二结束时，7门功课只考了260分。一年后，他的中考成绩翻了一番，上升到528分。这之间，他先后经历了两位班主任（G老师与T老师）的教育和管理。"

对于小A的变化，小A妈妈有一句话："我没想到，老师的一句话，对孩子有那么大的影响。"这句话就是当小A说"我是个坏孩子"时，T老师马上说："你不是一个坏孩子。……我觉得你是个好孩子。"

故事中的G老师，也是想为着小A好的，小A自己说："现在毕业了，再回头去想，其实有时也觉得老师说的是对的，可就是老师的方法不能接受。"

G老师的方法是什么呢？当小A妈妈向她请教如何教育孩子时，G老师给小A妈妈的方法——也就是她自己施行的方法："你对他就得严厉，你就得让

---

① 朱永新. 改变，从阅读开始 [N]. 人民日报，2012-01-06 (17).

他怕你。我就经常打他，笤帚都能打断。打他的时候，我心里也不好受，自己的嘴唇上都咬的是血印。后来孩子和我越来越远，什么话都不和我说。"那G老师为什么要这样做呢？因为在G老师眼里，小A就是一个坏孩子："他有什么地方值得我表扬？"

认定小A是"好孩子"是一种学生观，认定小A"没有优点"是另一种学生观。两种学生观形成了两种不同的教育观，不同的教育观带来了不同的教育行为，而不同的教育行为又导致了不同的教育结果，即两位教师分别收到了学生"报答"与"报复"两种回馈。

思考和讨论：对于教育观念在教育实践中的定义，你有什么新的认识和理解？

拓展阅读《优先考虑教育价值观念的合理性》

说起观念，我们很容易把它看成"虚""空"的东西，认为它没有什么用处。然而，教育实践中的每一个行为背后都有某一种价值观念在支撑，在潜在地发挥作用，在影响教育的选择和取舍。可以说，没有观念的转变就很难有行为的转变，树立先进的教育观念是道德修养的前提和基础。因此，教师在道德修养中"学"的任务不仅包括学习、掌握职业规范，还包括理解、把握教育规律，培养正确的教育观念。在开展教育实践之前，我们需要思考：我们如何看待学生？什么样的教育才是好的教育？什么样的教育行为才是对学生真正的好？这都涉及教育的观念问题。对于教师而言，道德修养中的"学"还指要认识和理解学生的学习特点、学生的发展趋势、学生的未来可能，认识和理解教育的各种功能及其价值，做好各种教育价值的优先性选择和安排，形成合理的学生观和教育价值观。

（三）在学习中积累道德生活的能力

如何才能更好地过一种道德生活呢？孔子曾经和弟子有过这样的对话："子曰：'由也，女闻六言六蔽矣乎？'对曰：'未也。''居！吾语女。好仁不好学，其蔽也愚；好知不好学，其蔽也荡；好信不好学，其蔽也贼；好直不好学，其蔽也绞；好勇不好学，其蔽也乱；好刚不好学，其蔽也狂。'"（《论语·阳货》）喜好仁德却不喜好学问，它的弊病是受人愚弄；喜好智慧却不喜好学问，它的弊病是行为放荡不羁；喜好诚信却不喜好学问，它的弊病是容易被人利用、害人害己；喜好直率却不喜好学问，它的弊病是说话尖刻；喜好勇敢却不喜好学问，它的弊病是容易捣乱闯祸；爱好刚强却不喜好学问，它的弊病是轻率狂妄。学是认识和了解言行的"规矩"、认识言行可能带来的损害，只有充分地学，更广泛地学，在比较和研究中学，才能避免言行的偏颇和狭隘，才能提升自己的道德实践能力。

二、思："学而不思则罔"

[学习活动]

阅读特级教师俞正强的教育反思：

我刚工作的时候，上课一遇到学生吵，就很生气。……我就给他们立了一个规矩：上课讲话不要紧，但不要吵到让我停下来维持课堂纪律。让我停下来也不要紧，但不能让我一堂课上停三次，因为这样就没法上课了。如果停三次的话，那我就罚学生放学后在教室里静坐15分钟。我这是跟他们讲好的，他们也没办法。想想也是应该的，课堂上这么吵，那些想学习的学生也会感到很烦。

有一天，真的有个小朋友让我停下来三次。我说："好，第三次停下来了。今天放学后，大家都要留下来静坐。"到了下午，学生们就乖乖地留下来静坐了。那天我很得意，觉得自己的这个办法很聪明。

等我让他们回家的时候，一个小朋友拿着一个作业本过来了。"咦？"我很惊讶，"你怎么把作业拿来了？我们今天又没留作业，你为什么把这个本子交给我？"她说："俞老师，你看看，你看看。"说完，她就跑了。我打开作业本，一下子就看见她本子里写的话："老师，您是在浪费我们的时间！"

这怎么会是浪费呢？我在这个孩子的作业上批复："好的纪律是好好学习的前提，可爱的小姐！"可是，第二天我又看到了她写的回复："俞老师，如果你能让他们忘记吵，才算你厉害！"

我当时看了这句话，马上就有一种很复杂的感觉，这种感觉是说不出来的。我觉得学生看不起我。她的潜台词好像是："你是老师，有什么了不起？你有本领，就让学生忘记吵。"那天我想了很多。她给我的警示是：老师不要凭着自己的权威一味地要求学生"你要听，你要听"，你有没有想过，你讲得好不好听？如果讲得不好，你凭什么要求学生听？这件事对我的教育实在是太大了。我以前从来没这样反思过。我总是认为，学习是学生自己的事情，学不学都是学生自己的事情。反正我上课认真地讲，你不听就是你的责任。这种思想其实是很不对的，作为老师，让学生在课堂上忘记吵是他的一个重要任务。因为学生还是孩子，不是大人。他们的自律能力很差，他们是要吵的、要动的。如果老师上课上得很精彩，学生就会在课堂上忘记吵；讲得不精彩，他们才会吵。

像这种情况，有的老师可能把作业本一扔，说她两句也就过去了。我呢，可能就有这么一种素质，愿意接受学生的帮助。这个关键事件给我的影响是：以前我只想着应该怎样上课，现在我想的是应该怎样把课上好。所以，我总是说，是学生在帮助我成长。学生始终是我们的老师，他们会在突

然之中像一道闪电一般点亮了你的脑子，让你顿悟。这种感觉有点像佛教的
"当头棒喝"，让你醍醐灌顶。①

思考和讨论：你从中获得了关于加强自我修养的哪些启示？

人因思而变。在道德修养和实践过程中，"思"的作用主要有二：一是理解和认同道德规范，形成积极的道德价值观念和道德情感，实现从外在规范到内在要求的自觉；二是设计、审视和反省自己的道德言行，调整自己的价值取向和行为追求，提升自己的道德修养。"思"要求我们在掌握道德知识的同时，严格要求自己，自觉剖析自己，不断抵制和消除外在的诱惑，保持积极健康的精神状态。

教师的"思"既要务实——对当前教育教学实践问题有所思考，更要学会"务虚"——从更高层次、用更开阔的视野来审视和把握教育，从全局去理解教育的社会意义、文化意义和促进人生活幸福的意义。寻找教育的方向、目标和意义，是寻找自己的教育理想、形成教育理想的过程，也是审视和澄清自己的教育观念的过程。这种审视既是一种追问，又是一种检讨。比如我们需要追问和检讨自己：

理想的、幸福的人生需要什么？我的教育教学对学生追求理想幸福的人生有什么帮助？

理想的社会是什么？我们培养的学生是否有利于建构和服务于理想的社会？

好的教育是什么？我们是否在推进这样的教育？

…………

德国哲学家雅斯贝尔斯（Karl Jaspers）说："教育须有信仰，没有信仰就不成其为教育，而只是教学的技术而已。教育的目的在于让自己清楚当下的教育本质和自己的意志，除此之外，是找不到教育的宗旨的。"②教育信仰从何而来？将思考获得的教育理解和认识付诸行动，经行动检验，使其成为行为准则、坚守的信念，获得了这样的准则和信念并终身维护和坚守，也就形成了自己的教育信念和信仰。

（一）"行"前"思"

马克思说过："蜜蜂建筑蜂房的本领使人间的许多建筑师感到惭愧。但是，最蹩脚的建筑师从一开始就比最灵巧的蜜蜂高明的地方，是他在用蜂蜡建筑蜂房以前，已经在自己的头脑中把它建成了。劳动过程结束时得到的结果，在这个过

---

① 王永红．俞正强：低头找幸福 [M]．北京：教育科学出版社，2007：12-13.选用时有改动。
② 雅斯贝尔斯（雅斯贝斯）．什么是教育 [M]．邹进，译．北京：生活·读书·新知三联书店，1991：44.

程开始时就已经在劳动者的表象中存在着，即已经观念地存在着。"①建筑蜂房以前在头脑中建蜂房的过程就是"行"前"思"的过程，是面向实践、针对实践的"虚践"。虚践赋予实践以意义，使实践更理性、更科学。这就是平常所说的"三思而后行"。对于道德实践，"三思而后行"意味着要用道德规范和信念去审视即将实施的主体行为。

从行动的目的来说，"行"前"思"是发现行动的可能效果，从中选择有意义、有价值的目标。以课堂教学为例，对于追求有意义的课堂教学，宁虹教授曾经说："教师应对自己的课堂教学具有教育意义的四个清醒意识：一是对教育的意义有清醒的意识；二是对所教学科特点和特有的教育意义有清醒的意识；三是对课堂讲授内容在整个学科体系中的位置及怎样显现整体的教育意义有清醒的意识；四是对教育意义怎样通过每一个教学活动在学生身上实现有清醒的意识。"②

从行动的方式和手段来说，"行"前"思"是行动前的深思熟虑。与深思熟虑相对的就是墨守成规和任性的行为，"墨守成规的行为把习惯的事物作为预料未来可能发生的结果的全部标准，而不顾他所做的特殊事情的种种关联性。任性的行为把倾刻的行为作为价值的标准，不顾我们个人的行动和环境势力的联系。任性的行为实际上就是说：'我在这倾刻之间，碰巧喜欢东西怎样，它们就得怎样。'墨守成规的行为实际上就是说：'任何事情过去怎样，就让它怎样。'这两种行为，对目前行动所产生的未来的结果都不负责任"③。可见，教育实践既不能墨守成规，也不能任性。

（二）"行"中"思"

"行"中"思"就是在道德实践过程中用道德规范提醒自己，克制自己，从而调节并改进自己的行为，以免事后后悔。这是一种自我监控与调节能力，体现了道德主体的自觉意识和行为自制。

有这样一个例子：清明节后，一位归校的学生在见到自己的老师时，很热情地向老师打招呼"老师，节日好"。这位老师大为光火，对学生劈头盖脸一顿臭骂，从此以后，这位学生开始和这位老师对着干，而这位老师也开始了一段焦头烂额的日子。

拓展阅读《人因思而变》

在上述例子中，这位老师缺乏了"行"中"思"的行为。如果他能够冷静下来，想一想学生是在什么样的情形下说这句话的，问一问学生的意思是什么，不

---

① 马克思，恩格斯. 马克思恩格斯全集：第42卷［M］. 中共中央马克思恩格斯列宁斯大林著作编译局，编译. 北京：人民出版社，2016：168.
② 任小艾. 走近教师发展学校［J］. 人民教育，2004（5）：6.
③ 杜威. 民主主义与教育［M］. 王承绪，译. 2版. 北京：人民教育出版社，2001：160.

是简单地把学生的话当成对自己的"诅咒"，而是采取另外一种处理方式，可能也就不会出现以后的种种问题了。"行"中"思"要求教师"慢慢教，想一想"。

（三）"行"后"思"

"行"后"思"是事后反省的功课。曾子曰："吾日三省吾身：为人谋而不忠乎？与朋友交而不信乎？传不习乎？"（《论语·学而》）从修身的角度来看，反省"为人谋"就是反省自己的工作：自己对待工作是不是尽心尽力，是否尽到自己该尽的责任？反省"与朋友交"就是反省自己的人际交往：和朋友交往是不是言而有信，尊重承诺，诚实待人？反省"传不习"指对自己的学业进展和实践方式进行反省：学习过的东西实践过吗？是否学以致用？作为教师，还要反省：我是否实践了自己所传授的东西？是否言行一致？

事后反省既可以反思成功的经历，从中获得有益的经验，为自己增加从事教师职业的勇气和信心；也可以反思教学中的困境和问题。孟子主张："爱人不亲，反其仁；治人不治，反其智；礼人不答，反其敬。行有不得者，皆反求诸己，其身正而天下归之。"（《孟子·离娄上》）对于工作中的困难和不理想的实践效果，不要一味地归咎于外部条件，怨天尤人，而是要在自己身上找原因：爱护学生但学生不亲近你，就反省自己爱的态度和方式对不对，是否"爱"在学生成长和发展的需求处，是否"爱"在学生心里；管理教育学生的效果不够好，就要反省自己的教育管理才智够不够；对同事待人以礼对方却不应答，就要反省自己的行事方式是否合适。教师以这样的反省作为基础加强自身修养，有助于提升教育境界和水平。一旦境界和水平提升，教师对教育教学的成功也就可以怀有积极的预期，从而促进自己提升教育教学效能感。

三、行："绝知此事要躬行"

"行"是践履和实践道德规范。一个人不仅要通过学习来分清是非，更重要的是要身体力行，用道德规范约束和指导自己的行动。养成道德行为离不开社会实践：一方面，社会实践是正确认识道德观念的来源，只有在社会交往和实践活动中，才能正确认识各种利益关系和道德关系，打好道德修养的基础；另一方面，社会实践又是不断提升道德修养的动力，正是社会实践提出的道德问题和道德难题让我们反省道德认知和标准，并促使我们不断思考和改变行动。实践的过程是积善成德的过程。"不积跬步，无以至千里；不积小流，无以成江海。"（《荀子·劝学》）只有不弃小善，才能积成大善；只有广积众善，才能养成高尚的德性。平时行为举止，不积善，在紧要关头就很难义无反顾、挺身而出。

　　"行"的过程往往是战胜各种困难、克服各种障碍的过程，道德行为检验和考验着每一个行为主体的道德意志。一般来说，不需要主观努力、不需要战胜自我的行为很难得到人们的肯定和称赞，自身也很难获得道德实践的光荣感和成就感。孟子认为："天将降大任于是人也，必先苦其心志，劳其筋骨，饿其体肤，空乏其身，行拂乱其所为，所以动心忍性，曾（增）益其所不能。"（《孟子·告子下》）也就是说，人要想担当大任、有大成就，不仅要身体力行，还要自觉地接受各种严酷环境的磨炼和艰难挫折的考验，这样才可能获得卓越的才能，形成完善的人格，达到崇高的道德境界。

　　"行"无疑是整个道德修养的核心和目的，关于践行道德规范的方法，历代先哲有很多精辟的论述和见解，包括"克己""忠恕""慎独""中庸""进取""创造"等。

（一）克己

　　孔子认为："克己复礼为仁。一日克己复礼，天下归仁焉。"（《论语·颜渊》）"克己"可以理解为自己要努力践行礼的规范，也可以理解为要依据礼的规范进行自我克制和约束。进行道德修养，一方面是要克制自己不道德的欲望和利益追逐，比如不合理的物和利的欲望、不合宜的权和名的欲望、不健康的情和色的欲望。克制欲望不是简单的禁欲，而是心存道德规范，用道德规范指引和调整自己。所谓"富与贵，是人之所欲也；不以其道得之，不处也。贫与贱，是人之所恶也；不以其道得之，不去也。君子去仁，恶乎成名？君子无终食之间违仁，造次必于是，颠沛必于是"（《论语·里仁》）。另一方面是要克制冲动，特别是在对待学生的时候，要控制情绪，要心平气和，不要让自己和学生成为冲动情绪下的受害者。除此之外，教师还要在教育实践中对自己的偏好有所克制，"我们不能任由自然情感去流淌，因为这样的做法不合伦理，甚至违背伦理。比如总是关注那些活泼可爱的孩子，那些沉默寡言的孩子就会因被边缘化而越发沉默。伦理的作用就是调节我们按照自然情感流淌可能发生的错误"①。

（二）忠恕

　　"忠恕"要求根据自己内心的体验来推测别人的情绪感受，达到推己及人的目的。"忠"是指尽自己的最大努力为人谋事，忠于职守；"恕"是指"己所不欲，勿施于人"。"我尽到自己的责任了吗？""我的行为对得起自己的良心吗？"对这一类问题的肯定回答是教师忠诚于教育事业的结果。"假如我是学生……？""假如我是学生的家长……？"经常这样换位思考有助于我们理解和体验学生以及学

---

① 檀传宝. 提升教师德性　配享教育幸福［J］. 中小学德育，2013（1）：5-10.

生家长的处境和情感，更好地从对方的角度去认识和处理问题。

值得注意的是，教师一方面要做到"己所不欲，勿施于人"；另一方面要认识到孩子还是孩子，他不同于我，他要过他自己的生活。教师可以帮助学生认识和学习社会规范，但不能对学生强加自己认为理想的生活——"己所欲，亦勿强加于人"。在学生习得了基本的社会规范后，教师的任务是为学生指明美好生活的种种可能，然后引导学生建构自己的生活理想，追求值得过的美好生活，习得过好理想生活的本领。

（三）慎独

"慎独"是对个人内心深处比较隐蔽的意识、情绪进行管理和自律的一种方法。"慎"是小心谨慎、随时戒备；"独"是独处或独自行事。"慎独"强调在没有外在监督的情况下始终不渝地坚持自己的道德信念，不违背道德规范。一般说来，在众目睽睽之下，人们一般都会注意检点自己的言行；但在无人监督的情况下，特别是在做了坏事不会有人知道的情况下，不少人就会放松对自己的要求，甚至肆无忌惮。"慎独"强调从"微"处和"隐"处下功夫：一方面，不因善小而不为，不因恶小而为之，防微杜渐，避免出现"千里之堤，溃于蚁穴"的状况；另一方面，在人们不注意或注意不到的地方严格要求自己，按道德要求行事，有利于成为言行一致、表里如一、真正具有自律精神的有德之人。

就教师生活而言，教师的教育教学工作大多以个别劳动的方式进行，学生在一般情况下不会也不应该对教师形成监督关系。因此，教师的劳动具有一定的"独"的特征，教师更需要做好"慎独"的功课。

（四）中庸

"亚里士多德认为德行是一种实践智慧，是一种对时间、地点、方式是否恰当的判断能力，以及在恰当的时间、地点、方式下做正当的事的能力。"[①] 作为一种实践智慧，"中庸"的本质不是调和与折中，而是适度与和谐，是"要在应该的时间，应该的境况，应该的关系，应该的目的，以应该的方式，这就是要在中间，这是最好的，它属于德性"[②]。把握中庸之道要求恰到好处地掌握各种事物的分寸（即"度"），既不过，也无不及。"中庸在过度和不及之间，在两种恶事之间。在感受和行为中都有不及和超越应有的限度，德性则寻求和选取中间……中庸是最高的善和极端的美。"[③] 作为最高的善，是一种能够考虑

---

① 吴安春. 回归道德智慧：转型期的道德教育与教师 [M]. 北京：教育科学出版社，2004：17-18.
② 亚里士多德. 尼各马科伦理学 [M]. 苗力田，译. 北京：中国人民大学出版社，2003：34.
③ 亚里士多德. 尼各马科伦理学 [M]. 苗力田，译. 北京：中国人民大学出版社，2003：34.

大多数人的感受并为大多数人所接受、所认同的生活境界，是一种成熟、理性的处世之道。

"教育既有培养创造精神的力量，也有压抑创造精神的力量。教育在这个范围内有它复杂的任务。这些任务有：保持一个人的首创精神和创造力量而不放弃把他放在真实生活中的需要；传递文化而不用现成的模式去压抑他；鼓励他发挥他的天才、能力和个人的表达方式，而不助长他的个人主义；密切注意每一个人的独特性，而不忽视创造也是一种集体活动。认清这些任务乃是现代心理教育学研究最有成果的智力成就之一。"①在教育实践中，教师要兼顾不同主体的教育利益诉求，兼顾教育的不同可能，把握各个方面的平衡，不片面地看问题，不走极端处理问题。

对于教师实践中的中庸的智慧，陈向明教授认为："教师最需要的不是理论沉思所需要的高智力，也不仅仅是制作所需要的技艺，而是在复杂情境下'择宜'的素养。这也就是中国文化所推崇的'中庸'，遇到问题不走极端，遵循'善'的目的，通过实践推理，根据具体情形采取此时此地最恰当的策略。"②这里提出了教师最重要的素养是"择宜"。

教师的"择宜"素养说到底就是教师因人、因事、因势制宜的素养。教师修炼"择宜"素养，首先要有"择宜"的意识，教育实践要立足因材施教，因人制宜；其次，要学习和掌握多种应对策略与方案，得多预备几手，多学几招，遇到不同的学生、不同的情形，才能够见招拆招，因势利导；最后要有"择宜"的能力，"择宜"能力中最基础的能力就是研究学生的能力，然后是快速选择和应对能力。

（五）进取和创造

道德基于增进人类的福利而产生，好的道德发挥人的潜能，张扬人的个性，提升人的幸福感。《周易》有云："天行健，君子以自强不息；地势坤，君子以厚德载物。"这句话的意思是：君子应该像天宇一样运行不息，即使颠沛流离，也不屈不挠；君子接物度量要像大地一样，没有任何东西不能承载。在道德实践中，教师不仅需要遵守一些基本的原则和规范，而且需要创造，需要进取。

就教育实践而言，教师一方面要继承优秀的教育传统，另一方面更要看到教育改革的时代潮流，勇于担当，锐意进取，不断创造，推动教育事业的发展、进步，实现个人的人生价值和教育梦想。从教师接触的对象看，青少年学生应该朝气蓬勃，应该志存高远，如果教师缺乏朝气和进取心，学生就很难从教师身上受

① 联合国教科文组织国际教育发展委员会. 学会生存：教育世界的今天和明天 [M]. 华东师范大学比较教育研究所，译. 北京：教育科学出版社，1996：188.
② 陈向明. 教师最需要什么素养 [J]. 中国教育学刊，2018（8）：卷首语.

到创新、超越的启示。学生不应该是暮气沉沉的，从这个意义上说，教师也应该有一颗永远年轻的心。

[思考和实践]

1. 阅读资料《师道如茶》，用隐喻方式说说自己对教师职业道德修养的认识和理解。

2. 在身边寻找一个榜样，说一说他身上有哪些品质值得学习。

3. 研读陶行知《"四块糖"的教育故事》，说一说你从中所获得的教育启示。

拓展研读

[1] 宁虹. 严格科学地实现素质教育：教师的专业 [J]. 教育研究，2012（11）.

[2] 伍叶琴，李森，戴宏才. 教师发展的客体性异化与主体性回归 [J]. 教育研究，2013（1）.

[3] 刘贞华. 论教师职业道德发展的实践逻辑 [J]. 当代教育科学，2008（23）.

[4] 宋晔. 教师德性的理性思考 [J]. 教育研究，2005（8）.

[5] 薛晓阳. 教师职业道德的处境危机及其道德解决 [J]. 上海师范大学学报（哲学社会科学版），2019（2）.

[6] 王燕. 论教育人道主义及其价值追求 [J]. 江西教育科研，2007（1）.

[7] 苏启敏. 论教师专业道德的实践品格 [J]. 教育研究，2013（11）.

[8] 张勇. 教师职业道德的境界与追寻 [J]. 现代教育科学，2018（12）.

[9] 韩延伦，刘若谷. 教育情怀：教师德性自觉与理性坚守 [J]. 教师研究，2018（5）.

阅读资料《师道如茶》

阅读资料《"四块糖"的教育故事》

第三单元　　爱岗敬业

单元学习目标

　　理解人生选择的意义和价值，学习选择和坚守的方法。形成对教师生活的理解和认同，能用自己的方式说明教师劳动的意义。规划自己的教育愿景，理解理想的教育和理想的教师。争做有理想信念、有道德情操、有扎实学识、有仁爱之心的"四有"好老师。理解敬业的必要性和爱岗的意义，培养从当下做起、从小事做起的爱岗敬业态度和意识。

专题一　人生的选择和坚守

一、人生就是选择

拓展阅读《杨瑞清：在现实中崛起》

[学习活动]

阅读杨瑞清教育选择和坚守的故事：

1981年，平时沉默寡言的杨瑞清在全校毕业分配会上引起了不小的轰动，在同学们为留在大城市而雀跃时，杨瑞清作出了一个不符合"潮流"的选择——回乡。当时有亲戚告诫他，要慎重选择，但杨瑞清还是带着满腔热情来到了江苏省江浦县（今归属南京市浦口区）的一所农村小学——五里村小学。

对于当时的五里村小学，当地人有一句顺口溜："黑屋子，土台子，里面坐着泥孩子。"由于办学条件差，教育质量不高，家长纷纷把孩子转到其他小学。

杨瑞清接手的二年级，38名学生中有20多名留过级，他们"平时在家，拔草种瓜，家里没活，到校上学"。上学成了大多数学生农闲时的"业余活动"。看到这些，杨瑞清暗下决心，一定要践行陶行知"爱满天下"的思想，不让一个孩子失学，不让一个孩子掉队，并专门把自己接手的班级命名为"行知实验班"。

开学了，班里总是有学生不来上课，杨瑞清逐一走访，一边帮助学生家长干活，一边给学生补课。在他的耐心劝说下，学生家长被这个"顶真"的老师打动了，学校从此再也没有一个学生旷课，还有学生在市级竞赛中"破天荒"地获奖。看到村小学的巨大变化，淳朴的村民感动了，他们拿出农村改革后积攒的第一笔钱为学校建了新校舍。

正当杨瑞清准备大干一场的时候，一纸调令使他又一次面临人生的选择，县里任命他为团县委副书记，带着困惑和矛盾的心理，杨瑞清服从了组织的调动。然而，身在县城的杨瑞清心里总是割舍不下自己教过的孩子们，在告别班会上哭成泪人的一张张小脸常常浮现在他的眼前。后来，当了四个月"官"的杨瑞清还是向县领导递交了重回五里村小学的请求书。

对于回到五里村小学的选择，很多人都不能理解。对此，他在笔记里写道："傻瓜种瓜，种出傻瓜；唯有傻瓜，救得中华，我甘愿做这样的傻瓜，铁心做一辈子乡村教师。"1985年，五里村小学更名为行知小学，杨瑞清在乡村办农村教育的思想深深扎下了根。为了践行陶行知的教育思想，实现自己"乡村大教

育"的理想信念，多年来，他深入研究，勇于创新，创造了一种独特的教育模式。

在杨瑞清默默奉献的时候，各种荣誉接踵而至：全国十佳中小学教师、全国教育系统劳模、全国师德先进个人、江苏省十佳青年……在荣誉面前，他说，"如果让我重新选择，我仍愿意'办行知小学，教农民孩子'"。

乡亲们送给他"农村教育之家"的牌匾，在杨瑞清看来，这是他得到的最高奖赏。杨瑞清在日记里写道："我现在仅仅在农村教育的道路上'生了根'，我的理想是在'乡村大教育'上开花结果……"①

思考和讨论：你从杨瑞清身上获得了关于教育选择和坚守的哪些启示？

（一）选择的必要性和可能性

杨瑞清有过两次最为重要的选择，一次是在毕业时选择到"最偏远、最艰苦的乡村小学"；另外一次选择是从团县委副书记的岗位上重回五里村小学。高尚的人在可以作出对自己更有利的选择时，却会为了更多人的利益而选择牺牲自己的个人利益；理智的人能够在充满诱惑的选择面前看清自己，作出更务实的选择，从而更大程度地实现自身价值。可以说，杨瑞清第一次选择是一种高尚的选择，第二次选择是一种理智的选择。杨瑞清的精彩人生告诉我们，人生的成功不能被动等待，而是应该主动选择和追求。它启示我们思考选择的价值和可能性，并在选择中规划自己的理想人生。

1. 选择的必要性

时代发展和进步的一个重要标志，是人对自己生活自由选择可能性的增加。"有的西方学者曾这样谈论现代化的问题：从传统社会到现代社会的转变过程，就是人的行为模式由指定性行为转变为选择性行为的过程，也就是人的行为模式由以世代相袭的行为规范为指导转变为以理性的思考为基础的过程。"②时代的发展和进步为我们提供了更多选择的空间和自由，也带来了选择的压力和迷茫。"选择是有生命东西的主要特征。没有选择的生活就会使生活停止下来。""活着就是选择某一事物，放弃另一事物。中立是选择正在形成的那一个片刻。单单坚持中立的自我则是死亡了的自我。"③可以说人生就是选择，人时时刻刻都在面临和作出选择，不同的选择可能带来不同的人生结局。

2. 选择的可能性

选择不仅贯穿人生始终，而且体现在人生的方方面面。杨瑞清的成功不仅

---

① 郑晋鸣，金福，小凡，等. 一位可亲可敬的乡村教师：记江苏省江浦县行知小学教师杨瑞清 ［N］. 光明日报，2001-06-05（A01）. 选用时有改动。
② 孙正聿. 哲学修养十五讲［M］. 北京：北京大学出版社，2004：5.
③ 莫里斯. 开放的自我［M］. 定扬，译. 上海：上海人民出版社，2010：32，10.

体现在从事教师职业和人生理想选择上，也体现在对待教师工作的方式上，体现在其人生态度中。对今天的大学生来说，在职业环境不断变化、就业形势严峻、职场竞争激烈的时代背景中，大多数的情形不是我们选择工作，而是工作在选择我们。这时我们可以选择吗？回答是肯定的：我不能选择我的工作岗位，但我能选择人生的态度和方式，我也能选择对待工作的态度和方式，可以选择尽职尽责把当下的工作做得更满意、更有质量。

（二）教师生存的三种样态

叶澜教授等人勾画了教师生存的三种样态：[①]

1. 生存型的教师

仅以生存为目的的教师把自己所从事的职业看成进入生活或者取得地位的一种基本手段，以此获得一份固定的收入，用以维持生计。事实上，教师这一职业并不是他们的所爱和首选，他们是不得已而为之。以这种心态从教的教师可能会有以下几种表现：（1）把教师看成知识的搬运工；（2）把教师的工作看成无可奈何的选择；（3）将教师职业当作寻找"更好"职业之前的跳板。

2. 享受型的教师

享受型教师将教师职业视为他们参与生活、体验人生的重要途径。他们快乐地与学生交往，欣慰地享受着自己教学中的成就。学生的每一次获奖，自己得到的每一项荣誉，都成为他们生活中引以为豪的大事。以这样的心态从教，教师就可能表现出以下几种状态：（1）把学生的成长当成教师最大的快乐；（2）对平凡的工作充满热爱；（3）在付出和给予中获得内心的满足。

3. 发展型的教师

在发展状态下，这些教师怀着为社会服务的崇高理想走进教师职业。他们不是把这一职业当成满足物质需要的功利手段，也不仅仅把这一职业看成是给予和付出之后的心灵满足。他们相信，教师职业就应该以培养出社会需要的栋梁为己任，以学生主动积极的发展为最高目标，并围绕这一目标孜孜不倦地工作。同时教师本人也会通过自由而富有创造性的劳动实现自我的发展与完善。以这样的心态从教，教师就可能有如下选择：（1）把教师看成教育活动的反思者和研究者；（2）以终身自我教育作为教师生涯的推动力；（3）视教师工作为"不仅给予也在收获"的有意义活动。

成人成己，立己立人。发展型的教师是值得追求和向往的一种理想的教师生存状态。"法乎其上，得乎其中"（《帝范·崇文第十二》），以发展型教师的生存状态作为理想和目标，把成就学生和发展自己完美地结合起来，把履行教师责任

---

① 叶澜，白益民，王枬，等. 教师角色与教师发展新探 [M]. 北京：教育科学出版社，2001：82-94.

和充分实现自我结合起来，这是每一个教师都应该思考和作出的一种选择。

二、学会选择

"杨朱泣歧路，墨子悲染丝。"［阮籍《咏怀（二十）》］人生最大的成功莫过于在自己的选择中了无遗憾地实现理想。选择事关重大，是我们需要学习和修炼的一门功课。

（一）珍惜选择的权利

斯克赞米海伊（M. Csikszentmihalyi）认为："那些设法使大家的生活变好而没有首先学会管理好自己生活的人，其结果往往是把自己周围的事情搞糟。"① 人可以选择放弃，却不能放弃选择。学会选择首先要珍惜选择的权利，要学会为自己精彩的人生作选择。时光匆匆，人生苦短，珍惜选择的权利并善于选择，可以帮助我们获得一个更有意义、更有价值的人生。

（二）看清自己，发挥优势

现代社会竞争激烈，人要学会利用自己的优势去合理竞争，从而赢得成功。如果热爱，并且有相应的素质和能力，你的工作可能得心应手，你的职业努力可能事半功倍；相反地，如果缺乏热爱或者缺乏相应的素质和能力，你的职业生活就可能枯燥乏味，你的职业努力就可能事倍功半。教育是一项专业实践活动，需要崇高的职业道德和过硬的专业素质。因为人一生的幸福都可能握在教育者的手里，所以它既容不得"身在曹营心在汉"的三心二意，更不允许不学无术、误人子弟。教育工作需要热爱它、愿意为它努力的高素质的人才加盟，它要求加盟者学会审视自己，看清自己，并不断修炼自己。准备做教师的和已经在教师岗位上的人，都需要审视自己的意愿，审视自己的能力和水平，审视自己的发展可能，追求教育需要满足和自身素养提升的"双赢"。

（三）学习承担选择的责任

曾有这样一个故事，有一位成就很大的商人在弥留之际把自己的儿子叫到床前传授经商秘诀，他对儿子说："要做一个成功的商人，诚信是最为重要的，如果你签订了一个合约，履行这个合约哪怕让你倾家荡产，你也不能毁约。"儿子问他："这多可怕呀，怎么避免这样的结果呢？"父亲说："签约之前就一定要慎

---

① 富兰. 变革的力量：透视教育改革［M］. 中央教育科学研究所，加拿大多伦多国际学院，译. 北京：教育科学出版社，2000：162.

重，负担不起的合约一定不要签。"

清醒地意识到要承担作出选择的责任，这将使选择本身变得更加审慎和理性。选择本身意味着承担责任，人在作出选择以后，需要时刻意识到选择所带来的责任，为选择承担责任。如果我们选择了教师职业，也就意味着选择了遵守教师职业道德规范的责任，就要承担为人师表、关爱学生、促进学生成长等职业责任。

（四）在放弃中选择

柏格森说，由于每个人只能活一次，我们必然要对这些个性作出选择。在现实中，我们在不断地选择，同时也在不断地放弃许多东西。[①]实际上，选择也意味着放弃，不选择本身就是一种选择。对此，尼采曾经说："为什么我比别人知道得多？换句话说，为什么我是这样地聪明？我从来没有思考过那些不是真正问题的问题。我从来没有浪费过我的力量。"[②]聪明的原因在于放弃——"我从来没有思考过那些不是真正问题的问题。我从来没有浪费过我的力量。"放弃以后有了新的所得——用节约出的时间把"该我想的问题想明白"。在这里，选择本身就考量着是否有"舍"和"得"的智慧。

（五）选择和教育"谈一场恋爱"[③]

在电影《生命因你而动听》中，主人公霍兰德最初的理想并不是做一名教师。他初到学校时，对于学校的教育生活没有任何感觉：他不知道如何与同事相处，上课的时候只知道照着教材讲述，而不管学生是否在下面打瞌睡或者做别的事情。放学钟声响起的那一刻，他总是第一个离开学校。校长批评他："数月来，我不断观察你，在放学钟声响过以后，没有任何师生比你更快地到停车场，这远远超过你的教学热诚。教师有两项任务，一是传授知识，二是给学生指引方向，以免知识被误用。我不知道你在传授知识方面做得怎么样，但在给学生指引方向上，你很失败。"

回到家，霍兰德向妻子发泄不满和愤怒："我恨死校长了，我更讨厌教书。谁都教不会这些孩子！上课的时候他们总是坐在那里盯着你，一脸茫然，我一点办法也没有。"

当妻子告诉他自己怀孕后，霍兰德惊愕不已。思考良久后，他对妻子说："我15岁时常到唱片店去，有个工作人员给了我一张唱片，我拿回家放着听。刚

① 柏格森. 创造进化论 [M]. 高修娟，译. 北京：北京时代华文书局，2018：103.
② 尼采. 尼采生存哲学 [M]. 杨恒达，等译. 北京：九州出版社，2003：21.
③ 陈大伟. 影像中的教育学：从电影中体悟教育与人生 [M]. 北京：中国人民大学出版社，2017：45-47.

开始时，我很厌恶那音乐，真的厌恶！我根本就不懂那音乐，所以我又听了一次，听了一遍又一遍……听到后来变成了欲罢不能，就此找到了自己未来的生活道路——创造音乐。我想说的是，当你说我们有了孩子时，我才意识到需要和教师工作谈一场恋爱，就好像跟音乐谈恋爱一样。"

　　教育态度的改变带来教学方法的改变，教学方法的改变带来教学效果的改变，由此也带来了人生体验、生活信心的改变。下一次，当霍兰德回到家时，不再是怒气冲冲的，而是兴高采烈的。他和妻子分享："同学们争相发言，真有意思。课堂上很热闹，这样的教学很过瘾。"工作的顺心使他对未来的生活也有了信心，他对未来的家庭生活也做出了更美好的憧憬和规划。

　　人要活出自己，人要努力追求自己的理想，但同时也要留下转圜的空间，不顾社会需要、不顾现实条件的理想可能只是空想。我们不能只顾着追求所谓的理想而忘掉了自己的家庭责任、社会责任，忘记和推卸责任可能就会处处碰壁、走投无路。霍兰德的改变给了我们启示，那就是和自己应尽的责任"谈一场恋爱"，把责任和理想结合起来，把自己的责任转变成自己的理想，从而达到理想的工作境界：我做的这项工作能帮助我履行对家庭和社会应尽的义务，这样的工作是我想做的，我能在这项工作中找到自己的意义和价值。

　　"或安而行之，或利而行之，或勉强而行之，及其成功，一也。"（《礼记·中庸》）并非所有的优秀教师都从一开始就选定教育作为自己的理想和追求（"安而行之"），选择当教师有各种各样的原因，比如"利而行之""勉强而行之"。但优秀的从业者在从事一项工作以后，一定有过和自己的工作"恋爱"一场的经历。发挥自己的主观能动性，试着和自己的工作"恋爱"，你也有可能深深地爱上"她"。

三、坚守选择

　　"非知之难，行之惟难；非行之难，终之斯难。"（《贞观政要·卷十·论慎终》）立志容易守志难，产生一个理想容易，坚守一个理想不易。在追寻和实现理想的道路上不仅会碰上这样那样的困难和障碍，还可能遇到这样那样的诱惑和考验。在困难面前屈服，在障碍面前退让，就可能半途而废；经不住诱惑和考验，这山望见那山高，三心二意，就可能一事无成，留下人生的遗憾和后悔。要想成志，必须在立志以后守志，所谓"骐骥一跃，不能十步；驽马十驾，功在不舍。锲而舍之，朽木不折；锲而不舍，金石可镂"（《荀子·劝学》）。

　　观察那些参天大树，我们会发现：

　　没有一棵大树是树苗种下去，马上就变成了大树的，一定是岁月刻画着年轮，一圈圈往外长。这启示我们：成长需要经历和时间，要有成长和积淀的耐心。

树苗可以长成为一棵大树，一定是在某地屹立不动，并经风霜，历雨雪。这启示我们：成就需要专注于一处扎根，持之以恒。

树有千百条根，粗根、细根、微根，深入地底，不停地吸收营养，成长自己。这启示我们：要想成功，一定要不断学习，兼收并蓄，不断充实。

没有一棵大树只向旁边长，长胖不长高；一定是先长主干再长细枝，一直向上长。这启示我们：追求成功一定要向上向高，志存高远，追求更高的境界，争取更高的质量。

阳光是树木生长的希望所在，大树知道必须为自己争取更多的阳光，才有希望长得更高。这启示我们：人生需要环境，需要外界的支持，争取与创造一个有利于自身提高修养和建功立业的外部环境至为重要。

怀揣"为农民办一所真正的好学校，让农民的孩子也能受到最好的教育"的理想，杨瑞清经历了种种困难与挫折，却依然选择守住内心的宁静，做自己喜欢做的事。立大志，做小事，人用10年、20年、30年，用一辈子的时间脚踏实地，从小事做起，把小事做好，做到极致，积少成多，积沙成塔，最终就能成就大事，实现自己的人生理想和选择。这是杨瑞清坚守自己的理想、坚守自己的选择给我们带来的启示。

[思考和实践]

1. 想一想，当我们选择当教师的时候，需要在哪些方面选择放弃，在哪些方面有所追求？

2. 从上述对"生存型""享受型""发展型"三种教师生存样态的描画中，你获得了哪些启示？

专题二　理解和认同教师生活

一、理解教师职业

🔖 ［学习活动］

阅读以下材料：

教师的多重身份和职责①

"人啊，认识你自己！"雅典阿波罗神殿外侧的铭文振聋发聩。

我是教师，我的工作是什么？我的职责和使命是什么？

当我这样追问的时候，我曾经寻找到这样一些答案。

一、"我是教书的"

但凡是书，里面就会有文字、符号或图像。文字、符号或图像是什么？可以说，教师所教之书中的文字、符号或图像是人类文明的结晶，是人类文化的成果。"教书的"隐含着教师具有传递人类文化、传承人类文明的责任。想到这里，对于外行的轻蔑如"你一个教书的"，我们不必自卑，可以翻开一本书让他看看，让他知道书本里有什么，教师在干什么，然后对他说"我骄傲"！

但是，教师不能仅仅教书。一方面，书中内容毕竟有限。用英国哲学家波兰尼（M. Polanyi）的说法，用书面文字、图表或数学公式表述的只是明确知识，人生所用的大量的还是不能系统表述的缄默知识。用古人的说法则是"书不尽言，言不及义"。这样，教师只教书本知识就远远不够。另一方面，只是"教书的"，就难免陷入书本崇拜，不敢越雷池一步。自己成了书本的奴隶不说，还连带学生也成了既有知识的奴隶。

更重要的是，教师面对的是人。曾经有这样一个故事：有一位纳粹集中营的幸存者当上了美国一所中学的校长。每当新教师来到学校，他都会交给新教师一封信，信中这样写道："亲爱的老师，我是集中营的生还者。我亲眼看到了人类所不应见到的情景：毒气室由学有专长的工程师建造；儿童被学识渊博的医生毒死；幼儿被训练有素的护士杀害；妇女和婴儿被受过高中或大学教育的士兵枪杀。看到这一切，我怀疑：教育究竟是为了什么？我的请求是：请你帮助学生成长为具有人性的人。你们的努力绝不应当被用于创

---

① 陈大伟，黄爱华. 新时期校本研修：教育生态与教师自我发展［M］. 北京：北京大学出版社，2009：10–11. 选用时有改动。

造学识渊博的怪物、多才多艺的变态狂、受过高等教育的屠夫。只有在能使我们的孩子具有人性的情况下，读、写、算的能力才有其价值。"

这个故事告诉我们：教师不能只教书！

二、"我是教学生的"

这是第二个答案，从教书到教学生，我们眼睛中有了人。学生是什么？我以为，狭义的学生是在学校里，在成人和同伴的指导和帮助下，学习生存的本领，获得生活的智慧，体验生命的意义、价值和尊严的人。学生到学校里来是学"生"的，而不是学"考"的；教育是"育人"的，而不是"育分"的。想清楚这样的问题，我找到了教什么和学什么、怎么教和怎么学的内在依据，从此开始脚下有根、心中有魂的教师生活。

从教书的到教学生的，教育有了促进学生全面发展的意义和追求。

但对"教学生"的答案，自己仍然不能满意。老师是"教学生"的，学生在这个过程中处于什么地位呢？难道只是被动地接受？不应该是这样的。教育不能停留在工业"加工"和"塑造"的水平上，学生是有生命的活生生的人，他们不是消极被动地等待加工和塑造的物件。因为要表达学生在教育活动中的主动作用，我需要寻找更合理的答案。

三、"我是育人的"

联合国教科文组织的《学会生存：教育世界的今天和明天》说："教师将来的任务是培养一个人的个性并为他进入现实世界开辟道路。"是的，教师的重要工作是"育人"。

这个答案与"我是教学生的"比较，理念上有从"加工"到"生长"的变化，方式上有从工业的"塑造"到农业的"培育"的变化。农业与工业有什么不同呢？一是劳动对象不同，农业生产的劳动对象具有生命性，农作物具有自身生命生长发育的规律；二是劳动方式不同，农业生产只能促进生长，而不能加工和塑造，否则就可能揠苗助长。也可以说，学生不是教出来的，而是"长"出来的。

从尊重生命的角度来看，教育需要反对工业化的批量生产，而采用农业"培育"的方式。在农业"培育"的方式中，教师的作用是努力营造有利于"农作物"生长发育的学校和课堂小环境，是为学生健康生长提供适宜的"养料、水分和阳光"，是对危害生长的"病虫害"的防止，是对生命生长的耐心等待和细心呵护。

"我是育人的"，这个观点在具有合理性的同时，同样也在被质疑。第一个问题是：我的工作、我的劳动对我本身是否具有意义和价值？比如，当我把工作看成"教书"时，我工作的意义是传承文化和文明，我在为社会的文化延续做贡献；当我意识到我在"教学生"时，我在为学生的美好生活奠基，我在为学生服务；当我把工作定位于"育人"时，我又为学生成长付出自己的心血……贡献和付出固然使我具有崇高和伟大的感觉，但我不能满足于做"蜡烛"和"春蚕"的奉献和牺牲，我自己也需要在工作中谋求生长和成熟，我还需要享受在工作过程中所创造的快乐。第二个问题是：尽管数量可能不同，但"种瓜得瓜，种豆得豆"，农作物的收获总是预先明确和固定的，教育能够像农业一样规定结果吗？而且，农作物有生命，但毕竟没有感情，除了生长的结果，就其过程，是无法主动对我们造成影响的。

是否还有其他相对满意的隐喻？

四、"我是导游"

梅贻琦先生曾经说："古者学子从师受业，谓之从游……学校犹水也，师生犹鱼也，其行动犹游戏也，大鱼前导，小鱼尾随，是从游也。"这就归到服务性行业来了。"教师是导游"，意味着教育就是师生共同的精神漫游和探险，教师为学生的精神漫游和探险提供服务，就要把舞台让给学生，让学生成为活动中的主体和主角。我意识到：

首先，作为导游，预先的游览地点和游览活动是需要初步规划的，但在游览的路途中、在主要景点，游览者所得到和认识到的东西却可能是各具特色和丰富多彩的。导游当然可以解说，但好导游不能以自己的认识去限制游客的发现。作为教师，我们不能限定每一次教学活动的结果，更不能用自己的认识限制学生的创造，我们的任务是激发他们（进行）精神漫游和探险。

其次，旅游是参与者一次共同的审美历程。在这个过程中，一方面，导游自己可以重新认识美、发现美、创造美；另一方面，同游者总在不断感受和创造美，通过与同游者的积极互动，导游又在不断丰富对美的认识，积累发现和鉴赏美的经验。这样，导游讲解的过程也就是自身成长的过程。美在过程中，美在创造中，美在成长和丰富中，当教育从奉献的付出心态走向审美境界的时候，教师的职业生命将永葆青春。

最后，好的导游并不仅仅引导游客认识自然和景观，他要引导彼此认识，自我认识，实现认识自然、认识他人、认识自我的多重任务，他需要促进参与者彼此的互动交流乃至成为朋友。日本教育家佐藤学教授说："所谓学习的实践，是建构教育内容之意义的同客体对话的实践，是析出自身和反思自身的自我对话性实践。同时，是社会地建构这两种实践的同他人对话的实践。"

尽管"导游"只是比喻和隐喻，已经不是在真实地描述和刻画自己的工作了，但相对而言，我更喜欢这种隐喻。

思考和讨论：你心中的教育隐喻和教育图景是什么？

（一）寻求自我认同

选择一个职业首先需要认识和理解这个职业。如果没有对自己职业的理解、认同，职业生活就可能被动而痛苦。教师的工作对象是学生，教师如果自己都不能认同自己的工作，就很容易将这种被动而痛苦的状态加诸学生。"到底有多少教师将他们自己的痛苦加诸学生？这种痛苦就是来自：他们正在做的事从来不是，或不再是他们真正倾心的工作。"①

理解和认同教师职业，意识到自己的责任和价值的教师则是另外一种工作状态。1998年美国"国家年度教师奖"获得者菲利普·比格勒（Philip Bigler）说："我在全国各地遇到过的优秀教师数以百计。他们背景各异，从教环境各不相同，所教学生也各式各样。他们的共同特征是对自己所做的事充满了激情。他们信任自己的学生，热爱自己的工作。"他认为，优秀教师是"狂热分子"。他们对教学全身心投入，且永不放弃。看看那些真正的天才教师，这是他们的一个共同特点。他们有各种各样的风格，甚至不同的教育理念，但他们都对自己所做的事深信不疑。比格勒自己讲起课来激情难挡。他根本无法静止地站着，双臂会不停地晃动，就像一个露营者在极力赶走成群的蚊子一般。他有时踮起脚尖往前倾，咧开嘴笑，然后往后晃。他的双手紧紧地抓住讲台左右两侧的桌沿，让讲台跟着他的身子一起抖动。②

这些优秀教师的教学激情从何而来？首先来自自身认同，学者帕克·J. 帕尔默（Parker J. Palmer）说："真正好的教学不能降低到技术层面，真正好的教学来自教师的自身认同与自身完整。"③他认为："教学的呼唤还不单是来自外部的融合——没有我灵魂的首肯，任何外部的导师和学科都不会对我产生影响。任何真正可信的教学要求最终是来自教师内心的呼唤。这种呼唤使我尊重真实的自我。"④尊重真实的自我，倾听灵魂的声音，我们需要建构自己对教育的认识和理解。

（二）借助沉思和隐喻

哲学家苏格拉底认为，未经省察的人生没有价值。学者大卫·杰弗里·史密斯（David Geoffrey Smith）说："沉思型生活必须提供一个场地，一片自由、静谧的空间，以便使各种可能性得以显形，让新的选择——超出常规的选择——

① 帕尔默. 教学勇气：漫步教师心灵［M］. 吴国珍，等译. 十周年纪念版. 上海：华东师范大学出版社，2014：23.
② 李茂. 在与众不同的教室里：8位美国当代名师的精神档案［M］. 上海：华东师范大学出版社，2007：77.
③ 帕尔默. 教学勇气：漫步教师心灵［M］. 吴国珍，等译. 十周年纪念版. 上海：华东师范大学出版社，2014：2.
④ 帕尔默. 教学勇气：漫步教师心灵［M］. 吴国珍，等译. 十周年纪念版. 上海：华东师范大学出版社，2014：23.

显现出来。"①我们需要通过沉思反省自己，沉思的"我"是一个认识自我的"我"，认清自我就会主动接纳教育、认同教育，把工作内化为自己生活的一部分，在教育职业中实现自己生命的价值，从而走上"自我认同"的教育之路。在这里我们可以采取图景的方法，帮助自己走向职业认同。所谓图景的方法，就是想象一个图景，然后置身于其中，想象自己会如何思考，会怎样行动，会取得什么样的效果，同时也想自己为什么要这样想，自己在追求什么，这可以帮助我们描绘具有个性特色的教育愿景。此外，我们也可以采取隐喻的方法。"有研究揭示，隐喻不仅是一种修辞术，也是一种必要的认知策略，它用一种事物来理解另一种事物，在两个不同的观念之间建立联系或映射，因而具有重要的方法论意义，在很大程度上影响着人们对世界的概念化方式。"②隐喻意味着发现目标、寻找方向、思考意义。隐喻既是情境式的，也是个人体验和顿悟式的，每个人都可以有自己不同的隐喻，隐喻会成为内在的信念，指引我们发现自己心中的理想。

（三）借助教育影视作品观察与审视

教育影视作品题材丰富，形式多样，可以帮助我们获得认识和理解教育的另一种途径。比如，《乡村女教师》《生命因你而动听》等描画了理想的教师形象，可以帮助我们理解和认同教师的职业生活，确立职业理想；《我的教师生涯》《摔跤吧，爸爸》等表现了在特定的时代、特定的环境中教师的选择和作为，可以帮助我们加深对教育与社会互动关系的认识与理解；《孩子那些事》《地球上的星星》等影视作品所刻画的学生个性差异，可以帮助我们更好地确立研究学生差异、尊重学生差异、因材施教的观念；《美丽的大脚》《叫我第一名》等影视作品揭示了教育信念的形成与意义，可以引导我们关注教育信念，审视教育信念；《跳出我天地》《小猪教室》提供了教师借助课程教育和影响学生，以及课程改革中的准备、实践和沟通的生动案例，可以为我们参与和实践课程改革提供参照；《死亡诗社》《蒙娜丽莎的微笑》表现了教育守旧与变革、传统与创新的矛盾和冲突，可以引发我们对在教育创新中如何处理和协调各方利益关系的反思与讨论；《放牛班的春天》表现了对行为主义教育观的反思与批判，展现了教育人文关怀的美丽和影响……③

① 刘铁芳. 追寻有意义的教育：教师职业人生叙事 [M]. 长沙：湖南师范大学出版社，2006：121.
② 曾文婕，柳熙. 获得·参与·知识创造：论人类学习的三大隐喻 [J]. 教育研究，2013（7）：88.
③ 陈大伟. 教育影视成为教师学习资源的价值和可能 [J]. 新课程评论，2020（3）：49—56.

[学习活动]

阅读以下材料:

在苏联影片《乡村女教师》中,刚从学校毕业的瓦尔娃拉准备当教师,于是和未婚夫交流。她说:"我的理想是教孩子们。我这样想,假如我们真心诚意、耐心地用教育来感化他们成为好人,即使是一个最坏的人也会变的。可是我们一定要出于真心诚意地去教。"这里,"我的理想是教孩子们"是一种教师认同、教师理想;自己"要出于真心诚意地去教"是一种教育理念;而"真心诚意、耐心地用教育来感化他们成为好人,即使是一个最坏的人也会变的"则是教育信念的表达。出于这样的信念,瓦尔娃拉自愿到"流放犯人"的西伯利亚当一名乡村女教师。在偏远的山村里,人们并不重视对孩子的教育,因此对瓦尔娃拉也非常排斥。瓦尔娃拉努力改变这一切,最终赢得了学生、家长的尊重和爱戴。几十年过去,山村里建起了新学校,瓦尔娃拉成为校长。第二次世界大战结束后,瓦尔娃拉获得了国家奖章。当年那些曾经坐在讲台下听课的学生们,已经在各个领域取得了突出成就,他们从各地赶回来探望老师,围绕在瓦尔娃拉身边,共同祝愿自己的启蒙老师健康长寿。观察和讨论这样的教育电影,我们能体验到教育信念的力量和作用。

思考和讨论:就你看过的教育电影,说说教师劳动的特点、意义和其中的教育理念。

拓展阅读《教育部关于在教育系统深入开展向张桂梅同志学习的通知》

二、认同教师劳动

[学习活动]

阅读以下材料:

许多年前,约翰·霍普金教授给毕业生布置了一份这样的作业:去贫民窟找200个年龄在12岁至16岁之间的男孩,调查他们的家庭背景和成长环境,并预测他们的未来。

这些学生运用社会统计学知识,设计了问题,跟男孩们进行了交谈,分析了各种数据,最后得出结论:那些男孩中90%的人将有一段在监狱服刑的经历。

25年后,教授给另一批学生也布置了一份作业:检验25年前的预测是否正确。学生们又来到贫民窟,以前的男孩,都已经长大成人。有的还在那里住着,有的搬走了,还有的已经去世了。学生们最终与原来的200个男孩中的180个取得了联系,他们发现其中只有4人曾经进过监狱。

为什么那些男孩住在犯罪多发的地方却有这么好的成长记录呢?他们感到纳闷,同时也很吃惊。后来他们被告知:有一位老师当年教过那些孩子。

通过进一步调查，他们发现75%的孩子都是同一位妇女教过的。他们在一个"退休教师之家"找到了那位妇女。

那位妇女究竟是怎样把良好的影响带给那些孩子的？他们迫切地想知道答案。

"不知道，"妇女说，"我真的回答不了你们。"她回想起多年前和孩子们在一起的情景，脸上浮起了笑容，自言自语地说："我只是很爱那些孩子……"①

思考和讨论：你从中体会到了教师劳动的哪些意义和价值？

（一）教师劳动的个人意义

马克思说："历史把那些为共同目标工作因而自己变得高尚的人称为最伟大的人物；经验赞美那些为大多数人带来幸福的人是最幸福的人。"② 从劳动的意义看，教师这一职业因为与人类的幸福和自我完善（个人幸福）密切相关，所以教师劳动是光荣的。因为从事着能给人带来幸福的工作，所以教师又是幸福的。

1. 教师劳动对学生成长的意义

"人者，爪牙不足以供守卫，肌肤不足以自捍御，趋走不足以从利逃害，无毛羽以御寒暑，必将资物以养性，任智而不恃力。"（《列子·杨朱第七》）和多数动物相比，人通过遗传获得的自然本能处于弱势，人比其他生物更需要后天的发展，更需要教育。康德说："人唯有凭借教育才能成为人。人绝非人所创造的教育以外的产物。确切地说，人唯有凭借人，亦即唯有凭借同样受过教育的人才能受教育。"③ 人"出自这样一种存在物的最深沉的必然性，这种存在物必须塑造自己，并因此需要一个指明方向的榜样和理想以供他参照。人的不完满性为理解所补偿，这种补偿告诉他怎样来完善自己"④。对人来说，"自然只完成了人的一半，另一半留给人自己去完成"⑤，没有后天的教育，没有后天的继续发展，就没有人的幸福。

人们"之所以或好或坏，或有用或无用，十分之九都是由他们的教育所决定的"⑥。教育活动的直接结果是人的生成（成长），教育所担当的任务就是帮助和促进学生发展自己、完善自我。这种发展和完善影响学生的成长和成熟，影响人的潜能发挥和实现，与人一生的幸福相关。真正的教育是促使个人获得幸

---

① 皮尔. 爱是最好的老师 [N]. 环球时报，2005-12-23（20）. 选用时有删改.
② 马克思，恩格斯. 马克思恩格斯全集：第1卷 [M]. 中共中央马克思恩格斯列宁斯大林著作编译局，编译. 北京：人民出版社，1995：459.
③ 筑波大学教育研究会. 现代教育学基础 [M]. 钟启泉，编译. 上海：上海教育出版社，1986：68.
④ 兰德曼. 哲学人类学 [M]. 阎嘉，译. 2版. 贵阳：贵州人民出版社，2006：9.
⑤ 兰德曼. 哲学人类学 [M]. 阎嘉，译. 2版. 贵阳：贵州人民出版社，2006：7.
⑥ 洛克. 教育漫话 [M]. 傅任敢，译. 2版. 北京：教育科学出版社，2014：169.

福的有效途径和有力工具，通过教育，人们理解幸福、感受幸福、追求幸福和创造幸福；而受到良好教育的新人又从内心渴望幸福，自信有能力获得幸福，对幸福的追求将帮助他们获得更丰富、更深刻的幸福感受，从而更好地体验和实现人生的意义。教师是教育教学活动的主要实践者和实施者，教师工作的意义和价值就在于使学生成为更好的人，在于让他们的生活由此变得美好。2000年的迪士尼年度教师罗恩·克拉克（Ron Clark）曾经这样描述他为什么当教师："当我看到我把全部的身心和热情投入到一群孩子身上后所带来的变化时，我便知道一个人如何能真正改变他人的生活。它一直推动着我坚持做教师，在教育这个领域坚持下去。"①

2. 教师劳动对教师自己的意义

从生存需要看，劳动是获得报酬的主要方式，教师可以通过教育教学的工作方式获得报酬，以满足物质生活和精神生活的需要。一方面，从整体上看，我们要承认当下教师劳动所得报酬与教师的劳动付出及教师的期望相距甚远；另一方面，从发展趋势看，提高教师待遇是历史和社会发展的应有选择，我国的教师待遇已经有了改善，对于教师待遇的提高，我们怀有积极的预期。在抱怨教师工作的辛勤、平凡、清贫时，我们也要看到，社会上的大多数从业者都和我们一样在辛勤而平凡地工作，过着一样普通而清贫的物质生活。

相比较而言，教师工作的意义更体现在职业生活所带来的自我发展和理想实现上。在所有职业中，教育是唯一真正与人打交道、与人的思想打交道的职业。不同的学生有不同的理想、兴趣、爱好和感情，在他们身上，有无限丰富的个性特征；学生学习的过程是其发展变化的过程，在每一个学生身上，都蕴含着无限丰富的可能性；同时，学生参与教育的劳动过程，不是被动地接受和简单地模仿，而是作为有主见、有选择、有创意的主体去参与，学生的主动参与形成了教育实践的生动鲜活的精彩画卷。与人打交道，与处于发展中的学生打交道，与不同的学生打交道，这种劳动所蕴含的丰富性、变化性为教师摆脱简单、机械、单调、重复的劳动提供了最大可能。在与学生交流的活动中，教育将会成为一个充满灵性和创造性的艺术过程，人的本质力量更容易得到充分的展现和发挥。对此，有教师这样说："爱、关怀、拯救、教化对我有特别的吸引力……教师是一个以指导和关怀为职责的职业，我选择教师职业，因为它能成就我探索关怀、理解教育的需要。在这条爱的探索与践行的道路上，我经历了由'蒙昧之爱'，到'标准之爱'，再到'无我之爱'的心路历程。获得了教育不是训育、不是教授，

---

① 李茂. 在与众不同的教室里：8位美国当代名师的精神档案［M］. 上海：华东师范大学出版社，2007：51.

而是一种关怀的启悟，我付出着关怀，也收获着心灵的丰盈和成长。"①可以说，"教育最棒的地方就在于：它会让你变得越来越好"②。

从发现教师工作对生存的意义，到发现教师工作对生活的意义，著名特级教师贾志敏老师深情地说："当年，我为了生活而走上这三尺讲台；今天，我离开这三尺讲台则一刻也无法生活。"③在电影《生命因你而动听》的结尾，主人公霍兰德先生审视人生，对自己的选择和改变这样表述："当初闹着不干，如今成了我唯一想做的工作。"

（二）教师劳动的社会意义

1. 教育承载着家庭的梦想和社会和谐的希望

家长把孩子送到学校，交给教师，就把家庭的美好梦想寄托给了学校和教师。在我国的家庭教育观念中，家长希望一代更比一代强的愿望十分强烈，家长对孩子的未来寄予了无限的期望。保护学生的身心健康和合法权益，促进学生快乐幸福地成长，其意义并不仅仅在学生个人，更有助于家庭的和谐和幸福。家庭的幸福与和谐是社会和谐稳定和健康发展的可靠基础。

2. 教育传承和创造人类文化与文明

俄国教育家乌申斯基说："一个教师如果不落后于现代化进程，他就会感到自己是克服人类无知和恶习的大机构中的一个活跃而积极的成员，是过去历史上所有高尚而伟大的人物跟新一代之间的中间人，是那些争取真理和幸福的人的神圣遗训的保存者。"④教师的工作对于人类文化与文明具有承前启后、继往开来的意义和价值。

3. 教育为强国之基

在古代，墨子曾经有这样的诘问："籍设而天下不知耕，教人耕与不教人耕而独耕者，其功孰多？"（《墨子·鲁问》）正是看到教师工作对国家的意义，教育家夸美纽斯（J. A. Comenius）才自豪地宣称："我们对于国家的贡献哪里还有比教导青年和教育青年更好或更伟大的呢？"⑤当今世界的竞争，主要表现为综合国力的竞争，而综合国力的竞争取决于人才和教育的竞争。瑞士洛桑管理开发国际学院世界竞争力研究中心主任加雷利（Stephane Garelli）教授认为："教育对竞争力而言是根本性的——在知识社会，拥有掌握技能的人就意味着拥有了竞争

---

① 刘铁芳. 追寻有意义的教育：教师职业人生叙事 [M]. 长沙：湖南师范大学出版社，2006：123.
② 艾斯奎斯. 第56号教室的奇迹 [M]. 卞娜娜，译. 北京：中国城市出版社，2009：225.
③ 贾志敏. 杏坛回眸五十年 [J]. 人民教育，2009（1）：51-56.
④ 中小学教师通识培训教材编写组. 中小学教师职业道德研修读本 [M]. 北京：高等教育出版社，2012：98.
⑤ 夸美纽斯. 大教学论 [M]. 傅任敢，译. 北京：教育科学出版社，2014：2.

力。"①国家竞争力形成和发展的核心要素就是人才，这里的人才既包括掌握理论知识和生产知识的知识分子，也包括那些掌握劳动技能的产业工人。教育对国家竞争力的推升作用还体现在它直接促进国家创新能力的增强。除了人的知识和技能之外，教育还通过影响人的价值观念而对国家竞争力形成更加深层而持久的影响。②

[思考和实践]

1. 阅读资料（见二维码），谈一谈自己当教师的理由。

2. 说一说你对教师角色的想象，在每一种想象中都融入你对教师责任、使命和师生关系的认识。

阅读资料《为什么选择当教师》

---

① 项贤明. 教育发展与国家竞争力的理论探析 [J]. 比较教育研究，2010 (6): 3.
② 项贤明. 教育发展与国家竞争力的理论探析 [J]. 比较教育研究，2010 (6): 4.

专题三　理想的教育和理想的教师

一、追寻理想的教育

📖 [学习活动]

阅读以下材料：

新学期，刘老师接任了四（1）班的语文课教学。

开学没几天，在一节语文课的最后，刘老师请同学们将课前收集到的有关"青蛙对人类的益处"的资料拿出来和大家交流。王明突然举起了手，站起来问道："老师，你知道癞蛤蟆对人类有什么益处吗？"教室里顿时一阵哄笑。王明是班里出了名的"调皮大王"，经常在课堂上给老师出难题，还没正式上课之前，就已经有同事提醒刘老师了，没想到竟来得这么快。

刘老师微微一笑："好吧，同学们的资料已经交流得差不多了，那我就利用这最后的两分钟给王明和大家讲讲癞蛤蟆！"同学们都以期待的目光望着刘老师。

"癞蛤蟆的学名叫蟾蜍，它没有声囊，所以跟青蛙不同，不会叫。它的身上有许多令人看起来非常不喜欢的小疙瘩，可别小看了这些小疙瘩，这里面储藏着一种白色毒液，叫蟾酥，是用来抵御天敌的。另外，蟾酥还可以用来制成中药，有强心、镇痛和消肿的作用。我国古代还有很多跟蟾蜍有关的传说，有些传说认为月亮上有蟾蜍，所以我国古代的诗文常用它来比喻月亮，像'蟾宫'就是指月亮，'蟾光'就是指月光。中国有一句成语叫作'蟾宫折桂'，意思是到月宫去折取桂枝，人们用这句成语比喻参加科举考试被录取。"同学们越听越入迷，连"调皮大王"王明也将眼睛睁得圆圆的。

"同学们，如果你们有机会看到蟾蜍或是蟾蜍的图片，你们会发现，它的皮肤是由绿、黄、黑三种颜色混合而成的，很像部队战士穿的迷彩服。这是在上千万年的生存竞争中形成的一种适应。适应既是一种本能，也是生存的一种需要。人在进入社会后同样需要适应，需要学会生存的本领，这本领就是各种技能。学习各种技能，首先要有科学文化知识作基础。现在，你们正处于打基础的阶段，我的任务，就是帮助你们打好这个基础。今天，王明同学在课堂上送了我们一份小礼物，叫蟾蜍，我也很希望送你们每人一笔取之不尽、用之不竭的人生财富，那就是知识。"

王明带头鼓起了掌，骤然间，教室里掌声雷动，响了很久很久……①

思考和讨论：（1）你如何评价刘老师的这次课堂教学？（2）对于理想的教育，你有什么憧憬和向往？

当今中国，政治、经济和文化各项事业日新月异，社会发展对教育提出了越来越高的要求，人民群众对高质量教育的要求和期盼越来越强烈。为适应社会发展要求和人民对高质量教育的期盼，教师需要志存高远，追求卓越。志存高远就是要把个人的教育梦想和人民的期望、民族的振兴、国家的强盛结合起来，就是要追求远大的教育理想，构筑自己的教育梦，并用脚踏实地的方式追求和实现自己的教育梦。构筑自己教育梦的另外一种意义是以理想的教育图景为背景，发现和审视当下教育的种种问题，找到教育改革、创新的方向和突破口。

不同的教师会有不同的教育梦想，对教育会有不同的美好向往。从教育目的、教育内容、教育手段和教育过程的角度看，我们追求的理想教育具有以下特征。

拓展阅读《我心中的理想课堂》

（一）教育目的——立德树人

"教育目的，即教育意欲达到的归宿或所预期实现的结果。它是教育活动的出发点和归宿，本身就反映着办教育的主体对教育活动在努力方向、社会倾向性和人的培养规格标准等方面的要求和指向。"② 理想的教育目的是指具有终极结果的教育目的，表示各种教育及其活动在人的培养上最终要实现的结果，它蕴涵着对人发展的理想性要求。③《说文解字》说："教，上所施，下所效也；育，养子使作善也。"教育的目的就在于使学生成为完善的人、善好的人，过上善好的生活。理想的教育需要对人的价值观、世界观、生活观、道义观、审美观、社会观等方面加以引导和要求，最终使人在精神世界、人文情感、人格品行、审美意识、生活态度和社会倾向等方面得到尽可能充分自由的发展，使人成为最好的自己，并更好地承担社会责任。

（二）教育内容——"五育"并举

教育内容是指教育过程中传递的主要信息，教育内容承载教育目的。《关于深化教育教学改革全面提高义务教育质量的意见》明确了"五育"并举的要求（详见本书第二单元专题二中引用的文件内容）。

---

① 陈大伟，黄爱华. 新时期校本研修：教育生态与教师自我发展［M］. 北京：北京大学出版社，2009：101-102.选用时有改动。
② 全国十二所重点师范大学. 教育学基础［M］. 3版. 北京：教育科学出版社，2014：66.
③ 全国十二所重点师范大学. 教育学基础［M］. 3版. 北京：教育科学出版社，2014：68.

（三）教育手段——合理有效

教育手段是指在教育过程中为到达预期目的所采取的具体方式和方法。理想的教育手段自然应以合理、有效为标准。所谓"合理"，是指教育手段的选择应考虑适合学生的年龄段、现有水平、认知风格和兴趣需要；照顾全体，兼顾个体，不搞"一刀切"。所谓"有效"，是指教育的最终结果是学生要在一定时间内，在知识、经验、技能、能力、情感态度和价值观等方面发生预期的变化。教育教学的有效性主要体现在"有效果""有效益""有效率"三个方面。

有效教学首先是有效果的教学，有效果意味着教师讲的话学生愿意听，学生愿意照着教师的要求去行动。有效果的教师是具有吸引力和影响力的教师，教师的吸引力和影响力来源于学生对教师的信任和依赖。这需要以师爱为前提，以师能和有价值的引导为基础，同时还要以师表做榜样。实施有效教学需要以教师过硬的专业素养和身体力行做保障。

有效果是基础，有了效果才可以谈效益。卢梭曾经说："误用光阴比虚掷光阴损失更大，教育错了的儿童比未受教育的儿童离智慧更远。"[1] 教学内容和教学目标的合理性追求优先于教学手段和方法的有效性选择，衡量教学的效益一定要"风物长宜放眼量"，对于教育教学带给学生的影响要看远一些、看宽一些。

学生愿意参与教学活动了，方向又是正确合理的，这时就可以讨论教学效率了。苏霍姆林斯基（V. Sukhomlynsky）说："教学和教育的技巧和艺术就在于，要使每一个儿童的力量和可能性发挥出来，使他享受到脑力劳动中的成功的乐趣。"[2] 就大多数学科而言，教学效率是通过比较紧张的智力和情意活动来实现的。教学的本质在发展而不是达成教师预设的外在目标，教学效率并不在于某一个事先预定的结果，而在于在有质量的教学过程中，通过适度紧张的智力活动引起经验改造和成长变化，因此教师需要以高质量的教学过程促进学生的真实学习、有效学习、深度学习。

（四）教育过程——师生快乐幸福

教育过程即指教育进行和发展所经过的程序。很多成人对儿童的痛苦不以为然，因为他们相信"苦尽甘来"。然而，心理学家弗兰克尔说，"苦尽甘来"只是一个美丽的谎言。弗兰克尔甚至认为，正在经历痛苦的人相信，未来的任何幸福都无法弥补他们现时所经受的痛苦。[3] 理想的教育需要关注学生的当下生活。

《中学教师专业标准（试行）》规定："遵循中学生身心发展特点和教育教学规律，提供适合的教育，促进中学生生动活泼学习、健康快乐成长，全面而有个

拓展阅读《改善课堂生活，让学生快乐成长》

---

① 周国平. 周国平论教育 [M]. 上海：华东师范大学出版社，2009：6.
② 苏霍姆林斯基. 给教师的建议 [M]. 杜殿坤，编译. 2版. 北京：教育科学出版社，1984：2.
③ 岳伟. 教育：要关照儿童的现实生活 [J]. 人民教育，2008（8）：13.

性地发展。"《小学教师专业标准（试行）》规定："遵循小学生身心发展特点和教育教学规律，提供适合的教育，促进小学生生动活泼学习、健康快乐成长。"《幼儿园教师专业标准（试行）》规定："遵循幼儿身心发展特点和保教活动规律，提供适合的教育，保障幼儿快乐健康成长。"上述标准是对中小学、幼儿园教师实施教育教学行为的基本要求。理想的教育对教育过程的要求是师生在教与学的过程中快乐幸福。

关注当下学生的幸福生活，需要关注学生的学习生活质量。学习生活质量就是对学生在学习生活中的生命存在状况好坏的集中反映，包括学生在学习生活中的主观感受、客观结果和现实行为表现三个方面的内容。主观感受是学生对学习生活的自我感受，是学生对学习生活的全面的反思性评价，它表现的是学生在学习生活中所获得的意义的丰富性；客观结果是学生的身心实际状况，是学习生活在学生身心方面引起的主要的客观变化；现实行为表现则是学生在学习生活中潜能的发挥状况，是学生自我感受的外在表现，它主要表现为在学习活动中学生的主动参与状况和反映学生内在需要的兴趣满足状况。学习生活质量不同于学习质量。从目的上看，学习质量考查学生对知识与技能的掌握状况，考查的实际对象是知识与技能；学习生活质量考查学生作为一个人在学习生活中的存在状态，考查的实际对象是人。从学生的地位来看，在学习质量考查中，学生是一个工具性的存在，学生的行为被视为是达到某种目的的手段；在学习生活质量考查中，学生是一个本体性的存在，学生在学习生活中的各种表现都被视为是学生生命的外显。①

作为教师，尽管难以改变宏观的社会环境，但在学校中，在自己的课堂上，可以有所作为，或者说可以大有作为。我们可以追求"让学生蹦蹦跳跳上学，高高兴兴回家"——"蹦蹦跳跳上学"表明学生对学校充满期望，生活有激情，有活力；"高高兴兴回家"表明他们在学校里，在课堂上快乐幸福，有成长，有进步。

教师是教育的基本要素之一。教师在各种各样的教育活动中发挥着重要的作用，教师的工作和生活不只是在"谋生"，更是在"谋心"。教师应该在教书育人的过程中追求生命的意义，并为此体验到深深的幸福。理想教育中的教师表现出的不是"蜡烛燃烧""春蚕吐丝"的凄苦和无奈，他们会因为创造性设计而对未来的教学充满渴望，会因为教学中的创造和超越充满快乐，会因为和学生在校"同学"，自己也在不断收获和进步而欣喜。在这样的教育教学过程中，教师付出的是激情和智慧，收获的是生命的张扬和释放，体验的是人生的价值和幸福。

---

① 唐荣德. 学习生活质量：学生发展的本质与路径 [J]. 教育研究，2012（11）：17–18.

二、成为理想的教师

[学习活动]

阅读以下材料：

"人民教育家"国家荣誉称号获得者于漪对教师生活有这样深情的表达：

人，一辈子都活在价值取向的选择当中。选择教师，就选择了高尚。

……在儿童青少年成长的过程中，学校教育至关重要。教师在学校教育中对他们施以育人育心的工作，促使他们今日健康成长，明日长足发展，其价值绝非以物质数量的多寡来衡量。因为今天的教育质量就是明天的国民素质，教师一个肩膀挑着学生的现在，一个肩膀挑着国家的未来，工作平凡，无惊人之举，却意义非凡。

学生世界丰富多彩，一个人一个样。每个孩子都是国家的宝贝，家庭的宝贝。他们成长中的许多奥秘需要教师探索，许多困惑、难题需要教师帮助排除、破解。为此，教师需沉到学生世界之中去了解、研究，以仁爱之心关爱他们成长的方方面面。知心方能教心，教师的使命就是一心为学生，激励他们少年立志，激发他们旺盛的求知欲，在他们心中点燃中国梦的灯火，引导他们把做人之理、报效国家之理落实到行动中，走好有意义的人生之路。

育人先育己。要引领学生走好人生之路，教师自己心中就要充满理想信念的阳光，就要孜孜矻矻地钻研业务，练就教书育人的真本领，就要以坚韧不拔的意志跟随时代前进，在教育教学工作中努力开拓创新。人生的意义与价值不是别人赠予或施舍的，而是把自己融入祖国的伟大事业中，由自己创造的。教育就是教师的命，调动生命的精华并将其炼入教育之中，创造育人佳绩，是终生追求。选择教师，就选择了高尚。①

思考和讨论：（1）了解于漪老师的教育事迹，想一想你从中获得了有关理想教师的哪些启示；（2）列举你心目中的理想教师的素养和形象，记下来，不忘初心，勤而行之。

2014年9月9日，习近平总书记在同北京师范大学师生代表座谈时提出了"四有"好老师的希望，为广大师范生及有志从事教师职业的学子们规划自己的理想教师形象指明了方向。

（一）好老师要有理想信念

教师肩负着培养下一代的重要责任。正确的理想信念是教书育人、播种未来

---

① 王定华，韩筠. 师之楷模 国之栋梁：中等教育卷 [M]. 北京：高等教育出版社，2017：13.

的指路明灯。"师者，所以传道、受（授）业、解惑也。"（《师说》）"传道"是第一位的。一名教师，如果只知道"授业""解惑"而不"传道"，不能说这个教师是完全称职的，充其量只能是"经师""句读之师"，而非"人师"。古人云："经师易求，人师难得。"（《周书·列传·卷四十五》）一名优秀的教师，应该是"经师"和"人师"的统一，既要精于"授业""解惑"，更要以"传道"为责任和使命。好老师心中要有国家和民族，要明确意识到肩负的国家使命和社会责任。教师要用好课堂讲坛，用好校园阵地，用自己的行动引导学生践行社会主义核心价值观，用自己的学识、阅历、经验点燃学生对真善美的向往，使社会主义核心价值观浸润学生们的心田，并转化为日常行为，增强学生的价值判断能力、价值选择能力、价值塑造能力，引领学生健康成长。

（二）好老师要有道德情操

教师的人格力量和人格魅力是成功教育的重要条件。"师也者，教之以事而喻诸德者也。"（《礼记·文王世子》）教师对学生的影响，离不开教师的学识和能力，更离不开教师为人处世、于国于民、于公于私所秉持的价值观。教师必须率先垂范、以身作则，引导和帮助学生把握好人生方向，特别是引导和帮助青少年学生扣好"人生的第一粒扣子"。好老师应该是以德施教、以德立身的楷模，是学生道德修养的镜子。好老师应该取法乎上、见贤思齐，不断提高道德修养，提升人格品质，并把正确的道德观传授给学生。

师德需要教育培养，更需要教师自我修养。做一个高尚的人、纯粹的人、脱离了低级趣味的人，应该是每一名教师的不懈追求和行为常态。好老师要有"捧着一颗心来，不带半根草去"的奉献精神，自觉坚守精神家园、坚守人格底线，带头弘扬社会主义核心价值观和中华传统美德，以自己的模范行为影响和带动学生。

好老师的道德情操还要体现到对所从事职业的忠诚和热爱上来。好老师应该懂得，选择从事教师职业就选择了责任，就要尽到教书育人、立德树人的责任，并把这种责任体现到平凡、普通、细微的教学管理之中。要有"衣带渐宽终不悔，为伊消得人憔悴"的精神，兢兢业业做好工作。做教师，最好的回报就是学生成人成才，桃李满天下。

（三）好老师要有扎实学识

扎实的知识功底、过硬的教学能力、勤勉的教学态度、科学的教学方法是教师的基本素质，其中知识是根本基础。教师不仅要有胜任教学的专业知识，还要有广博的通用知识和宽阔的胸怀视野。好老师还应该是智慧型的老师，具备学习、处世、生活、育人的智慧，既授人以鱼，又授人以渔，能够在各个方面给学生帮助和指导。教师应该始终处于学习状态，站在知识发展前沿，刻苦钻研、严谨笃学，不断充实、拓展、提高自己。

（四）好老师要有仁爱之心

爱是教育的灵魂，没有爱就没有教育。好老师应该是仁师，没有爱心的人不可能成为好老师。爱心是启迪学生打开心智之门的开始，爱心能够滋润、浇灌学生美丽的心灵之花。教师的爱，既包括爱岗位、爱学生，也包括爱一切美好的事物。

好老师对学生的教育和引导应该是充满爱心和信任的，在严爱相济的前提下晓之以理、动之以情，让学生"亲其师""信其道"。好老师要用爱培育爱、激发爱、传播爱，通过真情、真心、真诚拉近师生的距离，滋润学生的心田，使自己成为学生的好朋友和贴心人。好老师应该把自己的温暖和情感倾注到每一个学生身上，用欣赏增强学生的信心，用信任树立学生的自尊，让每一个学生都健康成长，让每一个学生都享受成功的喜悦。

好老师具有尊重、理解、宽容的品质。面对一群性格爱好、脾气秉性、兴趣特长、家庭情况、学习状况各有不同的学生，他们懂得既尊重学生，使学生充满自信、昂首挺胸，又通过言传身教教育学生尊重他人，他们尊重学生的个性，理解学生的情感，能够包容学生的缺点和不足，善于发现每一个学生的长处和闪光点，让所有学生都成长为有用之才。

[思考和实践]

1. 说一说给你留下深刻印象的教师的故事，想一想他为什么会让你如此难忘。

2. 描绘你心目中的"四有"好老师形象。

专题四 对教育事业"敬"和"爱"

一、以敬畏之心做教育

[学习活动]

阅读以下故事：

那时候年轻，带第一届学生靠的是满腔热情，但是经验不足，留下很多遗憾。学生聚会的时候，我总是情不自禁地向他们道歉，跟他们说："当时我太没有经验了，要是有经验的话，很多事情我绝对不会那么做的。"

尤其是对一个女孩子初恋问题的处理，我就不能提那件事，一提心里特别难受，觉得对不住那个孩子。那件事是这样的，班里一个男生喜欢她，给她写了一张纸条，她就交给我了。我当时也没多想就在班里把这件事说了。因为，我当时只有一个想法，不能让他们谈恋爱，那样会耽误他们的学习。后来，那个女生没上高中，就是因为那张纸条。这是他们毕业多少年之后，我才知道的。同学聚会的时候，那个女孩问我："老师，你知道我为什么没有上高中吗？""你还记得吗，班里一个男生给我写了一张纸条，我交给了你，我特别信任你，我想你肯定不会跟别人说的。可是，你却在全班同学面前说了。虽然你没有点我的名字，但是全班同学都知道是我。我觉得在学校再也待不下去了，所以就没上高中。"每次想到这件事，我就会有一种良心上的不安，但是，已经无法弥补了。①

思考和讨论：你从中体会到了什么？

传说在尧帝、舜帝时期，有了管理和教育学生的"司徒"。史料有这样的记载，舜曾经对契这样说："契，百姓不亲，五品不驯，汝为司徒，而敬敷五教，在宽。"（《史记·五帝本纪》）"敬"是对教师从业态度的要求；"敷"是传播、流布的意思，这是对教师责任和使命的要求；"五教"指五种主要的社会人际关系（父子、君臣、夫妇、兄弟、朋友），这是对教育内容的规定。

什么是"敬"呢？梁启超说："凡做一件事，便忠于一件事，将全副精力集中到这事上头，一点不旁骛，便是敬。"②敬是热爱，敬是尊重，敬是敬畏，敬是高度负责的内在自觉与外在表现……做教育，教师需要有敬畏之心，心中要保

---

① 蔡辰梅，刘刚."教师是一种良心活"：对教师职业认同方式的分析与反思 [J]. 教师教育研究，2010（1）：9.
② 梁启超. 梁启超修身讲演录 [M]. 上海：上海古籍出版社，2018：171.

持一种敬畏感。敬畏感是一种真实地存在于人类生存活动之中，扎根在人类本性、人类内心深层之中的道德情感，它对于人的成长、对于成人世界中恰当的"我-他（它）"关系的建立、对于整个社会中价值秩序的维系都有着十分重要的指向与约束作用……敬畏感具有超越自我、升华自我的功能；具有重建人、自然和宇宙关系的环境与生态教育价值。此外，敬畏感具有人格塑造功能，具有敬畏感的人往往具有谦逊、谨慎、隐默、敬爱、自尊、感恩等人格品质。[①]

（一）尽量避免在教师生涯中留下遗憾和后悔

"请你记住，教育——这首先是关怀备至地、深思熟虑地、小心翼翼地去触及年轻的心灵。"[②]为什么需要持有一颗敬畏之心做教育？我们可以找到以下理由：（1）教师的劳动对象是活生生的生命，人的生命只有一次，生命的流逝是单向而不可逆的，教育出了问题，对学生的影响是一辈子的，以敬畏之心做教育，可以少一些遗憾和后悔，少一些良心不安；（2）教育不仅关涉人的幸福，而且影响社会稳定和繁荣，教育是一个人、一个家庭的大事，同时也是国家和民族的大事，对于教育，我们不能不勤勉、不能不努力；（3）教育本身有规律，是科学，不能仅仅凭经验、凭感觉，它需要我们研究、把握、尊重和遵循规律；（4）教育是艺术，人是教育情境中最活跃的因素，因为有了人，教育情境复杂而多变，在复杂多变的教育情境面前，我们不能墨守成规，需要因人、因事不断地改进和创造。

（二）以敬畏之心追求更合理的教育

教师需要敬畏之心，敬畏之心使教师立身安全，不断努力。有研究者指出：常怀敬畏之心的教师，一定会时常警惕自己的教育教学方法是否适合学生，是否有针对性，是否受学生欢迎；常怀敬畏之心的教师，一定会担心自己的知识贮备能否满足学生对知识日益渴望的需求，一定会担心自己的知识是否老化，自己是否紧跟时代发展的步伐；常怀敬畏之心的教师，一定会有忧患意识，担心自己能否教好学生，服务好学生，一定会有一种力量推动自己去不断学习、不断充实，不断提高自己的执教能力，这样的教师，必定与书籍为伴，与陶行知、叶圣陶等先贤为伴，与真理为伴；常怀敬畏之心的教师，一定会增强依法从教的意识，对教育法规心存敬畏，对学生的身体健康心存敬畏，对学生的人格尊严心存敬畏，对学生的个体差异心存敬畏，因而一定会关心学生的身心健康，尊重学生的人格

[①] 吴安春. 回归道德智慧：转型期的道德教育与教师 [M]. 北京：教育科学出版社，2004：37. 据该书注，这段话来自南京师范大学王靖硕士论文《论敬畏感及其教育价值》。

[②] 苏霍姆林斯基. 给教师的建议 [M]. 杜殿坤，编译. 2版. 北京：教育科学出版社，1984：98.

尊严和个体差异，谨慎施教，依法从教。①

学习视频《对教育要有敬畏之心》

教育具有丰富性和复杂性，苏霍姆林斯基说："教育，就其广义的理解来说，这是一个受教育者和教育者都在精神上不断地丰富和更新的多方面的过程。同时，这个过程的特点是，各种现象具有深刻的个体性：某一条教育真理，在第一种情况下是正确的，在第二种情况下是无用的，而在第三种情况下就是荒谬的了。"②师范专业课程的学习不能教给我们面对教育实践的所有策略和方法，过去的方法对眼前的学生、眼前的教育情境未必管用，敬业意味着我们要对新的学生、新的教育情境怀有敬畏之心，用研究的态度和方式对待教育，既不墨守成规，也不任意妄为。

（三）给学生做敬业的表率

有这样一个故事：

某高校某班大学四年级学生毕业前，接到教务处通知，要补两节课，因为该班老师曾经生病缺了一次课。班上的同学谁也没有当成一回事，因为他们已经通过考试了。补课那天，教室里只到了3位女生，她们也不是专门来听课的，而是找个地方聊聊天。她们建议那位补课老师不必上课了。老师说那是他的责任。3个女生听着听着就被老师的执着感动了。课结束时，她们把由衷的掌声送给了老师。5年后，这个班举行第一次同学会，事业最成功的正是那3位听课的女生，而当初她们在班里并不拔尖。当同学们问起她们成功的经验时，她们不约而同地回答："是那一课，那一课的题目叫'敬业'。"

事实上，无论从事什么职业，"敬业"都是特别重要的一点。但"敬业"本身仅仅通过讲授是难以习得的，它需要通过教师自己的敬业态度、敬业精神潜移默化地影响和感染学生。如果教师自己没有执着和坚持的精神，学生就很难学到或学好"敬业"这一课。

二、热爱所处岗位

📖 [学习活动]

阅读以下材料：

2014年的"全国教书育人楷模"潘懋元先生15岁从教，历任乡村小学教师、中学教师、大学教师，担任过小学校长、中学教务主任、大学教务

---

① 李妙兰. 常怀敬畏之心，提升师德修养 [J]. 大学教育，2014（13）：25-26.
② 苏霍姆林斯基. 给教师的建议 [M]. 杜殿坤，编译. 2版. 北京：教育科学出版社，1984：452.

处处长、大学副校长等职，倾其一生为中国教育的研究和实践做出了巨大的贡献。他曾深情地说："我一生最为欣慰的是，我的名字排在教师的行列里。""如果再让我选择一次，我还会选择教师这个职业。"

　　对于教师，潘懋元教授有这样的认识和理解："教师是一种职业，也是一种事业。作为一种职业，也就是一种劳动分工，它是每个人都需要参与的劳动分工，每个人都需要做好分工所赋予个人的工作，所以每个人都需要尽职尽责，尊重自己的劳动工作，也就是我们所说的敬业。教师是一种事业，作为事业来说，教师是一种公益性事业，是一种培养后代人的事业。教师这个事业，每天接触到的要么是天真活泼的小孩子，要么是朝气蓬勃的青年人。教师在这个事业的发展过程中，应该是感觉到最幸福、最快乐的。所以教师这个事业也是个很值得快乐的事业，也正是我们所说的乐业。因此，我希望我们的教师既要敬业也要乐业。尊重你的职业，做好你的事业，置身于幸福快乐的生活当中。这就是我对那些已经成为教师的或者即将成为教师（者）的期望。"①

　　思考和讨论：从潘懋元教授的人生经历与感悟中，你获得了什么样的从业启示？

（一）客观看待岗位和工作

　　我们每一个人都希望在理想的岗位从事理想的工作，但因为种种原因，现实不能让我们总是如意的。那我们如何看待不如意的工作岗位和工作任务呢？首先，要知道没有十全十美的工作环境，也没有让自己完全满意的工作任务，要把眼前的岗位和工作看成正好适合自己当前的工作经历和工作水平。其次，要用积极的心态认识当前的压力和困难。"天将降大任于是人也，必先苦其心志，劳其筋骨，饿其体肤，空乏其身，行拂乱其所为，所以动心忍性，曾益其所不能"（《孟子·告子下》），这是磨炼心智的修炼，是锻炼能力、提升自己的过程。

（二）善于发现岗位工作的快乐

　　对于工作认识到位以后，我们还要善于从工作岗位发现快乐。热爱工作岗位的一种方式是从工作中找幸福，而不是找不痛快。对于不能改变的工作环境和工作岗位，我们要向蜜蜂学习，找到"花香"，找到"花蜜"，通过自己的努力酿成"蜂蜜"，赢得自己的光荣和别人的尊重；不要成为"苍蝇"，总是找自己生活中的不如意，这可能招致他人的厌恶。视角的转换可能带来新的发现，而发现工作

---

① 王定华，韩筠. 师之楷模　国之栋梁：高等教育卷 [M]. 北京：高等教育出版社，2017：117-123. 选用时有改动。

的意义以后，就可能在当下的工作中找到快乐。

（三）尽职尽责地把岗位工作做好

如果始终没有找到岗位和工作的快乐，你可以另找其他的工作，把这个岗位让出来：一方面你需要对自己的人生负责，要让自己过得有意义；另一方面你自己不快乐，工作没有热情和积极性，耽误了学生，这对学生不公平，是对学生不负责任。然而，只要在教师岗位上工作一天，你就应该恪尽职守，就要对得起面前的学生，要兢兢业业做好这一天的工作，就要对自己高标准、严要求。只有以高度的热情和责任心对待自己的本职工作，你才能在当下和以后的岗位上取得成功，才能赢得信任和口碑，才能让用人单位愿意聘用你、信任你，你也才有机会承担社会赋予你的重任。

三、做好岗位工作

［学习活动］

阅读以下材料：

我的父亲是一位小学语文教师，他教我们写作文。写作文用专门的作文本，是横线格那种。现在我仍然记得父亲对作文的批改：在写得好的段落和句子、用得恰当的成语下面用红笔画圈；在有问题的文字、标点上面的横线格里画上∩。本子发下来，对于红圈，同学们相互之间要数一数，多的同学自然洋洋得意；对于画了∩的，父亲说过同学们都知道，这是有问题要改正的，比如该用句号却用了逗号。怎么修改呢？可以自己思考，可以同学之间讨论，也可以问老师，在讨论过、问过以后，再在∩里填上自己认为正确的。下一次作文本交上去，父亲要先看上一次的问题改了没有，改对了没有。如果改正确了，父亲会在∩下面画一条横线封口；如果没有改正确，父亲会用红笔在∩里写出正确的答案。到第二次本子发下来时，同学们又会看看自己原来改正确没有，正确的应该是什么。这样就有了几个来回。当时觉得挺费事：直接改了不就省事得多吗？

现在当了老师，回头想一想，才意识这是研究并用心的教育：直接改过来看起来简便，但同学们不会有深刻的印象；走上这样几个来回，麻烦一点，但同学们是自己思考过的，这会留下比较深刻的记忆，以后就不会犯类似的错误了。①

---

① 陈大伟. 由语文学习获得的教育启示［J］. 七彩语文（中学语文论坛），2015（3）：36-38. 选用时有改动。

在上述案例中，教师批改学生作文，不是简单地判断对错，而是不厌其烦、反复交流。这里不仅有对学生的耐心和细心，而且还有对教育的用心。在这样的师生互动中，教育不是告知，而是启发，是教师让学生自己去思考、去改正。这体现了对教育规律、学习规律的遵循和运用，体现了高度负责的态度，这样的教育可能给学生一生良好的影响。

学习视频《教师怎样爱岗敬业》

（一）对学生高度负责

列宁说："没有'人的感情'，就从来没有，也不可能有人对真理的追求。"[1]在上述案例中，没有对学生的真正关心，教师就不可能对作文批改这样细心和用心。同样，如果没有对学生高度负责的事业心，没有对教育的热情，教师就很难对备课上课、辅导学生等事情用心、上心，爱岗敬业就会成为外在的要求，而不会成为一种内在的自觉。

（二）以研究方式对待

就教师工作而言，工作认真意味着认真研究。教育无小事，事事需研究。比如，备课本身意味着研究教材、研究学生、研究教学方法和手段，不研究、不做准备是不能上好课的，不研究就无法保证教育教学质量和效率。学生是千差万别的，课堂教学也好，课下辅导学生也好，教师要因材施教、对症下药，就不能不对每一个学生进行观察和研究。因材施教的"因"是根据，根据从观察和研究中来。同样，批改作业也不能不研究作业，只有把学生的练习和作业研究透了，教师才可能布置有针对性的作业，才能切实减轻学生过重的课业负担，为学生健康快乐成长创造条件。

（三）提供专业服务

认真意味着以更专业的方式提供更专业的服务。教师是从事教育教学工作的专业人员，专业人员的职责是尽力为服务对象提供高质量的专业服务。这种服务以专业热情为基础，以专业研究为前提，以专业实践为保障。在上述案例中，教师对不同学生的作文批改采用不同的方式，这样的方式出于关爱学生的动机，建立在对学生表现的仔细观察以及对学生心理洞悉的基础上，一改大多数教师直接修改学生作文的做法，有针对性地善待自己的每一个学生，体现了追求高质量专业服务的负责态度。享受着这样的专业教育，学生能收获教师的鼓励和关爱，增强自己的信心，对未来更加充满希望。

---

[1] 苏霍姆林斯基. 给教师的建议 [M]. 杜殿坤，编译. 2版. 北京：教育科学出版社，1984：153.

拓展阅读《教学相长的幸福》

[思考和实践]

1. 观看电影《自由作家》，说一说你对教师工作的认识和理解。

2. 举例并评析中小学教师的爱岗敬业现状。

拓展研读

[1] 杨进，柳海民. 论美好生活与学校教育 [J]. 教育研究，2012（11）.

[2] 唐荣德. 学习生活质量：学生发展的本质与路径 [J]. 教育研究，2012（11）.

[3] 宋崔，张文霄. 教师专业认同：从专业角色走向身份认同 [J]. 全球教育展望，2012（3）.

[4] 叶澜. 让课堂焕发出生命活力：论中小学教学改革的深化 [J]. 教育研究，1997（9）.

[5] 程路. 掠夺，以教育的名义：2012小学教育警示录 [J]. 人民教育，2012（24）.

[6] 成尚荣. 为每个学生提供适合的教育 [J]. 人民教育，2010（20）.

[7] 岳伟. 教育：要关照儿童的现实生活 [J]. 人民教育，2008（8）.

[8] 杜威. 民主主义与教育 [M]. 王承绪，译. 2版. 北京：人民教育出版社，2001.

[9] 朱永新. 我的教育理想 [M]. 南京：南京师范大学出版社，2000.

[10] 陈大伟. 幸福教育与理想课堂八讲 [M]. 上海：华东师范大学出版社，2013.

[11] 田士旭，宋崔. 高素质专业化创新型教师队伍是强国之本 [J]. 中国教师，2018（12）.

[12] 陈大伟. 教育影视成为教师学习资源的价值和可能 [J]. 新课程评论，2020（3）.

[13] 于善萌，高维. 教师教学信念的隐喻表征 [J]. 江苏教育，2019（33）.

第四单元　　依法执教

单元学习目标

　　树立依法执教的观念，理解教育法律关系的含义及要素，了解相关教育法律条文。了解法律责任归责原则和教育法律责任，树立敬法、守法观念，学会分析案例中的教育法律责任。了解教育申诉制度、教育行政复议、教育行政诉讼等教育法律常识，学习运用教育法律救济手段维护自身合法权益。理解教师的权利和义务，学会分析案例中的教学行为。明确教育惩戒和体罚的区别、界限，合理运用教育惩戒，避免体罚；了解因材施教和尊重学生隐私之间的协调方法。

专题一   知法懂法

> **[学习活动]**
>
> 阅读以下案例：
>
> 小张和小凡（均为化名）系某中学初二学生。一日，学校举行学生运动会，两个人同场进行篮球比赛。在比赛过程中，小张用力推搡小凡，小凡的头重重地撞在篮球架上，小凡当即倒地并呕吐，经医院诊断为脑震荡。小凡的父母随后向法院起诉，要求小张和学校承担连带责任，赔偿其各项损失。
>
> 思考和讨论：（1）学校是否应该承担民事赔偿责任？依据是什么？（2）小张是否应该承担赔偿责任？依据又是什么？

一、依法治教与依法执教

（一）依法治教

学习视频《依法执教的含义》

依法治教既指国家机关以及有关机构依照有关教育的法律规定，在其职权范围内从事有关教育的治理活动，又指各级各类学校及其他教育机构、社会组织和公民依照有关教育的法律规定，从事办学活动、教育教学活动及其他有关教育的活动。依法治教是保障教育地位、促进教育健康发展的一个重要趋势。

（二）依法执教

依法执教主要是指教师要依据法律、法规履行教育教学职责，依法行使教书育人的权利。其含义主要包括两个方面：一是教师的教育教学行为要在法律法规所允许的范围内进行；二是教师要善于利用法律手段来维护自身的合法权益。

依法执教是依法治教的重要组成部分，它是当今社会对教师的普遍要求。依法执教的前提是知法、懂法，核心是在教育教学实践中敬法、守法，保障是利用法律手段维护教育法律、法规的权威，维护自身的合法权益。

二、教育法律关系

法律是体现国家意志，由国家制定或认可的，由国家强制力保证实施的，以

规定当事人权利和义务为内容的具有普遍约束力的社会规范。教育法律是有关教育方面的法令、条例、规章等规范性文件的总称，是对国家、社会组织、学校、教师和其他人群的教育行为具有法律约束力的行为规则的总和，其作用主要是调整教育法律关系和规范教育主体行为。

（一）教育法律关系的含义

教育法律关系是教育法对由教育活动产生的各种社会关系予以调整后形成的教育法律主体之间的权利与义务关系，其含义包括：

（1）教育法律关系是以教育法律规范为前提而产生的社会关系。教育法律规范没有规定的、未加规范的关系，就不是教育法律关系。

（2）教育法律规范作为实施教育教学、发展教育事业的行为准则，为相关法律关系主体的权利与义务设定了一种可能性。

（3）教育法律关系是体现意志性的特殊社会关系。一方面，教育法律关系体现了国家在教育上的目的与意志；另一方面，有的教育法律关系要在法律关系参加方的意志达成一致（如学校与教师聘任合同的达成、政府与学校合作培养项目的实施等）时才能产生。每一种具体的教育法律关系的产生、变更和消失都带有某种意志性。

（4）教育法律关系是由国家强制力保证的社会关系。教育法律关系以法定的权利与义务为内容。侵犯权利主体的权益，或不履行法定义务所受到的制裁都是国家强制力的表现。即使人们之间自行协商解决各种纠纷，也是以国家的强制力为后盾的。

教育法调整的基本法律关系主要有学校与政府、学校与社会、学校与教师、学校与学生、学校与学生家庭、教师与学生的关系。

（二）教育法律关系的要素

任何一种教育法律关系都由主体、客体和内容三个要素组成。

1. 教育法律关系的主体

教育法律关系的主体是指教育法律关系的参加者或当事人，是在教育法律关系中享有权利、承担义务的人。享有权利的一方称为权利人，承担义务的一方称为义务人。任何一种教育法律关系，没有享有一定的权利和承担一定义务的主体参加，都是不可能成立的，而且一种教育法律关系至少有两个主体。

教育法律关系的主体具有多样性的特点。参与教育活动、按照教育法律规范的规定享有权利、承担义务的公民和组织都是教育法律关系的主体，大致可分为这样三类：自然人，即个人主体，如教师、学生、学生家长等；法人，如教育行政机关、学校等；国家。

公民和组织机构要能够成为法律关系的主体，享有权利和承担义务，就必须具有权利能力和行为能力，即具有法律关系主体构成的资格。

权利能力是指能够参与一定的法律关系，依法享有一定权利和承担一定义务的法律资格。"自然人的权利能力从出生时开始，到死亡时终止。法人和其他组织的权利能力从成立时开始，到撤销、解散或破产时终止。"①

公民的行为能力是由法律予以规定的。2020年5月28日，第十三届全国人大第三次会议表决通过、自2021年1月1日起施行的《中华人民共和国民法典》规定：（1）十八周岁以上的自然人为成年人。不满十八周岁的自然人为未成年人。（2）成年人为完全民事行为能力人，可以独立实施民事法律行为。十六周岁以上的未成年人，以自己的劳动收入为主要生活来源的，视为完全民事行为能力人。（3）八周岁以上的未成年人为限制民事行为能力人，实施民事法律行为由其法定代理人代理或者经其法定代理人同意、追认；但是，可以独立实施纯获利益的民事法律行为或者与其年龄、智力相适应的民事法律行为。（4）不满八周岁的未成年人为无民事行为能力人，由其法定代理人代理实施民事法律行为。（5）不能辨认自己行为的成年人为无民事行为能力人，由其法定代理人代理实施民事法律行为。八周岁以上的未成年人不能辨认自己行为的，适用前款规定。

责任能力是指行为人对自己的违法行为后果承担法律责任的能力，它是行为能力的一种特殊形式。在《中华人民共和国刑法》中，已满十六周岁的人犯罪，应当负刑事责任。在民法中，"自然人不分年龄和精神状态，都具有责任能力，负有赔偿等义务，但是在未成年人或精神病人造成他人人身或财产损害的案件中，往往是由具有监护职责的监护人承担实际的赔偿义务"②。

2. 教育法律关系的客体

法律关系的客体又称权利客体，是法律关系主体的权利与义务所指向的对象。但并不是一切独立于主体存在的客观对象皆能成为客体，只有那些能够满足主体利益并得到国家法律确认和保护的客观对象才能成为法律关系的客体。教育法律关系的客体一般包括物质财富、非物质财富、行为三个大的方面。

（1）物质财富。简称物，它既可以表现为自然物，也可以表现为人的劳动创造物；既可以是国家和集体的财产，也可以是公民个人的财产。物一般可分为不动产与动产两类：不动产，包括土地、房屋和其他建筑设施，如学校的场地和办公、教学、实验用房及其必要的附属建筑物；动产，包括资金和教学仪器设备等。

（2）非物质财富。非物质财富包括创作活动的产品和其他与人身相联系的非财产性的财富。前者也被称作智力成果，在教育领域中主要指包括各种教

① 张光杰. 法理学导论 [M]. 上海：复旦大学出版社，2006：165.
② 张光杰. 法理学导论 [M]. 上海：复旦大学出版社，2006：165.

材、著作在内的成果；后者包括公民（如教师、学生和其他个人主体）或组织（如教育行政机关、学校和其他组织）的姓名或名称，以及公民的肖像、名誉、身体健康、生命等。

（3）行为。行为是指教育法律关系主体实现权利与义务的作为与不作为。一定的行为可以满足权利人的利益和需要，也可以成为教育法律关系的客体。在教育领域中，教育行政机关的行政行为、学校的管理行为和教育教学行为都是教育法律关系赖以存在的最基本的行为。

3. 教育法律关系的内容

教育法律关系的内容是指教育法律关系的主体在依法成立的教育法律关系中享有的权利和承担的义务。它由教育法律规范所确认并由国家强制力保证实施，是教育法律关系的重要构成要素之一。权利和义务是教育法律关系的核心，没有权利和义务为内容，就没有所谓的教育法律关系。

（1）教育法律权利。教育法律权利指的是教育法律关系的主体依据教育法律规范享有的某种权利或利益，表现在以下两个方面：一是教育法律关系的主体可以作出一定的行为，并不应当受到其他任何人的阻碍或强迫；二是可以要求他人作出或不作出一定行为，而被要求者应当如此。

教育法律关系的主体均在其中享有权利。教育法律关系的参加者主要包括学生、家长、教师、学校、国家这几类主体，相应地，教育法律权利包括受教育者的受教育权利、家长的教育权利、教师的教育权利、学校的教育权利、国家的教育权利，在这几种教育权利中，学生的受教育权利是最基本的教育权利。

（2）教育法律义务。教育法律义务是与教育法律权利相对应的一个概念，指的是教育法律关系的主体依据教育法律规范的规定必须承担和履行的某种责任，表现为教育法律关系的主体必须作出或不作出一定的行为。相应地，教育法律义务包括受教育者的教育义务、家长的教育义务、教师的教育义务、学校的教育义务、国家的教育义务。

（3）权利和义务的关系。权利和义务是一种成对的相互依存的关系：每种权利都必然伴随某种相应的义务；享有权利的同时，还有守法的义务。权利人所享有的权利的实现依赖义务人对义务的承担；如果义务人不承担义务，权利人就不可能享受到权利。主体双方之间不可能一方只享有权利而不承担任何义务，另一方只承担义务而不享有任何权利。法律关系中的权利和义务从其主体的数量上来看不一定是对等的，即可能不是一对一的，有时一个主体享有权利，多个主体负有义务。

[参考阅读]

《中华人民共和国教育法》^①的部分法律条文

第五条　教育必须为社会主义现代化建设服务、为人民服务，必须与生产劳动和社会实践相结合，培养德智体美劳等方面全面发展的社会主义建设者和接班人。

第九条　中华人民共和国公民有受教育的权利和义务。公民不分民族、种族、性别、职业、财产状况、宗教信仰等，依法享有平等的受教育机会。

第十九条　国家实行九年制义务教育制度。各级人民政府采取各种措施保障适龄儿童、少年就学。适龄儿童、少年的父母或者其他监护人以及有关社会组织和个人有义务使适龄儿童、少年接受并完成规定年限的义务教育。

第二十七条　设立学校及其他教育机构，必须具备下列基本条件：

（一）有组织机构和章程；

（二）有合格的教师；

（三）有符合规定标准的教学场所及设施、设备等；

（四）有必备的办学资金和稳定的经费来源。

第二十九条　学校及其他教育机构行使下列权利：

（一）按照章程自主管理；

（二）组织实施教育教学活动；

（三）招收学生或者其他受教育者；

（四）对受教育者进行学籍管理，实施奖励或者处分；

（五）对受教育者颁发相应的学业证书；

（六）聘任教师及其他职工，实施奖励或者处分；

（七）管理、使用本单位的设施和经费；

（八）拒绝任何组织和个人对教育教学活动的非法干涉；

（九）法律、法规规定的其他权利。

国家保护学校及其他教育机构的合法权益不受侵犯。

第三十条　学校及其他教育机构应当履行下列义务：

（一）遵守法律、法规；

（二）贯彻国家的教育方针，执行国家教育教学标准，保证教育教学质量；

（三）维护受教育者、教师及其他职工的合法权益；

（四）以适当方式为受教育者及其监护人了解受教育者的学业成绩及其他有关情况提供便利；

---

① 本书以下章节正文内简称为《教育法》，其他相关法律也会简称为《宪法》《民法典》《义务教育法》《教师法》《未成年人保护法》《行政处罚法》《行政复议法》《预防未成年人犯罪法》等。

（五）遵照国家有关规定收取费用并公开收费项目；

（六）依法接受监督。

第三十三条　教师享有法律规定的权利，履行法律规定的义务，忠诚于人民的教育事业。

第三十四条　国家保护教师的合法权益，改善教师的工作条件和生活条件，提高教师的社会地位。教师的工资报酬、福利待遇，依照法律、法规的规定办理。

第三十五条　国家实行教师资格、职务、聘任制度，通过考核、奖励、培养和培训，提高教师素质，加强教师队伍建设。

第四十三条　受教育者享有下列权利：

（一）参加教育教学计划安排的各种活动，使用教育教学设施、设备、图书资料；

（二）按照国家有关规定获得奖学金、贷学金、助学金；

（三）在学业成绩和品行上获得公正评价，完成规定的学业后获得相应的学业证书、学位证书；

（四）对学校给予的处分不服向有关部门提出申诉，对学校、教师侵犯其人身权、财产权等合法权益，提出申诉或者依法提起诉讼；

（五）法律、法规规定的其他权利。

第四十四条　受教育者应当履行下列义务：

（一）遵守法律、法规；

（二）遵守学生行为规范，尊敬师长，养成良好的思想品德和行为习惯；

（三）努力学习，完成规定的学习任务；

（四）遵守所在学校或者其他教育机构的管理制度。

《中华人民共和国义务教育法》的部分法律条文

第三条　义务教育必须贯彻国家的教育方针，实施素质教育，提高教育质量，使适龄儿童、少年在品德、智力、体质等方面全面发展，为培养有理想、有道德、有文化、有纪律的社会主义建设者和接班人奠定基础。

第四条　凡具有中华人民共和国国籍的适龄儿童、少年，不分性别、民族、种族、家庭财产状况、宗教信仰等，依法享有平等接受义务教育的权利，并履行接受义务教育的义务。

第二十九条　教师在教育教学中应当平等对待学生，关注学生的个体差异，因材施教，促进学生的充分发展。教师应当尊重学生的人格，不得歧视学生，不得对学生实施体罚、变相体罚或者其他侮辱人格尊严的行为，不得侵犯学生合法权益。

[思考和实践]

1. 阅读以下案例,完成后面的作业。

六年级的一位教师正在上课,有一个学生一直都在捣乱,该教师干涉多次都无效,就将孩子叫起来站到角落去不要影响别人。但该生不动,该教师用手将其推到角落,这时不小心将孩子的额头撞到了桌子上。此后,其他几位教师都对学生进行了伤势鉴定,并送往附近医院检查,医生说只是皮外伤,并无大碍,擦点儿药就可以了。但其家长始终不放过该教师。该教师不管怎样诚恳地向家长、学生道歉,都无法安抚家长,家长一口咬定是该教师殴打学生,要求学校和该教师赔偿。

(1)试评价该教师的行为。

(2)就此案例,说一说你对依法执教的理解。

2. 阅读以下案例,完成后面的作业。

小芳的家在农村,在村里的小学上五年级。一天,爸爸突然对她说:“明天你不要去上学了,到小卖部给你妈帮忙吧,你妈一个人忙不过来。”小芳听了后,伤心地哭了。她想念书,她舍不得学校的老师和同学。但是,她又不能不听爸爸的话,只好不去学校读书了。小芳的班主任了解到小芳的情况后,找到了小芳的爸爸,劝他让小芳继续上学。小芳爸爸说:“女孩子比不得男孩子,读书多了也没什么用,还不如让她在家里干活呢。再说了,小芳是我的女儿,让不让她上学得由我说了算。”

(1)小芳爸爸的做法违反了哪些法律法规?

(2)如果你是小芳的班主任,你会怎么办?

专题二　敬法守法

> **［学习活动］**
>
> 阅读以下案例：
>
> 2019年4月，山东省日照市某县某中学两名初三学生上课迟到，被班主任杨某责令到教室门口反省，后两个人离开到操场，被杨某发现后叫回。在教学楼楼道内，杨某让学生蹲在地上，用课本抽打、脚踢两个人，实施体罚、批评教育10多分钟。之后，学生李某家长到校发现孩子脸部、颈部、腿部等多处红肿，随即报警。
>
> 该县教育和体育局经过调查，依据相关法律法规，决定扣发杨某2019年5月至2020年4月奖励性绩效工资，决定杨某5年内不得参加评先树优；责成杨某所在学校2019新学年不再与其签订聘用合同。[①]
>
> 思考和讨论：（1）你对杨某的教育行为怎么评价？（2）由此你受到了依法执教方面的哪些启示？

一、违法的含义和构成

人们对法律的遵守主要出于两种可能：一是出于对法律的敬重，认同法律是公正公平的，能够保障人类生活和社会运行，应该遵守；二是出于对违法行为可能遭受的制裁的恐惧。孔子说："君子怀刑，小人怀惠。"（《论语·里仁》）"怀刑"是指心中装有法律，对刑罚具有敬畏意识，因为害怕刑罚的惩处而收敛并约束自己；而"小人"眼中只有好处，只看到利益，心中没有法律。法国哲学家保罗·里克尔（Paul Ricoeur）指出："经由害怕而不是经由爱，人类才进入伦理世界。"[②] 只有树立对法律的敬畏意识，守法才有可靠的保证。

（一）违法的含义

违法行为是指违反现行法律规定的、具有社会危害性的行为，包括做了法律禁止做的事或者没有做法律要求做的事。广义的违法行为指所有违反法律的行为，包括犯罪行为和狭义的违法行为。狭义的违法行为也可称为一般侵权行为，包括民事侵权行为和行政侵权行为，指除犯罪外所有非法侵犯他人人身权、财产

[①] 参见教育部网站《山东五莲一教师体罚学生被处理》。
[②] 郭淑新，王建华. 敬畏伦理与社会和谐 [N]. 光明日报，2007-09-18（11）.

权、政治权利、精神权利或知识产权的行为。

（二）违法的构成

违法包括主体、客体、主观方面、客观方面四要件。

（1）违法主体。违法主体是违法构成的要件之一，包括具有法定责任能力的自然人、法人和社会组织。

（2）违法行为是对法律所保护的社会关系、社会秩序有危险性或有害的行为。如果一个人的行为并不侵犯法律所保护的社会关系，没有侵犯社会、国家、集体或个人的合法利益，就不构成违法。

（3）主观上行为人有过错。过错包括故意和过失两种心理状态。故意是指在明知自己的行为会发生损害结果的情况下，实施加害行为或者放任损害结果的发生；过失是指行为人应当预见自己的行为可能发生损害结果，因疏忽大意没有预见或已经预见而轻信能够避免，以致发生损害结果的心理状态。主观方面是行为构成违法的必备条件之一，如果行为人在主观方面没有过错，即使行为造成了损害结果，也不构成违法。

（4）客观上，违法行为是人们违背法律的行为，包括积极的作为或消极的不作为。违法的作为是指作出了法律所禁止的行为，违法的不作为是指没有作出法律所要求的行为。不论是作为的违法还是不作为的违法，都具有客观性，行为的违法性与行为的社会危害性具有密切联系。

二、法律责任归责原则

行为人的法律责任是行为人由于违法行为、违约行为或者由于法律规定而应承担的某种不利的法律后果。归责是指由特定国家机关或者国家授权的机关依法对行为人的法律责任进行判断和确认。归责原则是归责的基本规则，是确定行为人侵权民事责任的依据和标准，它运用法律判断价值功能，使行为人承担适当的法律后果。根据《民法典》，侵权行为的归责原则主要包括过错责任原则和无过错责任原则。

（一）过错责任原则

过错责任是指以过错作为确定责任的构成要件和确定责任范围的依据。这里有两层含义：首先，过错责任原则要求以过错作为确定责任的构成要件，即在确定当事人的责任时，不仅要考察损害结果，而且要考察当事人在主观上的过错。若当事人没有过错（如侵权行为是由不可抗力造成的或由受害人故意造成的），则当事人不负责任。其次，过错责任原则要求以过错作为确定责任范围的依据。例如，在已经确定当事人应承担损害赔偿责任的情况下，还应当根据当事人的主观过错程度来确定其所应承担的责任范围。

简单地说，构成过错责任的必要条件只能是过错，而不是损害结果，有过错则有责任，没有过错就没有责任；过错的大小与责任的范围相一致。

（二）无过错责任原则

无过错责任原则也称为客观责任原则、严格责任原则、结果责任原则，是指行为人造成他人的民事权益损害，不论行为人在主观上是否有过错，依据法律规定均应当承担侵权责任。

无过错责任原则必须在法律规定的范围内适用，不能随意扩大或者缩小其适用范围。《民法典》规定了典型的适用无过错责任原则的范围：产品缺陷致人损害、高度危险作业致人损害、环境污染和生态破坏致人损害、建筑物和物件致人损害、饲养的动物致人损害等损害赔偿。

就学校、教师的相关责任，《民法典》有以下规定：

第一千一百九十九条　无民事行为能力人在幼儿园、学校或者其他教育机构学习、生活期间受到人身损害的，幼儿园、学校或者其他教育机构应当承担侵权责任；但是，能够证明尽到教育、管理职责的，不承担侵权责任。

第一千二百条　限制民事行为能力人在学校或者其他教育机构学习、生活期间受到人身损害，学校或者其他教育机构未尽到教育、管理职责的，应当承担侵权责任。

第一千二百零一条　无民事行为能力人或者限制民事行为能力人在幼儿园、学校或者其他教育机构学习、生活期间，受到幼儿园、学校或者其他教育机构以外的第三人人身损害的，由第三人承担侵权责任；幼儿园、学校或者其他教育机构未尽到管理职责的，承担相应的补充责任。幼儿园、学校或其他教育机构承担补充责任后，可以向第三人追偿。

2002年，教育部发布了《学生伤害事故处理办法》，确定了在某些情形下的学生伤害事故，学校已履行了相应职责，行为并无不当的，无法律责任或不承担事故责任。这确立了过错责任作为学生伤害事故的核心归责原则，是学校和教师处理纠纷的重要指导和依据。

三、教育法律责任

教育法律责任是教育法律关系的主体因实施了违反教育法的行为依法应承担的带有强制性的法律后果。教育法律责任的类型主要包括以下四种。

（一）违反教育法的行政法律责任

行政法律责任是行政法律关系主体违反行政法律规范，构成行政违法，依法应当承担的否定性的法律后果。我国现行的教育法具有行政法的属性，违反教育法的行为就带有行政违法性的性质。根据有关教育法律的规定，违反教育法的行政法律责任的承担方式主要有行政处分和行政处罚两类。

（二）违反教育法的民事法律责任

民事法律责任是指行为人由于民事违法行为所应承担的法律后果。教育民事法律责任是教育法律关系主体违反教育法律法规，破坏了平等主体之间正常的财产关系或人身关系，依照法律规定应承担的民事法律责任，是一种以财产为主要内容的责任。

（三）违反教育法的刑事法律责任

刑事法律责任是指行为人由于刑事违法所应承担的法律后果。教育刑事法律责任是指行为人实施了违反《教育法》和《刑法》的行为，达到犯罪程度时，所应承担的法律后果。追究教育刑事法律责任是国家对违反教育法的行为人最为严厉的法律制裁。

（四）违反宪法规定的违宪责任

我国《宪法》第五条规定：一切违反宪法和法律的行为，必须予以追究。任何组织或者个人都不得有超越宪法和法律的特权。违宪责任是指因违背宪法的原则、精神和具体内容而应承担的法律后果。

[参考阅读]

中小学教师违反职业道德行为处理办法（2018年修订）

（节选）

第一条　为规范教师职业行为，保障教师、学生的合法权益，根据《中华人民共和国教育法》《中华人民共和国未成年人保护法》《中华人民共和国教师法》《教师资格条例》和《新时代中小学教师职业行为十项准则》等法律法规和制度规范，制定本办法。

第二条　本办法所称中小学教师是指普通中小学、中等职业学校（含技工学校）、特殊教育机构、少年宫以及地方教研室、电化教育等机构的教师。

前款所称中小学教师包括民办学校教师。

第三条　本办法所称处理包括处分和其他处理。处分包括警告、记过、降低岗位等级或撤职、开除。警告期限为6个月，记过期限为12个月，降低岗位等级

拓展阅读《中小学教师违反职业道德行为处理办法（2018年修订）》

或撤职期限为24个月。是中共党员的，同时给予党纪处分。

其他处理包括给予批评教育、诚勉谈话、责令检查、通报批评，以及取消在评奖评优、职务晋升、职称评定、岗位聘用、工资晋级、申报人才计划等方面的资格。取消相关资格的处理执行期限不得少于24个月。

教师涉嫌违法犯罪的，及时移送司法机关依法处理。

第四条　应予处理的教师违反职业道德行为如下：

（一）在教育教学活动中及其他场合有损害党中央权威、违背党的路线方针政策的言行。

（二）损害国家利益、社会公共利益，或违背社会公序良俗。

（三）通过课堂、论坛、讲座、信息网络及其他渠道发表、转发错误观点，或编造散布虚假信息、不良信息。

（四）违反教学纪律，敷衍教学，或擅自从事影响教育教学本职工作的兼职兼薪行为。

（五）歧视、侮辱学生，虐待、伤害学生。

（六）在教育教学活动中遇突发事件、面临危险时，不顾学生安危，擅离职守，自行逃离。

（七）与学生发生不正当关系，有任何形式的猥亵、性骚扰行为。

（八）在招生、考试、推优、保送及绩效考核、岗位聘用、职称评聘、评优评奖等工作中徇私舞弊、弄虚作假。

（九）索要、收受学生及家长财物或参加由学生及家长付费的宴请、旅游、娱乐休闲等活动，向学生推销图书报刊、教辅材料、社会保险或利用家长资源谋取私利。

（十）组织、参与有偿补课，或为校外培训机构和他人介绍生源、提供相关信息。

（十一）其他违反职业道德的行为。

第五条　学校及学校主管教育部门发现教师存在违反第四条列举行为的，应当及时组织调查核实，视情节轻重给予相应处理。作出处理决定前，应当听取教师的陈述和申辩，听取学生、其他教师、家长委员会或者家长代表意见，并告知教师有要求举行听证的权利。对于拟给予降低岗位等级以上的处分，教师要求听证的，拟作出处理决定的部门应当组织听证。

第六条　给予教师处理，应当坚持公平公正、教育与惩处相结合的原则；应当与其违反职业道德行为的性质、情节、危害程度相适应；应当事实清楚、证据确凿、定性准确、处理恰当、程序合法、手续完备。

第七条　给予教师处理按照以下权限决定：

（一）警告和记过处分，公办学校教师由所在学校提出建议，学校主管教育部门决定。民办学校教师由所在学校决定，报主管教育部门备案。

拓展阅读《幼儿园教师违反职业道德行为处理办法》

（二）降低岗位等级或撤职处分，由教师所在学校提出建议，学校主管教育部门决定并报同级人事部门备案。

（三）开除处分，公办学校教师由所在学校提出建议，学校主管教育部门决定并报同级人事部门备案。民办学校教师或者未纳入人事编制管理的教师由所在学校决定并解除其聘任合同，报主管教育部门备案。

（四）给予批评教育、诫勉谈话、责令检查、通报批评，以及取消在评奖评优、职务晋升、职称评定、岗位聘用、工资晋级、申报人才计划等方面资格的其他处理，按照管理权限，由教师所在学校或主管部门视其情节轻重作出决定。

第八条　处理决定应当书面通知教师本人并载明认定的事实、理由、依据、期限及申诉途径等内容。

第九条　教师不服处理决定的，可以向学校主管教育部门申请复核。对复核结果不服的，可以向学校主管教育部门的上一级行政部门提出申诉。

对教师的处理，在期满后根据悔改表现予以延期或解除，处理决定和处理解除决定都应完整存入人事档案及教师管理信息系统。

第十条　教师受到处分的，符合《教师资格条例》第十九条规定的，由县级以上教育行政部门依法撤销其教师资格。

教师受处分期间暂缓教师资格定期注册。依据《中华人民共和国教师法》第十四条规定丧失教师资格的，不能重新取得教师资格。

教师受记过以上处分期间不能参加专业技术职务任职资格评审。

第十一条　教师被依法判处刑罚的，依据《事业单位工作人员处分暂行规定》给予降低岗位等级或者撤职以上处分。其中，被依法判处有期徒刑以上刑罚的，给予开除处分。教师受到剥夺政治权利或者故意犯罪受到有期徒刑以上刑事处罚的，丧失教师资格。

[思考和实践]

阅读以下案例，运用所学法律知识，说一说：学校存在哪些方面的过错？就此案例，你获得了哪些方面的启示？

某小学为方便统一管理学生上、下学，与家长协商后每天用校车在约定的站点接送学生，并收取一定费用。某年元旦前夕，学校决定12月31日下午2∶30放学（比平时提前一小时）。12月28日，学校将临时调整放学时间的通知提前两天写在教室的黑板上，让学生转告家长。当天下午2∶30，校车把学生送到指定接送点，各位家长一一将自己的孩子领走了。但7岁的陈某忘记将学校提前放学的通知告诉家长，家长不知变化，没有按照调整后的时间到接车点来接孩子。陈某从校车上跑下来后，没有看到家长来接，就急急忙忙跑向马路对面，准备自己回家，在马路中央被一辆急速驶来的大货车撞伤。

专题三　教育法律救济

[学习活动]

阅读以下案例：

某校化学教师赵某参加了县教育学会组织的为期一天的学术研讨会。他事先未向学校请假，也没有和教同班课程的其他教师调课，致使他所任教的两个班各有一节化学课没有上。学校按旷职论处，按照本校的有关规定，扣发其当日的工资和本月全勤奖，并在全校职工大会上提出批评。教师赵某依据《教师法》第七条第二款规定，教师享有"从事科学研究、学术交流，参加专业的学术团体，在学术活动中充分发表意见"的权利，认为自己参加的是县教育学会组织的学术活动，学校对其进行处罚侵犯了其合法权利，对学校作出的处理决定不服，向这所学校的主管部门提出了申诉，要求返回扣发的工资和奖金，在全校职工大会上取消对其所作的批评。

教育行政部门对此进行了调查，教师所述情况基本属实，但认为，教师既享有法律赋予的权利，也应当履行法律规定的义务。《教师法》第八条第二款规定，教师应当履行"贯彻国家的教育方针，遵守规章制度，执行学校的教学计划，履行教师聘约，完成教育教学工作任务"的义务。赵老师只强调了权利的方面，而没有遵守学校的规章制度和执行教学计划，没有很好地完成教育教学工作任务。学校作出的决定符合权限和程序，适用法律、法规正确，事实清楚，因此决定：维持学校原处理结果。教师赵某在接到教育行政案件处理决定后，未向有关部门提起行政复议和诉讼。

思考和讨论：教育法律救济的意义是什么？有哪些途径和方式？

法律救济是指公民、法人或者其他组织认为自己的人身权、财产权因行政机关的行政行为或者其他单位和个人的行为而受到侵害，依照法律规定向有权受理的国家机关告诉并要求解决，予以补救，有关国家机关受理并作出具有法律效力决定的活动。

法律救济具有如下特征：以纠纷存在为救济基础，以提出损害主张为前提，以补救受害者的合法权益为根本目的。教育法律救济是教育法律关系主体的合法权益受到侵害并造成损害时，通过裁决纠纷，纠正、制止或矫正侵权行为，使受害者的权利得以恢复、利益得到补救的法律制度。

学习视频《教育法律救济和方式》

一、教育申诉制度

教育申诉制度指作为教育法律关系主体的公民，在其合法权益受到损害时，向国家机关申诉理由、请求处理的制度。

作为教育法律关系主体的公民，如教师、学生、学生家长等，都可以成为教育申诉的主体。申诉的受理主体既包括人民法院，也包括党的纪检委、监察委、相应的权力机关以及上一级行政机关等。申诉的目的在于使当事人受到损害的合法权益得到补救。教育申诉可分为诉讼意义上的教育申诉和非诉讼意义上的教育申诉。诉讼意义上的教育申诉，是指教育法律关系当事人对已经发生法律效力的判决、裁定不服，向人民法院或人民检察院提请重新处理的申诉。非诉讼意义上的教育申诉包括教师申诉、学生及其监护人的教育申诉。这里主要从教师角度来讲。

（一）教师申诉制度的法律依据

教师申诉制度的法律依据——《教师法》第三十九条规定："教师对学校或者其他教育机构侵犯其合法权益的，或者对学校或者其他教育机构作出的处理不服的，可以向教育行政部门提出申诉，教育行政部门应当在接到申诉的三十日内，作出处理。教师认为当地人民政府有关行政部门侵犯其根据本法规定享有的权利的，可以向同级人民政府或者上一级人民政府有关部门提出申诉，同级人民政府或者上一级人民政府有关部门应当作出处理。"这是《宪法》关于公民申诉权利规定在教师身上的具体体现。

（二）教师申诉的范围

《教师法》对教师可以对学校或其他教育机构提出行政申诉的范围规定主要有：

（1）教师认为学校或其他教育机构侵犯其合法权益的，可以提出申诉。这里的合法权益，包括《教师法》规定的教师在职务聘任、教学科研、工作条件、民主管理、培训进修、考核奖惩、工资福利待遇、退休等各方面的合法权益。只要教师认为学校或其他教育机构侵害了其合法权益，就可以提出申诉；但是否确实侵犯了教师的合法权益，要通过申诉后的查办才能确认。其他企业、事业单位或个人侵犯教师合法权益的，不属于教师申诉的范围。

（2）教师对学校或其他教育机构作出的处理决定不服的，可以提出申诉。《中小学教师违反职业道德行为处理办法（2018年修订）》第九条规定："教师不服处理决定的，可以向学校主管教育部门申请复核。对复核结果不服的，可以向学校主管教育部门的上一级行政部门提出申诉。"

（3）教师认为当地人民政府的有关部门侵犯其合法权益的，可以提出申诉。

（三）教师申诉受理和管辖

申诉受理的机关，因被申诉主体的不同而有所区别，可分为两种情况：一是教师如果是对学校或其他教育机构提出申诉的，受理申诉的机关为主管的教育部门；二是教师如果是对当地人民政府的有关行政部门提出申诉的，受理申诉的机关可以是同级人民政府或者是上一级人民政府对口的行政主管部门。

教师申诉的管辖，是指行政机关之间受理教师申诉案件的分工和权限。教师申诉制度的管辖分为隶属管辖、地域管辖、选择管辖、移送管辖等。首先，隶属管辖，指教师在提出申诉时，应当向该学校或其他教育机构所隶属的教育行政主管部门提出申诉。其次，地域管辖，指没有直接隶属关系的学校或其他教育机构中的教师在提出申诉时，按照教育行政部门的管理权限，由当地主管的教育行政部门受理。再次，选择管辖，指教师在两个或两个以上有管辖权的行政机关之间选择一个，提起申诉。受理申诉的行政机关不得拖延、推诿。对当地人民政府的有关行政部门的申诉，申诉人可以在同级人民政府或者上一级人民政府的有关部门中选择受理的机关。在这种情况下，申诉人一般应本着及时、便利和业务比较对口的原则选择受理机关。最后，移送管辖，指行政机关对不属于其管辖范围的申诉案件，应当移送给有管辖权的行政机关办理，同时告知申诉人。

（四）教师申诉程序

教师申诉的程序由申诉提出、受理和处理三个环节组成，并依次序进行。

1. 提出申诉

教师应当以书面形式提出申诉。

2. 对申诉的受理

主管的教育行政部门在接到申诉书后，应对申诉人的资格和申诉的条件进行审查，根据不同情况，分别作出如下处理：（1）对于符合申诉条件的，应予以受理；（2）对于不符合申诉条件的，可以答复申诉人不予受理；（3）对于申诉书未说清申诉理由和要求的，要求重新提交申诉书。

3. 对申诉的处理

行政机关对受理的申诉案件，应当进行全面的调查核实，根据不同情况，分别作出如下处理决定：（1）学校或其他教育机构的管理行为符合法定权限和程序，适用法律、法规正确并且事实清楚的，可以维持原处理结果；（2）管理行为存在着程序上的不足的，决定被申诉人补正；（3）对于被申诉人不履行法律法规和规章规定的职责的，决定限期改正；（4）如果管理行为的一部分违反了相应法律法规和规章规定，可以变更原处理结果或不适用相关规定的部分；（5）管理行为所依据的内部规章制度与法律法规及其他规范性文件相抵触的，可撤销其原处理决定。

二、教育行政复议

教育行政复议是指教育管理相对人认为教育行政机关作出的具体行政行为侵犯其合法权益，依法向作出该行为的上一级教育行政机关或法律法规规定的其他行政机关提出申诉，受理申诉的行政机关对发生争议的具体行政行为进行复查并作出裁决的活动和法律制度。

（一）教育行政复议的范围

根据我国《行政处罚法》和《行政复议法》的规定，教育管理相对人在下列情况下，可以提请教育行政复议：（1）对教育行政处罚不服的；（2）对侵犯其合法经营自主权的；（3）对不作为违法的；（4）对违法设定义务不服的；（5）对行政机关作出的决定不服的；（6）认为行政机关的其他具体行政行为侵犯其合法权益的。

（二）教育行政复议的程序

一般说来，教育行政复议的程序由以下几个环节组成：

1. 申请

教育行政复议申请可以以书面形式提出，也可以口头申请。以书面形式申请时，申请人应在60日内递交复议申请书。复议申请书应载明以下内容：（1）申请人的姓名、性别、年龄、职业、地址等（法人或其他组织的名称、地址、法定代表人的姓名）；（2）被申请人的名称、地址；（3）申请复议的要求和理由；（4）提出复议申请的日期。

2. 受理

复议机关在收到复议申请后，应当在5日内对申请人的资格和申请复议的条件认真加以审查，并对复议申请分别作出如下处理：（1）复议申请符合申请条件的，应予以受理；（2）复议申请不符合申请条件的，不予受理并书面告知申请人；（3）对符合法律规定，但是不属于本机关受理的行政复议申请，应当告知申请人向有关行政复议机关提出。

3. 审理

行政复议原则上实行书面复议制度，但申请人提出要求或者复议机关认为必要时，可以向有关组织和人员调查情况，听取申请人、被申请人和第三人的意见。复议机关应当在受理之日起7日内将复议申请书副本或复议申请笔录复印件发送给被申请人。被申请人在接到复议申请书或者复议申请笔录复印件之日起10日内提出书面答复，并向复议机关提交作出具体行政行为的证据、依据和其他有关材料。

4. 决定

行政复议机关应当自受理申请之日起60日内作出行政复议决定（法律另有规定的除外）。

5. 执行

复议决定作出后，应当制作行政复议决定书，并加盖复议机关印章。复议决定书一经送达即发生法律效力。除法律规定终局的复议外，申请人对复议决定不服的，可以依法向人民法院提起行政诉讼。

三、教育行政诉讼

教育上的行政诉讼是指教育行政管理相对人认为教育行政机关或教育法律法规授权的组织的具体行政行为侵犯其合法权益，依法向人民法院起诉，请求给予法律补救；人民法院对教育行政机关或教育法律法规授权的组织的具体行政行为的合法性进行审查，维护和监督行政职权的依法行使，矫正或撤销违法侵权的具体行政行为，给予相对人的合法权益以保护的法律救济活动。

（一）教育行政诉讼的范围

在教育行政诉讼中，教育行政案件的涉案范围与教育行政复议的范围极为相似，主要集中在以下几个方面：（1）对教育行政处罚不服的；（2）认为符合法定条件申请教育行政机关颁发许可证或执照，教育行政机关拒绝颁发或不予答复的；（3）申请教育行政机关履行保护人身权、财产权的法定职责，教育行政机关拒绝履行或者不予答复的；（4）认为教育行政机关违法要求履行义务的；（5）认为教育行政机关侵犯其他人身权、财产权的。

（二）教育行政诉讼的程序

一审教育行政诉讼案件的审理主要包括起诉、受理、审理、判决、执行环节：

1. 起诉和受理

对于起诉，人民法院经审查，应当在接到起诉状之日起7日内立案或裁定不予受理，当事人对不予受理的裁定不服，可以提起上诉。

2. 审理和判决

受理法院进行审判，对于一审判决不服的，可以向上级法院上诉，二审做出的判决和裁定为终审判决。

3. 执行

执行程序是诉讼活动的最后阶段，义务人执行相关判决裁定。如果义务人逾期不执行判决裁定，人民法院有权依法采取强制措施，迫使其履行义务。

[思考和实践]

阅读以下案例：

××××年××月，某小学进行了期中考试。三年级某班班主任将学生考试成绩进行了排榜。该班女生张某原来是班级尖子生，成绩一直名列前茅。但是这次期中考试却排在中游。班主任在全班同学面前，公布排榜名次时，不问青红皂白，严厉地批评了张某。张某因为妈妈住院而学习成绩不理想，自觉委屈，班主任当面批评，使她抬不起头。张某回家后，神情沮丧、少言寡语，茶不思饭不想，躲进自己的小屋不出来，并告诉父母她不想念书了。张某的家长因此向学校提出申诉，认为班主任的排榜行为客观上造成了孩子沉重的精神负担，伤害了孩子的自尊心，侵犯了孩子的名誉权。依据《教师法》第八条，教师应遵守"关心、爱护全体学生，尊重学生人格，促进学生在品德、智力、体质等方面全面发展"的规定，因此，张某的家长要求学校对该班主任进行批评教育并公开向学生道歉。

运用所学法律知识分析：

（1）家长向学校申诉的法律依据是什么？

（2）该班主任的做法是否合适？为什么？

（3）你认为学校应该怎么处理？

专题四　教师的权利和义务

[学习活动]

阅读以下案例:

××××年, 某中学青年教师薛某, 在当年的职称评定中没能晋升中学一级教师, 思想上想不通, 觉得自己受到排挤, 因而对在该校工作失去了信心, 于是向学校提出了请调报告, 要求立即调走。

当时学校正值学期中间, 工作非常紧张, 并且薛某承担的课程还未结束, 他与学校签订的聘任合同也还未到期, 因而学校决定暂不考虑薛某的调动问题, 并派人做他的思想工作, 劝其认真考虑, 最好还是能继续留校任教。

薛某却认为学校这样做是有意阻拦, 不放他走, 因而拒不上课, 致使其所承担的语文课被迫停课。学校领导多次找薛某沟通, 但他仍不去上课, 并声称:"教师有教育权, 权利可以放弃, 因此, 我不上课并不犯法。"

思考和讨论:(1)你如何评价薛某的所作所为?(2)你对教师的权利和义务有哪些认识和理解?

《教师法》第三条规定:"教师是履行教育教学职责的专业人员, 承担教书育人, 培养社会主义事业建设者和接班人、提高民族素质的使命。教师应当忠诚于人民的教育事业。"理解教师的法律地位, 需要注意以下几个方面:(1)履行教育教学、教书育人职责是教师的职业特征。直接承担教育教学工作职责, 这是法律意义上的教师身份的基本条件。(2)专业人员是教师的身份特征。教师是一种从事专门职业活动的专业人员, 必须具备专门规定的从事教育教学活动的资格, 符合特定的要求。(3)教师必须从教于各级各类学校或者其他教育机构。这是教师的形式特征, 也是法律意义上教师概念的外延。(4)教师具有特定的权利和义务。教师的权利和义务与教师职务、职责紧密相连, 始于其取得教师资格并在学校或者其他教育机构任职, 终于解聘。当教师以教育者身份出现时, 其与职责相关的权利和义务从某种意义上说是代表国家和社会利益的, 带有一定的"公务"性质。

一、教师的权利

教师的权利是指教师在教育活动中享有的由教育法赋予的权利, 是国家对教师在教育活动中可以或不作出一定行为的许可与保障。教师的权利是教师特有的权利，属于公权，不能随意放弃。

以上述案例为例，薛某作为一名教师，在享有教育教学权的同时，也应履行教师的各项义务。他在与学校签订的教师聘任合同尚未到期、请调报告未获批准、所任课程还未结束的情况下，就拒不为学生上课，致使他所承担的语文课被迫停课，这是一种失职行为，其行为不仅违反了《教师法》，也违反了《宪法》和《教育法》的有关规定，侵犯了学生的受教育权。"教师有教育权，权利可以放弃，因此，我不上课并不犯法"，这种观点是错误的，因为教师的教育权不同于一般的公民权。教师所享有的教育权是与教师的职业密切相关的，它是国家赋予教师的特有的职务权利，公民权的行使代表的只能是个人利益，而教师职权的行使所代表的是国家利益，是作为一名国家教师的职责。公民权可以放弃也可以不行使，因为放弃公民权并不侵犯他人的利益，而职权却必须履行而不能放弃。放弃职权，不履行职责，则必然侵犯他人的权益，因而放弃职权就等于失职，当事人必须为此承担相应的法律责任。根据《宪法》《教育法》《教师法》的相关规定，学校应责成薛某及时纠正自身的违法行为，自觉履行聘约，必要时应给予其相应的行政处分。

《教师法》第七条规定了教师的以下权利。

（一）教育教学权

"进行教育教学活动，开展教学改革和实验"的权利，简称教育教学权。它属于职权，是教师最基本、最重要的权利，是其他权利的基础；不具备教师资格的人员，不得享有这项权利；具有教师资格、尚未受聘或已被解聘的人员，这一权利的行使处于停顿的状态，受聘时，其权利的行使才恢复正常状态；合法的解聘或待聘，不属于侵犯教师的这一权利。其基本含义包括：

（1）教师可依据其所在学校的教学计划、教学工作量等具体要求，结合自身的教学特点自主地组织课堂教学；

（2）按照课程标准的要求确定其教学内容和进度，并不断完善教学内容；

（3）针对不同的教育教学对象，在教育教学的形式、方法、具体内容等方面进行改革和实验；

（4）有权抵制对其教育教学改革的无理干涉。

（二）科学研究权

"从事科学研究、学术交流，参加专业的学术团体，在学术活动中充分发表意见"的权利，简称科学研究权。这是教师作为专业技术人员所享有的基本权利之一。其基本含义包括：

（1）教师在完成规定的教育教学任务的前提下，有权进行科学研究、技术开发、技术咨询等创造性劳动，有权将教育教学中的成功经验或专业领域的研究成果等，撰写成学术论文或著作；

（2）有参加有关的学术交流活动，以及参加依法成立的学术团体并在其兼任工作的权利，有在学术研究中发表自己的观点、参与学术争鸣的自由。

需要注意的是，在面对学生的教育教学活动中，教师应按课程标准和相关要求进行讲授，不应发表与讲授内容无关且有损受教育者身心发展的个人看法。

（三）管理学生权

"指导学生的学习和发展，评定学生的品行和学生成绩"的权利，简称管理学生权，包括指导学生的学习和发展权、学生品行评定权和学生学业成绩评定权。其基本含义包括：

（1）教师有权依据学生的身心发展状况和特点，因材施教，有针对性地指导学生，并就学生的特长、就业、升学等方面的发展给予指导；

（2）教师有权对学生的思想政治、品德、学习、劳动等方面给予客观公正和恰如其分的评价；

（3）教师有权运用正确的指导思想、科学的方式方法，通过适当的教育和管理，使学生的个性和能力得到充分发展。

（四）获取报酬待遇权

"按时获取工资报酬，享受国家规定的福利待遇以及寒暑假期的带薪休假"的权利，简称获取报酬待遇权。这是《宪法》规定的公民享有劳动的权利和劳动者休息的权利的具体化。其基本含义包括：

（1）教师有权要求所在学校及其主管部门根据国家教育法律、教师聘用合同的规定，按时、足额地支付工资报酬，包括基础工资、职务工资、课时报酬、奖金、教龄津贴、班主任津贴及其他各种津贴在内的工资收入；

（2）教师有权享受国家规定的福利待遇，包括医疗、住房、退休等方面的各种待遇和优惠，以及寒暑假期的带薪休假。

（五）民主管理权

"对学校教育教学、管理工作和教育行政部门的工作提出意见和建议，通过教职工代表大会或者其他形式，参与学校的民主管理"的权利，简称民主管理权。其基本含义包括：

（1）教师享有对学校及教育行政部门工作的批评和建议权，这是《宪法》规定的"公民对任何国家机关和国家工作人员，有提出批评和建议的权利"的具体表现；

（2）教师有权通过教职工代表大会、工会等组织形式以及其他适当方式，参与学校的民主管理，讨论学校发展、改革等方面的重大事项，以保障教师的民主权利和切身利益，推进学校的民主建设，提高学校管理的效益和水平。

（六）进修培训权

"参加进修或者其他方式的培训"的权利，简称进修培训权。其基本含义包括：

（1）教师有权参加进修和接受其他多种形式的培训，不断更新知识、调整知识结构，以提高自己的思想品德和业务素质，从而保障教育教学的质量；

（2）教育行政部门和学校及其他教育机构应当采取各种形式，开辟多种渠道，保证教师进修培训权的行使。

二、教师的义务

所谓教师的义务，是指依照法律规定教师从事教育教学工作必须履行的责任，表现为必须作出或不作出一定行为的要求和规范。我国《义务教育法》规定教师"应当为人师表，忠诚于人民的教育事业""教师在教育教学中应当平等对待学生，关注学生的个体差异，因材施教，促进学生的充分发展。教师应当尊重学生的人格，不得歧视学生，不得对学生实施体罚、变相体罚或者其他侮辱人格尊严的行为，不得侵犯学生合法权益"。我国《教师法》第八条专门对教师义务作了具体规定。依照《教师法》规定，我国教师应当履行下列义务：

（一）遵纪守法的义务

"遵守宪法、法律和职业道德，为人师表"的义务，简称遵纪守法的义务。宪法和其他法律是国家、社会组织和公民活动的基本行为准则，教师不仅应是遵守宪法和其他法律的表率，而且要在教育教学工作中注重培养学生良好的法制观念和民主意识，使每个学生都成为遵纪守法、笃行道德的好公民。教师在传授科学文化知识的同时，要注意以自身形象对学生的思想品德、人格、学习习惯等起到良好的教育影响作用。教师职业道德是教师自身行为的规范，遵守职业道德规范是法律规定的教师应尽的义务。

（二）履行职责、完成任务的义务

"贯彻国家的教育方针，遵守规章制度，执行学校的教学计划，履行教师聘约，完成教育教学工作任务"的义务，简称履行职责、完成任务的义务。

首先，教师在教育教学活动中应当全面贯彻国家的教育方针。教育方针是国家或政策在一定历史阶段规定的教育工作的总方向，一般包括对教育的性质、宗旨以及实现教育目的的基本途径等方面的原则性规定。教育方针确定了教育事业发展方向，是指导整个教育事业发展的战略原则和行动纲领。教师在教育教学活动中应当全面贯彻国家的教育方针。

2018年9月召开的全国教育工作大会明确了"坚持把立德树人作为根本任务，培养德智体美劳全面发展的社会主义建设者和接班人"的教育根本任务和目标。

2021年4月，第十三届全国人民代表大会常务委员会修正了《中华人民共和国教育法》，规定我国的教育方针为："教育必须为社会主义现代化建设服务、为人民服务，必须与生产劳动和社会实践相结合，培养德智体美劳等方面全面发展的社会主义建设者和接班人。"这是用法律形式确定的教育方针，规定了我国教育的性质、方向、途径、目标等。

其次，教师应遵守教育行政部门和学校及其他教育机构制定的教育教学管理的各项规章制度，执行学校依据法律法规制定的具体教学工作安排。教师应当履行聘任合同中约定的教育教学职责，完成职责范围内的教育教学任务。

（三）进行思想品德教育的义务

"对学生进行宪法所确定的基本原则的教育和爱国主义、民族团结的教育，法制教育以及思想品德、文化、科学技术教育，组织、带领学生开展有益的社会活动"的义务，简称进行思想品德教育的义务。教师应自觉地结合自己教育教学的业务特点，将思想政治、品德教育贯穿教育教学工作全过程。

教育部于2017年发布的《中小学德育工作指南》指出，德育工作要遵循"坚持正确方向""坚持遵循规律""坚持协同配合""坚持常态开展"等基本原则。德育工作的总体目标是：培养学生爱党爱国爱人民，增强国家意识和社会责任意识，教育学生理解、认同和拥护国家政治制度，了解中华优秀传统文化和革命文化、社会主义先进文化，增强中国特色社会主义道路自信、理论自信、制度自信、文化自信，引导学生准确理解和把握社会主义核心价值观的深刻内涵和实践要求，养成良好政治素质、道德品质、法治意识和行为习惯，形成积极健康的人格和良好心理品质，促进学生核心素养提升和全面发展，为学生一生成长奠定坚实的思想基础。

（四）热爱学生、尊重学生人格的义务

"关心、爱护全体学生，尊重学生人格，促进学生在品德、智力、体质等方面全面发展"的义务，简称热爱学生、尊重学生人格的义务。热爱学生是教师的天职和美德，教师应给予每一个学生关怀，使他们都能健康地成长，在教育教学

活动中，绝不能采取简单粗暴的办法，不能侮辱、歧视他们，不能泄露学生隐私，更不能体罚或变相体罚学生。因侮辱学生影响恶劣或体罚学生经教育不改的，泄露学生隐私、造成后果的，应承担相应的法律责任。

（五）保护学生权益的义务

该义务条款要求：“制止有害于学生的行为或者其他侵犯学生合法权益的行为，批评和抵制有害于学生健康成长的现象。”一方面，学生属于教育服务的对象，在为学生提供服务期间，教师有义务制止有害于学生健康成长的行为和现象；另一方面，教师面对的学生大多是未成年人，他们缺乏自我保护的能力，作为成年人，教师有责任帮助他们不受伤害，有义务帮助他们维护合法权益。对于保护的对象和范围，有学者认为：教师制止的范围是特定的，主要指教师在学校工作与教育教学工作相关的活动中，对侵犯其所负责教育管理的学生合法权益的违法行为给予制止。同时，教师批评和抵制的范围是一般意义上的。保护学生的合法权益和身心健康是全社会的责任。教师自然更负有义不容辞的义务。[①]

（六）不断提高素养的义务

该义务条款要求：“不断提高思想政治觉悟和教育教学业务水平。”教师担负着促进学生健康发展、提高民族素质的使命，这就要求教师不断学习，加强自身的思想道德修养，保持较高的思想政治觉悟和教育教学业务水平，以适应教育教学工作需要。

[思考和实践]

阅读以下案例：

某小学三（1）班上音乐课。音乐老师丁某弹钢琴时，学生王某一直在说话。丁老师开始“警告”王某：在课堂上不要讲话了，如果再讲话，就用胶带把嘴巴封起来。但9岁的王某没有听老师的话，又开始自言自语。丁老师火了，立刻站起来，走到王某跟前，掏出一段封箱胶带贴在了他的嘴上。在场所有的学生一下子哄堂大笑，王某立刻大哭起来，但丁老师并没有理会他，继续上课。就这样，王某被封住嘴巴上完了音乐课，在同学的笑声中一路哭着回到了教室。

运用所学教育法律知识，试分析：

（1）本案例所牵涉的法律关系主体。

（2）丁老师侵害了王同学的哪些合法权益？

（3）学习本案例对你理解依法执教有哪些启示？

---

① 王毅. 浅谈教师义务 [J]. 法制与社会，2010（11）：243.

专题五　依法执教疑难探讨

一、教育惩戒与体罚

[学习活动]

阅读下面两个案例：

案　例　一

某年某月某日，某小学教师齐某在课上检查学生完成家庭作业的情况，学生王某（8岁）因未完成作业而被教师齐某罚站。王某站了约20分钟，突然晕倒在地，牙齿被碰掉两颗。随后王某被送往医院治疗，共花去医疗费583元。第二天，王某的父母找到学校，要求学校赔偿。王某的父母认为，教师齐某的行为属于体罚，是违法的，由此造成的损失应当由学校赔偿。而教师齐某则认为，罚站不属于体罚，而属于惩戒，是教师享有的管理学生的权利之一。王某晕倒是由于其自身体质原因，学校不应该为此承担责任。①

案　例　二

小学生李某在上课期间多次捣乱，影响了其他学生上课，教师林某罚其在教室里站了10分钟。李某的父母得知此事后，找到学校，要求学校赔偿。李某的父母认为，教师林某的行为属于体罚，剥夺了其孩子的受教育权，学校应该为此赔偿他们的损失。②

思考和讨论：（1）你认为两个案例是否存在惩戒和体罚的区别？为什么？（2）说一说你对教育惩戒和体罚的认识与理解。

关于体罚，《现代汉语词典（第7版）》中有这样的界定和解释："用罚站、罚跪、打手心等方式来处罚。"其含义包括：（1）体罚必须是惩罚，不为惩罚而实施的不是体罚，如体育课时跑步热身、定期段考等。（2）体罚必须诉诸身体，不诉诸身体的惩罚，不是体罚，如语言羞辱、罚款等。（3）体罚必须造成身体或心理的痛苦，不造成这两种痛苦的惩罚，不是体罚。但"痛苦"之有无，应考量罚则本身的合理性、受罚者的身心状况、施罚者的执行态度等，例如明知学生有脚伤，却罚他站两分钟，是体罚。（4）未造成身体痛苦，但造成心理痛苦，又系借由控制身体而行之者，是体罚，如强迫学生当众罚站两分钟等。（5）身体上的痛苦不以痛楚为限，所有生理感官上的不舒适均是，如以强迫憋尿、强行搔痒等

---

① 解立军. 如何界定教育惩戒权和体罚 [J]. 中国民族教育，2007（3）: 19.
② 解立军. 如何界定教育惩戒权和体罚 [J]. 中国民族教育，2007（3）: 19.

处罚，都是体罚。

2020年12月，教育部发布《中小学教育惩戒规则（试行）》（以下简称《惩戒规则》），对"教育惩戒"进行了界定——学校、教师基于教育目的，对违规违纪学生进行管理、训导或者以规定方式予以矫治，促使学生引以为戒、认识和改正错误的教育行为。

拓展阅读《中小学教育惩戒规则（试行）》

（一）教育惩戒的依据和法律对体罚的禁止

我国《教育法》第二十九条规定，学校有"对受教育者进行学籍管理，实施奖励或者处分"的权利。这是学校实施教育惩戒的主要依据。对于教师实施教育惩戒，现有的教育法律并没有明确规定，但从以下法律条款可以推知教师拥有教育惩戒权。《教师法》第八条规定，教师应当履行"制止有害于学生的行为或者其他侵犯学生合法权益的行为，批评和抵制有害于学生健康成长的现象"。第九条规定，各级人民政府、教育行政部门、有关部门、学校和其他教育机构应当"支持教师制止有害于学生的行为或者其他侵犯学生合法权益的行为"。这些法律条款可以视为教师教育惩戒权的法律渊源。

教师的教育惩戒是在教育过程中发生的，是学校、教师行使教育权的一种具体方式，它不是单独赋予学校、教师的一种权力。《惩戒规则》指出：学校应当支持、监督教师正当履行职务，教育惩戒是教师的职务行为，教师正常履职产生的纠纷和法律后果应由学校承担；教师因实施教育惩戒与学生及其家长发生纠纷，学校应当及时进行处理，教师无过错的，不得因教师实施教育惩戒而给予其处分或者其他不利处理；即使因为教师实施教育惩戒与家长产生纠纷，也要通过合理合法的正当渠道解决，家长威胁、侮辱、伤害教师的，学校、教育部门、公安机关要依法予以追究，维护教师合法权益。

《惩戒规则》力图解决教师不敢管、不愿管、不会管学生这一日益突出的教育现象和问题。这是学校实施教育惩戒的主要依据。需要说明的是，对于体罚行为，我国现行法律明确禁止。《未成年人保护法》第二十七条规定：学校、幼儿园的教职员应当尊重未成年人人格尊严，不得对未成年人实施体罚、变相体罚或者其他侮辱人格尊严的行为。《义务教育法》第二十九条规定：教师应当尊重学生的人格，不得歧视学生，不得对学生实施体罚、变相体罚或者其他侮辱人格尊严的行为，不得侵犯学生合法权益。《教师法》第三十七条规定：教师体罚学生、侮辱学生，情节严重，构成犯罪的，依法追究刑事责任。《惩戒规则》第十二条规定教师不得有以下行为：（1）以击打、刺扎等方式直接造成身体痛苦的体罚；（2）超过正常限度的罚站、反复抄写，强制做不适的动作或者姿势，以及刻意孤立等间接伤害身体、心理的变相体罚；（3）辱骂或者以歧视性、侮辱性的言行侵犯学生人格尊严；（4）因个人或者少数人违规违纪行为而惩罚全体学生；（5）因学业成绩而教育惩戒学生；（6）因个人情绪、好恶实施或者选择性实施教育惩戒；（7）指派学生对其他学生实施教育惩戒；（8）其他侵害学生权利的。

[参考阅读]

体罚和变相体罚学生可能会造成的后果[①]

——学生的身体健康权和人格尊严权受到侵犯，影响学生身心健康发展，使学生产生无助感和耻辱感，对人和社会变得冷漠和敌对。

——师生关系、学校和学生的关系、家长和学校的关系恶化，甚至会出现学生或家长报复学校，学校正常的教育秩序受到干扰，伤害教师等严重后果。

——体罚学生的教师违背了相关的法律规定，将受到行政、法律制裁。

——学校要承担因教师体罚学生对学生造成的经济赔偿（如医药费、营养费等）。

——因体罚导致的法律纠纷，使有关国家机关如教育行政机关、治安管理行政机关、司法机关必须为解决这些纠纷付出时间和精力，增大了社会管理成本。

——教师违法处理学生的言传身教，影响学生无视法律而成为法盲。

——体罚有效给学生发出错误的信息，使他们认为暴力可以解决问题。

——体罚会促使学生为逃避惩罚而说谎话。

"体罚"屡禁不止的原因[②]

一是教育观念的落后。"不打不成才"的观念至今在部分教师心中根深蒂固。

二是法制观念淡薄。不少中小学教师在实施体罚时，并不知道这是违法行为。

三是心理状况不良。近年来，中小学教师已经成为心理障碍的高发人群，这使得体罚学生的概率增加。

四是缺乏良好的专业素养。教师不但应拥有扎实的专业知识，还应熟悉教育学、心理学等学科知识。经常体罚学生的教师往往与教育教学能力低下密切相关，他们不愿也无能力去分析学生特别是问题学生的心理，因此，"体罚"学生就难免发生。

（二）合理进行教育惩戒

1. 在对象上，惩戒针对的是学生的违规违纪行为

《惩戒规则》指出，学生有下列情形之一，学校及其教师应当予以制止并进

---

① 吴刚平，陈华. 中小学教师职业道德研修手册［M］. 北京：高等教育出版社，2012：35.
② 史欣. "体罚"学生酿悲剧［J］. 教育旬刊，2008（9）：47.

行批评教育，确有必要的，可以实施教育惩戒：（1）故意不完成教学任务要求或者不服从教育、管理的；（2）扰乱课堂秩序、学校教育教学秩序的；（3）吸烟、饮酒，或者言行失范违反学生守则的；（4）实施有害自己或者他人身心健康的危险行为的；（5）打骂同学、老师，欺凌同学或者侵害他人合法权益的；（6）其他违反校规校纪的行为。

与《预防未成年人犯罪法》相衔接，《惩戒规则》规定学生实施属于《预防未成年人犯罪法》规定的不良行为或者严重不良行为的，学校、教师应当予以制止并实施教育惩戒，加强管教。

2. 在目的上，惩戒必须遵循目的正当性原则

体罚重在"罚"，惩戒则重在"戒"。惩戒必须遵循目的正当性原则，即学校或教师所采取的惩戒措施，要有明确而正当的理由，应有助于达成其所追求的教育目的，不能单纯为惩戒而惩戒，不能借助惩戒来树立教师权威。惩戒应该出于爱和关怀，出于教育和帮助。印度诗人泰戈尔（Rabindranath Tagore）在《新月集·审判官》中说道："只有我才有权去骂他，去责备他，因为只有热爱人的才可惩戒人。"[①] 因此，教师在实施惩戒之前，最好问问自己：我这样处理，是不是出于对他的爱？

3. 在手段上，惩戒必须遵循最少侵害原则和法益均衡性原则

最少侵害原则是指，如果有多种手段可以达到目的，那么学校或教师应该选择对学生权利侵害最少的手段。《惩戒规则》根据程度轻重将教育惩戒分为一般教育惩戒、较重教育惩戒和严重教育惩戒三类。一般教育惩戒适用于违规违纪情节轻微的学生，包括点名批评、做口头或者书面检讨、增加额外教学或者班级公益服务任务、一节课堂教学时间内的教室内站立、课后教导等；较重教育惩戒适用于违规违纪情节较重或者经当场教育惩戒拒不改正的学生，包括德育工作负责人训导、承担校内公共服务、接受专门的校规校纪和行为规则教育、被暂停或者限制参加游览以及其他集体活动等；严重教育惩戒适用于违规违纪情节严重或者影响恶劣，且必须是小学高年级、初中和高中阶段的学生，包括停课停学、法治副校长或者法治辅导员训诫、专门人员辅导矫治等。

例如：学生在课堂上玩手机，教师把手机砸烂显然不妥，这侵犯了学生的财产权。教师可以采取其他措施，如要求将手机暂时放在讲台上，课后对学生进行批评教育。遵守最小侵害原则，惩戒需要在情绪平静下实施，冲动下实施的惩戒往往会给学生带来伤害。

法益均衡性原则是指对学生的惩戒要与学生所犯的过错成比例，如果某一惩戒措施在达成教育目的的同时，给学生带来了更多的权益损失，那么教师就不应

---

① 泰戈尔. 生如夏花：泰戈尔诗选 [M]. 郑振华，海宁，等译. 北京：中国华侨出版社，2014：31.

该采取这一措施。法益均衡性原则要求教师在对学生进行惩戒时，一定要对违规事实先行调查，做到实事求是。惩戒方式不仅要考虑学生所犯错误的严重性，还要充分考虑学生的体质、年龄、性别、生理、情绪状况、过去的行为记录以及学生的承受能力等。

4. 在程序上，惩戒必须符合程序正当性原则

《惩戒规则》强调，学校制定校规校纪应当充分发扬民主，广泛征求教职工、学生和学生家长意见，有条件的可以组织听证；校规校纪应当提交家长委员会、教职工代表大会讨论，经校长办公会议审议通过，并应当报主管教育部门备案；学校应当利用入学教育、班会等多种方式向学生和家长宣传讲解校规校纪；校规校纪中的行为规范和教育惩戒措施应当明确，并应事先公布，未经公布的校规校纪不得施行。

就惩戒的过程实施，要减少恣意和任性。首先，由教师判断学生违规违纪情节的轻重程度，实施《惩戒规则》规定的一般教育惩戒的，教师可以当场实施，且可以事后根据情况告知学生家长；实施《惩戒规则》规定的较重教育惩戒的，教师应当报告学校，由学校决定实施，且学校应及时告知家长；《惩戒规则》规定的严重教育惩戒只能由学校实施，且学校必须事先告知家长。其次，《惩戒规则》规定在实施严重教育惩戒和给予纪律处分时，应当把听取学生的陈述和申辩作为必经的前置程序，学生或者家长申请听证的，学校应当组织听证。①

对于本专题"学习活动"中的两个案例进行剖析，有学者认为：在案例一中，学生未完成家庭作业的行为不属于越轨行为，该学生不属于惩戒的对象。教师未考虑学生的承受能力、身体状况而对学生进行长时间罚站，不符合惩戒的最少侵害原则，因此，该案例中的罚站不是惩戒，而是一种变相体罚的侵权行为，学校应该为此承担责任。在案例二中，学生李某在上课时捣乱喧哗，影响教师上课及其他学生听课，其行为属于越轨行为。教师为了保障其他学生的受教育权利，让李某在教室里罚站，符合惩戒目的的正当性原则。虽然该惩戒措施致使李某在短时间内未能听老师上课，但是并没有给李某造成很大的权利损失，况且李某的这些权利损失与全班学生的受教育权相比，不能相提并论，因此，教师采取的惩戒措施符合最少侵害原则和法益均衡性原则，属于合法的惩戒行为，学校不需为此承担责任。②

---

① 参见教育部网站《让教育惩戒有尺度、有温度——教育部政策法规司负责人就〈中小学教育惩戒规则（试行）〉答记者问》。
② 解立军. 如何界定教育惩戒权和体罚 [J]. 中国民族教育，2007（3）：21.

二、因材施教与尊重学生隐私

[学习活动]

阅读以下案例：

某年暑假，北京的邱女士发现女儿王某近来频繁打电话，还有个男孩常在她家楼下徘徊，便找到班主任苏某反映。没想到这却将女儿带入了痛苦的深渊。

苏某发现王某和班里一个男生关系比较密切后，便在教室里多次翻看其书包、日记以及给其他同学的信件，不许这位男生与她交往，并不许同学和她说话。原本性格活泼的王某顿时成了"孤家寡人"，她在日记里写道："苏老师经常侮辱我，逼我转学。我一想起这些就害怕，夜里常做噩梦……"由于无法承受被孤立的痛苦，王某离家出走。4天后，当邱女士接到女儿的电话，在南京找到她时，王某哭着请求妈妈搬离北京。①

思考和讨论：教师应怎样协调因材施教和尊重学生隐私之间的矛盾？

因材施教是教育教学的基本原则。"因"是根据、依据；"材"指要根据不同的教学对象选择不同的教学内容、匹配相应的教学方法。因材施教意味着要了解学生，而学生的情况又常常和个人隐私有关，这里就有了因材施教与尊重学生隐私的冲突。

隐私，顾名思义，也就是隐蔽不公开的私事。隐私的范围包括自然人的个人事务、个人信息和个人领域：个人事务相对公共事务、群体事务、单位事务而言，如朋友往来等；个人信息系指特定个人不愿公开的情报、资料、数据等，是抽象的、无形的隐私；个人领域是指个人的隐秘范围，如身体的某些部位等。隐私的内容是指特定个人对其事务、信息或领域秘而不宣、不愿他人探知或干涉的部分。隐私权是对个人隐私进行支配的一种人格权，包括个人信息的保密权、个人生活不受干扰权和私人事务决定权。

（一）学生隐私的特殊性

学生是未成年人，他们的隐私权具有以下特殊性：②

1. 隐私支配权的有限性

一个具有完全民事行为能力的成年公民可以对自己的隐私信息进行自由处置。限制民事行为能力特别是无民事行为能力的未成年学生心智成熟水平低、社

---

① 改编自北京市首例女中学生状告班主任和学校侵犯名誉权案。
② 孟俊红. 如何协调教师的教育教学权与学生的隐私权 [J]. 河南教育（基教版），2009（5）：14-15.

会经验不足，他们对隐私的支配权具有有限性。

2. 隐私权的冲突性

学生的隐私权经常与教师的教育教学权发生冲突，学生的许多信息从法律角度来说应当属于隐私，如考试分数、名次。但是从学生个人来说，不知道自己的名次，何以确定下一步的学习目标？如果家长不知道孩子的学习成绩及其在班级的情况，何以对学生行使监护管理权？

教师因工作关系，或多或少都会掌握到学生的个人信息，如班主任对学生档案的管理，教师在教学中接触到学生的考试分数，教师通过家访了解到学生家庭情况，等等。教育必须做到因材施教，要教育好学生，教师就必须先了解学生，尽可能全面深入且不断了解和研究学生，如学生的身体情况、行为习惯、智力水平、情绪情感、家庭背景、父母职业及社会关系等，这些都可能成为教育学生的基础信息。可以说，有效的教育教学工作是以了解学生为基本前提的，只有如此，教师的教育才能有的放矢。为此，教师的教育教学权很可能与学生的隐私权发生冲突。

（二）学生隐私权与教师教育教学权如何协调

就协调学生隐私权与教师教育教学权，可作如下考虑：①

1. 教师获取学生个人信息的手段应合法

教师获取信息的手段受到的制约较多，在这方面教育教学权要让位于学生的隐私权。教师可以通过谈心的方式，让学生主动地说出相关的信息，或者通过与家长的交流获取相关信息。

2. 教师对隐私信息的使用要合法

教师接触到、获得的学生隐私信息，如果与教育教学活动无关，就应当保密。即使要服务于教育教学权，教师也应当尽可能地注意使用方式与范围，在必要的范围内公布，使隐私权与知情权达到一定程度的协调。如满足家长的知情权，可以向家长披露；满足教学群体的知情权，可以向相关任课教师披露。以考试分数为例，家长了解自己子女的学习情况时应该告知，为同班老师协同教育可以告知；但对无关人员就不能告知，更不能张榜公布。中共中央、国务院《关于深化教育教学改革全面提高义务教育质量的意见》明确规定："从严控制考试次数，考试内容要符合课程标准、联系学生生活实际，考试成绩实行等级评价，严禁以任何方式公布学生成绩和排名。"

其他有关保护学生隐私的政策及相关条文见表4-1。

---

① 孟俊红. 如何协调教师的教育教学权与学生的隐私权［J］. 河南教育（基教版），2009（5）：14-15.

表4-1 保护学生隐私的政策及相关条文

发布年份	政策名称	相关条文
2006年	《中小学幼儿园安全管理办法》	第二十四条 对有特异体质、特定疾病或者其他生理、心理状况异常以及有吸毒行为的学生，学校应当做好安全信息记录，妥善保管学生的健康与安全信息资料，依法保护学生的个人隐私。
2007年	《中小学法制教育指导纲要》	（一）小学生法制教育的内容 5. 初步了解未成年人权利的基本内容，了解宪法规定的公民基本权利的内容，知道生命健康权、人身自由权、姓名权、受监护权、休息权、隐私权、财产权、继承权、受教育权等基本权利应当受到保护，增强权利意识。
2013年	《中小学校责任督学挂牌督导规程》	第十条 座谈走访。……要保护走访调查对象隐私，鼓励说真话、讲实情。
2014年	《学生体质健康监测评价办法》	第九条 ……学校和各地在公示体质健康信息时不得泄露学生个体的信息和侵犯其个人隐私。
2015年	《中小学心理辅导室建设指南》	三、基本设置 2. 环境要求。……个别辅导室要充分保障学生隐私性要求。
2021年	《未成年人学校保护规定》	第十条 学校采集学生个人信息，应当告知学生及其家长，并对所获得的学生及其家庭信息负有管理、保密义务，不得毁弃以及非法删除、泄露、公开、买卖。 学校在奖励、资助、申请贫困救助等工作中，不得泄露学生个人及其家庭隐私；学生的考试成绩、名次等学业信息，学校应当便利学生本人和家长知晓，但不得公开，不得宣传升学情况；除因法定事由，不得查阅学生的信件、日记、电子邮件或者其他网络通讯内容。

[思考和实践]

1. 阅读以下案例，说一说：实行这样的规定，甲、乙、丙三个班的班主任的行为是否违法？为什么？

某实验中学，以它踏实严谨的校风和全面严格的管理，成为许多学生的理想求学之地。该校有些学生家庭住址离学校非常远。过去，迟到的现象比较严重。学校为了严格纪律，实行量化管理，规定：每天迟到的学生要签到，扣所在班级量化管理分数。量化管理分数是各班评比先进集体的依据，也是决定班主任月奖金等级的依据。因此，各班班主任都非常警惕学生迟到现象。大部分教师能够利用班会、和学生谈心等方式，教育学生严格遵守学校作息制度，不迟到早退。但也有个别班主任在班级实行了一些"土政策"，如：

甲班班主任规定：罚迟到学生扫操场一周。

乙班班主任规定：罚迟到学生早操后在操场跑步十圈。

丙班班主任规定：迟到的学生干脆别进学校，回家自习，下午上课时间再来。

这些规定实行后，甲、乙、丙班迟到现象确有改观。

2. 阅读以下案例，回答后面几个问题。

某校初中班主任吴老师在批改作业时，发现学生高某的作业本中夹了一封写有×××收的信件，吴老师便拆封阅读了此信。这是高某写给一位女同学的求爱信，吴老师看后十分生气，第二天在班会上宣读了此信，同时对高某提出了批评。次日高某在家留了一张字条后离家出走。高某家长找到吴老师理论并要求吴老师将高某找回。吴老师解释说："我作为教师，对学生进行教育和管理是我的职责，我批评高某是为了教育和爱护他。他是从家中出走的，与我的工作没有关系。"

（1）吴老师的行为有哪些不当？

（2）你是否接受吴老师的解释？为什么？

（3）吴老师现在应该怎么办？

拓展研读

[1] 方益权，易招娣. 论我国教师个体惩戒权法律制度的构建 [J]. 教育研究，2011，32（11）.

[2] 阎玉珍. 要减少学生伤害事故则要加强学生的民事责任教育 [J]. 人民教育，2008（6）.

[3] 劳凯声. 教师职业的专业性和教师的专业权力 [J]. 教育研究，2008（2）.

[4] 张朝珍. 论教师教学决策权的边界 [J]. 全球教育展望，2008（9）.

[5] 张乐天. 教育政策法规的理论与实践 [M]. 4版. 上海：华东师范大学出版社，2020.

[6] 魏宏聚. 课堂教学中的价值冲突事件与化解策略 [J]. 教育研究与实验，2011（4）.

[7] 傅维利. 论教育中的惩罚 [J]. 教育研究，2007（10）.

[8] 黎军，付翠，周晔，等. 惩戒教育要还是不要 [J]. 教育与教学研究，2018，32（3）.

[9] 高维，于善萌. 我国教师惩戒权研究的回顾与展望 [J]. 教师发展研究，2017，1（4）.

[10] 冯婉桢. 儿童权利的完整实现与学前教师专业伦理的特殊性 [J]. 教育研究，2020（12）.

第五单元　　　为人师表

单元学习目标

　　理解加强教师语言修养的意义，了解教师语言的规范要求；修炼文明的教师举止，为学生树立榜样，了解教师的着装要求和禁忌，修炼教师职业应有的仪表风范。理解与同事协作共进的意义，形成与同事协作共进的取向，学习与同事协作共进的方法。理解尊重和引导家长的意义，学习和家长沟通的方法。理解教师廉洁从教的意义，认识廉洁从教的要求。

专题一   教师言行雅正

一、教师的语言修养

[学习活动]

阅读下面两则材料:

材 料 一

有位女教师,孩子们都很爱她。这位女教师有丰富的幻想力,能编出许多童话故事,讲述那遥遥遥远的地方,于是她成了小不点儿们公认的权威。

有一次,女教师领着孩子们来到集体农庄的场院里。"我们来捡玉米棒子。"她说罢,示范了一下该怎么干。学生们刚开始工作,女教师赶忙又说:"你们自己待一会儿,我去瞧瞧给我留下的土豆怎么样……"

就在十步远的地方,坐着一群上了年纪的集体农庄女庄员。还是昨天,女教师就把麻袋交给她们,请她们为她挑选一些好一点的土豆。才过了那么一分钟,孩子们就听到了她生气地喊叫:"我花钱就要这些烂货?"

孩子们大吃一惊:他们不认识自己的女老师了。她跟他们说话是那么温柔,一字一句都像是抚爱,可现在她的声调是那样嘶哑,充满着挑斗的火气……当听到从她嘴里喷出那些肮脏的咒骂时,他们完全惊呆了。[①]

材 料 二

教育素养还有一个方面,谈到它不能不使人焦虑,这就是教师的语言修养问题。二十年前,我去听一位教师的课,观察孩子们怎样感知新教材的讲解。我发现,孩子们听后很疲劳,下课时简直是精疲力竭了。我开始仔细听教师的语言(他教生物学),使我大为吃惊。教师的语言是那么混乱,没有逻辑顺序,他讲的教材的意思是那么模糊不清,以至于第一次感知这个或那个概念的儿童,不得不用全部力气,才能听懂一点点东西。孩子们感到疲劳的原因正在于此。[②]

思考和讨论:为什么要特别强调教师的语言修养?你认为好的教学语言有哪些特征?

[①] 蔡汀,王义高,祖晶. 苏霍姆林斯基选集:第5卷 [M]. 北京:教育科学出版社,2001:284. 选用时有删节。

[②] 苏霍姆林斯基. 给教师的建议 [M]. 杜殿坤,编译. 2版. 北京:教育科学出版社,1984:418-419.

有人形象地比喻：教师的语言犹如金钥匙，能打开学生心灵的窗户，激发他们追求真、善、美的兴趣和欲望；教师的语言犹如火炬，能让知识的火光在学生眼前放射出诱人的光辉，照亮他们的未来；教师的语言犹如种子，能深深地埋藏在学生的心中，使他们把追求真、善、美看作人生的第一乐事。[1]语言是教师劳动的主要工具，使用语言和学生交流是教师劳动的主要方式，因此教师需要加强自身的语言修养。

（一）教师语言的最低要求

语言是教师的外在形象，对教师语言的最低要求是规范、文明和纯洁。上述材料中的女教师遇事发火骂人，语言粗俗，在学生面前是一种表现，在其他人面前是另外一种表现，败坏了自己的形象，对学生造成了不良影响。她的学生瓦利娅"那稚嫩的心灵惶恐不安，充满疑窦：为什么女教师跟同学们说话时这么和蔼可亲，却跟成年人吵架呢？难道她的温柔和善良只是装出来给人瞧的，而实际上她是一个凶狠恶毒的人？……这姑娘再也不相信这位女教师了。儿童的复杂感情，往往以一种独特的抗议表现出来：瓦利娅变得粗鲁了，不听话了。看来，她一切都故意跟女教师对着干——为的是惹她生气，让她烦恼……我相信，究其原因，是孩子内心里营造的理想形象，已被他们奉为楷模的人所践踏"[2]。

（二）教师语言的较高要求

对教师语言的较高要求是具有准确性、激励性、启发性。准确性要求教师语言准确、鲜明、简练：准确即用语精确清晰，合乎逻辑，具有专业性和学术性；鲜明即语言褒贬分明，饱含真情实感；简练即语言精辟透彻，言简意赅。激励性要求教师的语言具有感人力量，要心诚理真、情理交融、晓之以理、动之以情。启发性要求教师的语言含蓄幽默，措辞优美，达到激发兴趣、活跃气氛的目的。

为达到语言的较高要求，教师需要不断加强语言修养。著名语文特级教师窦桂梅说：现在很多教师，包括我在内，基本的语言素养都需要提高。比如，朗读能否做到声情并茂，有效传递出文章的情感，为静止的文字赋予生命的活力；讲解是否能做到清楚地表情达意，在准确地用语言完成教学内容的过程中，同时使学生身心得以灌溉与滋养。其实，讲解也好，朗读也罢，身为语文老师，应当把每一节课都当作自己语言素养修炼的课堂，将课堂上的每一处讲解语、小结语、提示语都做精心的准备，将每一篇课文都当作一个重要的研究对象，反复品读其

① 王可植. 教师职业道德［M］. 成都：四川教育出版社，2000：161-162.
② 蔡汀，王义高，祖晶. 苏霍姆林斯基选集：第5卷［M］. 北京：教育科学出版社，2001：285. 选用时有删节.

中的滋味，熟读甚至成诵。① 观察过窦桂梅课堂教学的老师，对她的课堂语言有这样的描述：窦桂梅老师的课堂教学语言美丽而生动，听她的课，仿佛置身于一个音乐天地，控制自如的语速、抑扬顿挫的语调、亲和温婉的语句，这一个个语言的音符，恍如一件件乐器，任由她随意弹拨，自如运作，彰显出其特有的艺术魅力。

（三）合理使用教学语言

"教师的语言修养在极大的程度上决定着学生在课堂上的脑力劳动的效率。我们深信，高度的语言修养是合理地利用时间的重要条件。"② 和学生打交道，运用语言进行教学，教师要有教学意识，要合理使用教学语言。教学语言是教师综合考虑学生的理解水平、知识储备、接受习惯以及学习材料性质、教学目的要求等各方面因素而有意识选择、运用的语言材料和言语方式。比如，教师要站在学生能够理解的角度选择交流的内容，采取他们更容易理解和接受的表达方式；同时又不能仅仅儿童化、口语化，要注意形象语言和抽象语言的平衡，儿童语言和成人语言的衔接；合理运用教学语言，吐字要格外清晰，语速要合理，要让学生有时间接受和反应；音量要合适，要保证教室里每一个角落的学生都能听见。

在本书第一单元中，我们看到了教育家阿莫纳什维利就"孩子们，你们好！"的用心和修炼，再看一遍，我们就能体会到教学语言修炼的内容、方法和价值。

[参考阅读]

学习把话讲短③

曾参加一个校长与家长的对话会，几位校长办学经验丰富、成效斐然，表达办学理念与教育思想时如数家珍。这样一来，主题演讲的时间都多多少少超出预定。轮到对话环节，站起来的第一位家长就很不满意："听几位校长侃侃而谈，现在终于轮到我们了。"但这位家长讲起来也是滔滔不绝，主持人不得不打断她的发言。由此想到：在人们生活节奏加速化、信息来源多样化、学习方式趋向碎片化的背景下，我们怎样才能把话讲短，讲得有作用、有价值？

不要试图通过说话刷太多的存在感。表达是一种实现，通过表达传递自己存在的意义和价值，这无可厚非。但凡事要适度，不看场合而过分表达会适得其反。《论语·季氏》告诫我们："侍于君子有三愆：言未及之而言谓之躁，言及之而不言谓之隐，未见颜色而言谓之瞽。"恰当地表达自己需要把握好度，需要看

① 窦桂梅. 回到教育的原点 [M]. 北京，文化艺术出版社，2011：24-25.
② 苏霍姆林斯基. 给教师的建议 [M]. 杜殿坤，编译. 2版. 北京：教育科学出版社，1984：421.
③ 陈大伟. 学习把话讲短 [J]. 上海教育科研，2018（11）：卷首语.选用时有改动.

场合、体会别人的感受，表达过多可能适得其反，得到的反而是他人的白眼。

严守发言的预定规则。人人都需要发言机会，大家都渴望表现的平台，为了平衡参与者表现乃至宣传的机会，这时就需要建立会议的规则、发言的规则。争取到讲话机会以后，就应该遵守相应的规则，要知道你想讲，他人也想讲；你要表达，他人也要表达。在有限的时间里，你的延时其实是在剥夺他人表达的机会，大家都延时就在剥夺他人休息或参与其他活动的机会。尊重规则、保证别人的时间和机会，表达时就不仅要知进，而且还要知止、知让。知止、知让，这就是对他人的理解和尊重。

不要认为自己的东西最有价值。口若悬河的表达，是自信心爆棚的表现，认为自己的观点、做法、经验特别有意义、特别有价值，但实际的情况却并不如此。所谓"你有你的张良计，我有我的过墙梯"，你有你的诀窍，他有他的高明。就算你的意见、方法最为高明，恐怕那也是适合你自己的情况，他人未必适用。教育具有特殊性，不要把自己讲的东西看得太过重要和伟大，不一定要讲，不一定非讲不可，要做好随时结束的准备。

要站在别人需要的角度"抓心"。有一位教研员和我分享他的教研做法："不管他听不听，反正我要说。"似乎自己说了才算负责任，不说就是没有尽到责任。现在的问题是：你说的目的到底是什么？如果只是表现自己，不如不说；如果你想的是帮助和影响他人，那你就不能不研究他人的需要，不能不考虑他人的感受，不能不思考自己的发言对他人的意义，如：说话前考虑别人可能的需要是什么；说话中观察别人对自己的交流是否有兴趣；说话后反思别人可能会记住什么、会思考什么、会改变什么。交流不能自说自话，眼中要有对象、心中要有别人，讲对别人有意义的话、别人愿意听的话，这就可以省略掉一些自以为是的话。

给自己倾听学习的机会。我以为，把话讲短还有一个好处，就是在保证他人交流时间的基础上，为自己预留学习和成长机会。幸福是一种能力。"君子务本，本立而道生。"（《论语·学而》）这里的"本"就是自我发展和自我完善，发展好自己了，以身立教才能更好地"道"与"导"。他人是否可学？是否有学习的地方呢？这是肯定的。古人说："三人行，必有我师焉；择其善者而从之，其不善者而改之。"（《论语·述而》）倾听能传递关怀，学习能带来进步，何乐而不为？

二、教师的形象气质

[学习活动]
阅读以下案例：

教师喝酒没什么，可是在自己上班期间、上课期间喝酒并喝醉了，那影响就不好了。

还记得初中时的高老师，一次中午大家都等他上课，他醉醺醺地进教室，拿上粉笔就在黑板上开始从左到右、从上到下地画着一个个圈圈，我们都六神无主，不知道老师到底在干什么。后来他画满了黑板，就在黑板中间的圈圈里面写了四个字"我没有醉"，当时，我们全班都哄堂大笑，课只好改为自习。

还有教数学的夏老师，我们班正上物理课，物理老师是个女老师，在讲台上认认真真地讲着课，讲着讲着，夏老师就满嘴酒气地从后门走进来，边走边说："怎么是你在上课？明明是我的课。"之后走上讲台要物理老师走，物理老师哭笑不得，说这是她的课。夏老师就发火了，他指着黑板右侧的课程表说："你看嘛，这里写着明明是我的课！"我们在下面笑得不行。物理老师说："你的课是后面两节，这是我的课。"夏老师突然懵了一样，然后问我们："你们说这节课是谁的课？"我们异口同声地说："物理课！"夏老师就像个犯了错的小孩子，低下了头，然后站在讲台边，说："我有错，你们原谅我不？"我们和物理老师都笑了，说："原谅你，你快回去吧。"他这才嘬着嘴走了，看着很是可怜。①

思考和讨论：作为学生，你怎么看待这些教师？你对自己的教师形象有什么期望？

教师的个人形象要体现个人的良好教养和较高素质，表现良好的个人心态与精神风貌，展现对人对事沉着冷静的态度。《新时代中小学教师职业行为十项准则》要求："坚持言行雅正。为人师表，以身作则，举止文明，作风正派，自重自爱。"

（一）教师的形象要求

1. 气质

教师应该具有良好的修养和高雅的气质，其优秀的内在素质会通过仪容举止显示出来。优雅大方、自然亲切的人会给人一种舒适、随和以及愿意与之亲近的感觉；手足无措、神态恍惚、缺乏自信的人，则很难在学生面前展现良好的内在素质，很难赢得学生的信任和追随。

2. 性格

教师的性格应该是充满自信，朝气蓬勃，乐观开朗，积极主动；沉默寡言，性情忧郁，谨小慎微，唯唯诺诺，则不可能营造良好的教育氛围。

---

① 改编自成都大学师范生"教师职业道德"课程作业。

3. 精神面貌

精神面貌是形象美的核心。生气勃勃的精神面貌无疑让人感到充满自信，富有感染力。教师舒展挺拔、精神饱满的仪态会创造出充满活力的课堂。

4. 性别魅力

在教育活动中，男教师要动作有力，表现出男子汉的刚劲、强壮、英勇和威武，具有"阳刚之气"，给人一种壮美感；女教师贵在气质优雅，应表现出女性的温柔、轻盈、娴静和典雅之姿，动作要有柔性，给人一种虽动犹静的优美感。

作为当下或未来的教师，我们应该对照上述要求规范个人形象，从表情、仪容、举止等方面着手，通过长期自觉的练习与维护塑造良好的教师形象，使学生亲其师、从其教、信其道。

（二）教师的形象修炼

1. 教师的表情与举止

教师承担教书育人的高尚职责，为了让学生能有一个安全自如、舒适愉悦的学习环境，教师应该保持一种和蔼、亲切、友善的态度，这些态度就应该通过自己的面部表情予以展现。

微笑能体现自信和友爱，能营造出良好的课堂环境，是教师对学生友好及信任的一种体现，也是教师对学生的一种期待和支持。因此，微笑应该是教师的职业表情。这种温和的表情能够缩短师生之间的距离，使学生感受到教师的亲切和蔼，更易于接受教师的教诲。想要自然地微笑，先要放松自己的面部肌肉，然后使自己的嘴角两端平均地、微微地向上翘起，让嘴唇略呈弧形。微笑时，应当目光柔和发亮，双眼略为睁大；眉头自然舒展，眉毛微微向上扬起。微笑来自良好的心境，来源于对学生的爱和关怀，真心的微笑才最有力量。好老师的面部表情应该：（1）时时带着微笑，微笑是世界共通的语言；（2）要专注，用心；（3）要真诚、亲切，使学生感到有亲和力，而不是有压迫感；（4）避免皱眉头；（5）避免板着一张脸，这样会大大降低学生的学习欲望；（6）不要常对学生表现出灰心、失望的神情，这样会打击学生的信心，导致学生自暴自弃。①

眼睛是心灵的窗户，一个人内心的情感大多是用眼睛来传递的。学生会观察教师，看教师的目光是否落在过自己身上；多久看自己一次；看自己的目光是友善的，关怀的，还是责备的，讨厌的……因此，目光也是教师开展教育教学的一项工具，适当用好自己的目光，可以与学生建立良好的关系，并增进课堂效益。教师在教学活动中：（1）当走上讲台开口说话前，先用眼光扫描全班，使学

---

① 杨世军. 教师肢体语言的课堂效用 [J]. 南昌高专学报，2010，25（5）：92.

生知道老师正看着自己，学生也会提醒自己看着老师。（2）开始上课后，眼睛要散发自信、活力、愉快的眼神。因为如此，学生会得到"一起打起精神吧！"的暗示，他们更愿意和一位有活力的老师一起学习。（3）眼睛不可离开学生，而且配合身体的转动，让每个学生都能接收到自己关爱的眼神，自己也才能时时刻刻抓住学生的注意力，控制全场。（4）在讲授课程时，眼睛必须配合教学内容而改变。当学生有好的表现时，自己不妨传递出赞赏、嘉勉、期望的眼神，这样会使学生愿意变得更好，也就是所谓的"皮格马利翁效应"；反之，当学生有不良行为时，也可用眼神制止他，传达出老师已经在注意他的信息。①

[参考阅读]

教师目光礼仪之忌②

1. 忌常用责备的目光。这种目光容易使学生产生逆反心理，造成学生对教师的抵抗情绪，割裂师生友谊，使两者矛盾激化，不利于学生健康人格的发展。

2. 忌漠视的目光。教师只顾做自己的事情，不看着对方说话，这是怠慢、冷淡、心不在焉的流露。这种目光极易使学生自尊心受到伤害，使学生产生自卑心理，任何活动都不敢参加，进而对任何事情都缺乏信心和兴趣，最终导致性格孤僻、冷漠、自私。

3. 忌目光只关注个别或少数学生。教师的目光要照顾到班上的每一个学生，放眼全班，不要长时间只聚焦于某一人。用目光来调整学生的注意力，对专心听讲的学生用热情的目光表示肯定；对精力不集中、做小动作或窃窃私语的学生，用提醒的目光注视几秒钟，待双方目光接触后再移开，这样既起到了告诫的作用，又保护了学生的自尊心。

4. 忌不恰当的凝视。凝视学生，有时表示重视或关注，但是，当双方缄默无语时，就不要再凝视对方的脸。因为在双方无话题可谈时，学生本来就有一种局促不安的感觉，如果此时教师一直注视学生，势必使对方觉得更尴尬。

2. 教师的仪容

一个人在与外界交往时，在给别人的第一印象中，仪容往往是最重要的一部分。仪容一般是一个人的仪表与容貌的统称。在教学活动中，教师个人仪容的基本要求是干净整洁，注意个人卫生，做到身体无体味、口腔无异味；教师必须依照常规对自己的仪容进行定期的必要修整，例如定期理发，修剪指甲等。女教师可以适度化妆，但要保持妆容淡雅而不夸张。

① 杨世军. 教师肢体语言的课堂效用 [J]. 南昌高专学报，2010，25（5）: 93.
② 转引自李黎，吕鸿. 师德与教师礼仪 [M]. 北京：高等教育出版社，2011: 182. 选用时有改动。

3. 教师的气质和魅力

举止规范能够体现一个人的修养和素质。为人师表更要做到一切举止符合自己的职业要求和身份定位。自信、有尊严、有能力、风度翩翩、庄重典雅的教师，不但能得到学生的认同和敬佩，而且还能向公众展示教师的文明形象，得到社会的尊重。

教师在课堂上的手势不仅有强调、示范的功用，而且比言语更能清楚地表达出鼓励、制止等意思。此外，教师运用教学手势也反映自身在工作上的投入程度，从而感染学生。恰到好处地运用好手势语言是一门艺术，能起到形象而直观地强化教学信息的作用。一般说来，使用手势的基本原则有：（1）应展开双臂、手指合拢，这样显得大方，有精神；（2）手势动作自然，不夸大，不做作；（3）依身材决定手势大小，身材娇小者宜放大手势；（4）手势应多变化，但也不要太过频繁，让学生眼花缭乱；（5）不做手势时，双手可自然垂放于身体两侧；（6）教师应避免出现习惯性的小动作。[①]

三、教师的着装修饰

> 📖 **[学习活动]**
>
> 阅读以下案例：
>
> 在某学校的一堂公开课上，一位女老师身穿一件时尚漂亮的连衣裙，自信满满地站上了讲台。然而，当这位女老师抬手往黑板上写字时，短到膝盖以上至少三寸的超短裙会上提，显得更短，引得下面的学生窃窃私语；当这位女老师走下讲台查看学生做练习的情况时，深V领则使得面前的学生非常尴尬。见此情形，在教室后方听课的老师都面面相觑，哭笑不得。
>
> 思考和讨论：基于上述案例，你认为一位教师的着装对于教师形象、教学活动等方面有哪些影响？

个人形象一般是指一个人在社会上所形成的公众印象，以及社会公众由此而对其产生的基本看法和总体评价。教师形象则是指教师在工作、生活之中所展现的个人形象，是内在修养与外在仪容的结合，能给学生留下深刻的职业印象。教师的个人形象从总体上说应该是端庄得体的。在上述案例中，教师的连衣裙超短、低胸、过于性感，一方面会分散学生的注意力，影响教育教学效果；另一方面则会影响教师的职业形象，误导学生的审美观。因此，遵守得体着装原则是教

[①] 杨世军. 教师肢体语言的课堂效用 [J]. 南昌高专学报, 2010, 25 (5): 93.

师成功塑造形象的前提，更是教师职业道德、职业修养的重要组成部分。

（一）教师着装的原则

1. TPO原则

TPO即英语time（时间）、place（地点）、occasion（场合）的缩写，指着装应适应具体的时间、地点和场合。

教师穿衣要考虑早晚、季节和时代的因素，注重时间变化。晨练、课堂、假日休闲要着装有别，应顺应自然，符合季节、气候特点。同时，还应注意服饰有明显的时代特点，不同时代有不同的风格，在着装上应与潮流大势保持同步，既不落伍，也不太过前卫。

教师着装应考虑不同的地点。在学校中进行教学或管理工作时，应该穿着体现教师气质的职业装；在运动场带领学生进行体育锻炼时，应穿着运动服；在社交活动中则应选择得体应景的服装。另外，由于文化传统、宗教信仰、地理环境、历史条件的差异，教师在服装上也应尊重不同地方的文化观念，例如在教堂或寺庙等场所，不能穿着过露或过透的服装；在外考察时也应注重当地习惯，入乡随俗，适当改变穿衣风格。

除了时间与地点原则之外，教师着装还应注意符合不同场合。工作场合的着装要端庄得体、稳重优雅；社交场合的着装要时尚个性、应己应景；休闲场合的着装要轻松舒适、随意自然。

2. 合理搭配原则

教师在衣着上应注意选择适合自己性别、脸型、肤色、身材、性格、气质和年龄等各方面因素的服饰。服饰要注意色彩与款式的搭配。

3. 学校服饰总体要求

教师职业生活的主要场所是学校，学校里的教师着装应该：（1）端庄大方，不要太轻佻随意；（2）含蓄稳重，不要太时髦前卫；（3）整洁利落，不要太脏乱邋遢；（4）美观和谐，不要太浮夸、繁杂；（5）要适合自己的体形，量体裁衣；（6）要适合自己的教育对象，在着装上形成积极正面的影响。

（二）女教师着装建议与禁忌

1. 女教师着装建议

在学校里，女教师着装应当端庄大方、简洁文雅，颜色较为明快，体现出亲切感和亲和力。女教师的服装一般可分为职业装、礼服和便装三种。

女教师的职业装可选择西服套装。西服套装又有裙装和裤装之分，首选是裙装。在课堂上，裁剪合体的西服套裙能体现出女教师的高雅气质和独特魅力。职业套裙的上下装面料应保持一致，且质地要好、裁剪合体。套裙款式应根据自身年龄、身材、肤色、气质等因素来选择，与之搭配的鞋、袜、包、饰品、发型、妆容等也要与套裙相协调。颜色应选择基本色，或以冷色调为主，不要选择较为鲜亮抢眼的色彩。上下装可选择同色，也可以选择相似色或对比色的搭配。面料图案则以条纹、碎点或无图案为佳。西装上衣长短应适中，如果配西装裤则上衣可稍长。另外，上衣的V字形领口高低要适中，腰身不要有紧绷感。西装套裙长短应适中，"裙短不雅，裙长无神"，因而裙长选择在膝盖上下一寸左右为宜。

女教师在搭配套裙时要注意以下几点：首先是鞋袜。穿职业套裙不能搭配旅游鞋、布鞋或凉鞋。一般以黑色的半高跟皮鞋较为适宜。高跟鞋的鞋跟不宜过细过高，以免走路时步伐不稳，影响形象。裙装一般应搭配长筒丝袜或连裤袜，具体颜色可以根据修饰身材的需要进行选择，腿太细可以穿浅色的丝袜，腿较粗可以穿深色的丝袜，一般以肉色为佳。丝袜不能有破损，袜口不可暴露在裙摆外边，并且不能当众整理自己的袜子。其次是饰品。与着装相搭配的饰品往往能为女性柔美、高雅的形象起到画龙点睛的作用，但饰品搭配也有一定的原则：数量以少为好，同时佩戴的饰品一般不超过三件；同时佩戴的饰品应该材质相同，颜色相同，以免过于花哨；要符合教师的职业身份特点，不可选择过于夸张、色彩鲜艳的首饰；根据服装的不同质地、款式选择与之协调的饰品。

女教师穿裤装可参考上面裙装的搭配原则。

在普通社交场合，女性教师可穿着体现女性体态美的连衣裙，或应季上衣搭配半身长裙、过膝裙。晚宴等正式社交场合则一般穿裙装。在休闲场合可选择便装，考虑"轻松舒适、随意自然"的风格。

2. 女教师着装禁忌

女教师在学校里的着装有以下几点禁忌：（1）在学生面前穿着低胸领上装、露脐装、低腰裤、超短裙；（2）衣着太随意，衣服过大或过小，衣扣不到位；（3）穿着透视装，内衣外现；（4）降低权威感的"小女生"装扮。

（三）男教师着装建议与禁忌

1. 男教师着装建议

西装是男士职业装的最佳选择。西装颜色应以深色为佳，如深蓝、深灰、藏青色等，衬衣则一般选择白色、浅蓝色或银灰色等。西装、衬衣、领带其中应有两样为素色。西装穿着应遵循"三色原则"，即服装的颜色除领带外全身的颜色不能超过三种。男教师穿着西装时要注意以下几点：（1）穿着时应拆除商标。（2）正式的西服应成套穿着，不与夹克或牛仔裤搭配。（3）男教师着正装时应搭配正装皮鞋，皮鞋材质不能显得低劣，应与正装皮带同质同色。标准西装袜是黑、褐、灰、藏蓝的，以单色和简单的提花为主。不可选用白色或浅色的袜子搭配西装，袜口不能外现。（4）西装单排纽扣应遵循约定俗成的系法。就座以后，解开纽扣，以免西装走样。站立时则应扣中间一颗或中上两颗纽扣，最下面一颗纽扣基本不扣。双排扣的西装则需要把纽扣全部扣上。

在日常生活中，如在上街购物、朋友聚会等场合，男教师可选择穿着便装。个人可以根据自己的喜好和客观条件选择不同款式、颜色的服装，也可以根据不同环境和气氛选择服饰。便装需考虑风格协调，色彩和谐。

2. 男教师着装禁忌

男教师在学校里的着装有以下几点禁忌：（1）穿着无领、无袖的上衣；（2）穿着过于随意或紧身的短裤、牛仔裤；（3）穿着凉鞋或人字拖。

[思考和实践]

1. 设置教学环境，练习目光运用以及微笑，同学间相互点评。

2. 和同伴讨论：如何让自己的语言表达产生教育影响力？

3. 讨论与交流，对同伴的着装风格进行点评并给出恰当的建议。

四、禁止针对学生的性行为

📖 [学习活动]

就你所了解的教师对学生进行性骚扰或教师与学生发生不正当关系事件及其危害，说一说你对教师加强有关道德修养的认识与理解。

《新时代中小学教师职业行为十项准则》规定中小学教师不得与学生发生任何不正当关系，严禁任何形式的猥亵、性骚扰行为；《新时代幼儿园教师职业行为十项准则》规定幼儿园教师严禁猥亵、虐待、伤害幼儿。

从国家颁布的与教师的职业、生活密切相关的法律法规中，我们可以找到与保护学生身心不受伤害相关的法律条文。

[参考阅读]

教师必须知道的有关法律规范

《刑法》第二百三十六条："以暴力、胁迫或者其他手段强奸妇女的，处三年以上十年以下有期徒刑。奸淫不满十四周岁的幼女的，以强奸论，从重处罚。强奸妇女、奸淫幼女，有下列情形之一的，处十年以上有期徒刑、无期徒刑或者死刑：（一）强奸妇女、奸淫幼女情节恶劣的；（二）强奸妇女、奸淫幼女多人的；（三）在公共场所当众强奸妇女的；（四）二人以上轮奸的；（五）致使被害人重伤、死亡或者造成其他严重后果的。"

《刑法》第二百三十七条："猥亵儿童的，处五年以下有期徒刑；有下列情形之一的，处五年以上有期徒刑：（一）猥亵儿童多人或者多次的；（二）聚众猥亵儿童的，或者在公共场所当众猥亵儿童，情节恶劣的；（三）造成儿童伤害或者其他严重后果的；（四）猥亵手段恶劣或者有其他恶劣情节的。"

《未成年人保护法》第四十条："学校、幼儿园应当建立预防性侵害、性骚扰未成年人工作制度。对性侵害、性骚扰未成年人等违法犯罪行为，学校、幼儿园不得隐瞒，应当及时向公安机关、教育行政部门报告，并配合相关部门依法处理。学校、幼儿园应当对未成年人开展适合其年龄的性教育，提高未成年人防范性侵害、性骚扰的自我保护意识和能力。对遭受性侵害、性骚扰的未成年人，学校、幼儿园应当及时采取相关的保护措施。"第五十四条："禁止拐卖、绑架、虐待、非法收养未成年人，禁止对未成年人实施性侵害、性骚扰。"

[思考和实践]

谈谈对下面这个案例的理解，说一说你怎样看待青年教师的行为。

某校一青年教师与他班上的女学生"坠入爱河"，已经发展到每天必须"个别谈话"，上课时眉目传情、神魂颠倒的地步，被学生们议论纷纷。校长找其谈话，劝他立即悬崖勒马，这位青年教师反问校长说："《婚姻法》上有规定教师不能和学生谈恋爱吗？我是违反了《宪法》还是《婚姻法》？"①

---

① 钱焕琦. 性道德修养：教师职业道德的重要内容 [J]. 思想·理论·教育，2004（9）：35. 选用时有改动。

专题二　与同事协作共进

一、协作共进的意义

> 📖 [学习活动]
>
> 阅读以下故事：
>
> 　　一个人梦到自己来到一栋两层的屋子。进到一楼时，他看见一张长长的大桌子，桌旁都坐着人，尽管桌子上摆满了丰盛的佳肴，可是没有一个人能吃得到，因为大家的手臂都受到了魔法师的诅咒，全都变成了直的。因为手肘不能弯曲往自己嘴里送东西，看着好东西却不能享受，他们个个愁苦满面。
>
> 　　这时，他听到了二楼欢愉的笑声，上楼一看，同样也有一群人，手肘也不能弯曲，但是大家却吃得兴高采烈。原来每个人的手臂虽然不能弯曲往自己嘴里送东西，但是运用直手臂却可以为对面的人挑送食物。他们互相夹菜喂食，都吃得很尽兴。①
>
> 　　思考和讨论：为什么说相互协作就高兴，而彼此不协作就愁苦满面？

（一）从人的需要看协作

这个故事告诉我们，一方面人总有许多不可能，克服自己的不可能需要他人的帮助；另一方面帮助别人往往自己也能得到帮助，互助是彼此最好的相处方式。"人"字是一撇、一捺，"人"字的结构把人的群体性特征充分地展示出来：人生活在群体中，人们需要相互扶持、相互合作、相互帮助，在相互扶持、合作和帮助中人们整体不断向上，不断发展。相互支持、彼此协作的地方就是"天堂"，没有协作、只顾自己的场所就是"地狱"。

美国心理学家马斯洛（Abraham H. Maslow）认为，人的需要是有层次的，是由低级向高级发展的。他把人的需要分为生理需要、安全需要、社会需要、自尊需要和自我实现需要五个层次，我们可以以此为线索，讨论人为什么需要互助。

从生理的层次看，在地球上的生物中，新生的人类是软弱而渺小的。在各种生物的遗传特性中，人相互依赖的特性远远强于其他动物。许多物种的生命可以依赖遗传特性开始独立的生命历程，而人并不具有这种遗传特性。无论身体的成

---

① 悦儿. 故事默想［J］. 协商论坛，2006（6）：64. 选用时有改动。

长，还是心理的成熟，没有谁敢说从母体中出生以后不需要或者说没有得到其他人的照料、关心和帮助。也就是说，没有互助，人便无法生存。尽管经过后天发展的人是强大的，但人的强大除了因为人有智慧外，更重要的原因还在于人是群体生活的，是相互帮助的。因为互助，因为分工，因为合作，人才有了超越个体的力量。

从安全和社会的层次看，我们可以说人天生是孤独的，因此人天生需要安全、追求安全。获得安全的方式是归属到一个群体之中，比如家庭、朋友、单位等。除了因为血缘带来的群体归属可能不会附带条件外，其他的群体归属都离不开互助的纽带。失去了互助，群体的存在就可能失去基础和根据；失去了群体，我们就可能失去安全感。因此，当一个人不能在互助方面有所作为时，人就会失去自己所在的群体，陷入孤独之中。孤独本身也许不可怕，但由此失去安全感却可能给人致命的打击。

从自尊和自我实现的角度看，人具有内化和外化双向互动的功能。外化即人有做事、创造或活动的需要，人不断地将自己的主体性外化为一定形式的劳动与文化，以确保和提高自己的主体地位。如果人的主体性不能外化，人的主体地位就不能得到保证，生存的意义和价值就会受到质疑。互助的过程既是通过接受帮助（内化）发展自己的过程，也是通过提供帮助（外化）证实自己的过程，通过互助，人自我实现，获得自尊，展现自己的价值。

（二）与同事协作的教育意义

除了一般的生理需要、安全需要、社会需要、自尊需要和自我实现需要外，教育工作和教师的工作还具有自己的特殊性，协作对教育工作具有更加特殊的意义。

从教师的工作特征看，一方面，从备课、上课、作业布置和批改到检查和评定学生的学业成绩，在大多数情况下，教师是通过个体方式来解决教育教学问题的，因此教师劳动具有鲜明的个体性；另一方面，教育本身又是一项复杂的系统工程，在现代社会中，每一个人的成长，都需要许多人从多方面、多角度、多侧面实施全方位立体交叉式的教育，任何一个学生的成长都是多种因素协同作用的结果，群体性和协作性是教师劳动的一个基本特征。培养人、促进人的全面发展本身是一种综合性、协作性劳动，所以如果没有教师间的协作，就很难有效实现学生的全面发展；如果没有师生间的协作，有效促进学生发展就是一句空话。教师间需要团结协作而不是彼此拆台，这样做的话，有利于增加学校整体的教育力量，有利于创造良好的教育环境，有利于保证教育的连续性和一贯性，有利于增进教师的归属感和幸福感。

从对学生的教育影响看，教师自身的团结协作作为一种道德品质，对学生团结协作品格的培养具有直接的示范作用。教师如何对待他人、集体和社会，都会潜移默化地影响学生，学生会有意无意、自觉或不自觉地以同样的态度和方式去处理人际关系。

二、协作共进的取向和方法

没有一个人可以不依靠别人而独立生活，这是一个需要互相扶持的社会。教师间需要互助，需要协作。但由于学校与学校的办学质量和水平存在差距、教师的职称待遇需要考评等现实情况，教师间的竞争不可避免。从一定程度上讲，期望教师完全通过道德自觉来加强协作与互助，本就显得不够实际。制度是任何一个组织具有强大力量的原因，拥有内部协作的成功组织需要相应的制度来保障同事之间的协作。因此在学校管理中，必须着力建设促进协作的相应制度，并据此建立教师间的协作文化。

然而，仅仅靠制度无法真正实现同伴间的有效协作，协作毕竟是人与人之间的活动，缺乏共事双方的协作意愿和协作努力，再好的制度也没有"用武之地"。因此，我们需要学习如何协作。

[学习活动]

阅读短篇小说《窗》：

窗①

医院病房住着两位病人，一门一窗，门通向走廊，而透过窗户可以看到外面的世界。其中靠近窗口的病人可以在上午和下午起身坐上一个小时，另一位不得不日夜躺在床上，静静地躺着，病情不允许他做任何事情消遣。两个人经常谈天，一谈就是几个小时。

每天上午和下午，靠窗的病人都会被扶起来仰坐。这时，他就为同伴描述起他所见到的窗外的一切。比如，这个窗户俯瞰着一座公园，湖面上漫游着一群群野鸭、天鹅；公园里的孩子们有着不同的活动；情侣手挽着手在树荫下散步。公园里鲜花盛开；公园一角网球场上的比赛比较精彩……

一段时间里，躺着的病人津津有味地听着，享受着。一天下午，他突然产生了一个想法：为什么偏是对方有幸能观赏到窗外的一切？他也为自己有这种想法惭愧，并竭力不再这么想。可这种想法越克制却越强烈，几天以后，这个想法变成了：紧挨着窗口的为什么不该是我呢？

---

① 泰格特. 窗 [J]. 文艺生活（精品小小说），2004（7）：36. 节选并有改动。

　　白昼为这一想法所困扰，晚上也彻夜难眠，他的病情一天天加重，医生们对其病因不得而知。

　　一天晚上，他照例睁着双眼盯着天花板。他的同伴突然开始大声咳嗽，呼吸急促。这时需要人帮助按下电铃的按钮，只要电铃一响，值班护士就会立即赶来。可是他心里还是在想：他凭什么占据窗口那张床位呢？

　　痛苦的咳嗽声打破了黑夜的沉静，直至最后呼吸停止。

　　几天后，剩下的这位病人提出把他挪到窗口的那张床上去。医生刚一离开，这位病人支起身子探头朝窗口望去，结果他看到的只是光秃秃的一堵墙。

　　思考和讨论：在短篇小说《窗》中，"门口病人"所显现的人性弱点是什么？我们可以怎样避免类似的结局？

（一）控制"心魔"，避免妒忌

　　这篇小说揭示了人性的弱点，在我们每一个人心中，都可能存有这样的"心魔"，都难免成为最后剩下的"躺着的病人"。这样的心魔使我们怀疑和妒忌，为此寝食难安，并可能做出误解别人善意的举动。妒忌心理是一种损人不利己的病态心理，严重影响自己的身心健康，是一种"心魔"。面对妒忌的"心魔"，人有反思意识和批判精神，有克服妒忌的能力和条件，还有机会控制这种"心魔"。只有控制了它，我们才能理解和信任他人，才能接纳当下的自己，从而采取沟通与和解的方式与他人融洽彼此的关系。

　　控制这种"心魔"也需要朋友。这种"心魔"如此强大，以至于摆脱它的控制，有时仅靠自己的力量会显得势单力薄。这时，就需要他人的力量，特别是需要亲人的力量、伙伴的力量及身边其他人的力量。人是需要朋友的，也是需要朋友帮助的，在心中不痛快、不舒坦的时候，找朋友说说，一方面是释放，另一方面也是寻求开解。自己释放、开解后，世界的新图景也就出现了。

（二）主动投桃，及时报李

　　协作意味着为了共同的目标，组织成员彼此帮助。那到底应该先帮助，还是应该先获得帮助？纠缠于这样的问题犹如纠缠于"先有鸡还是先有蛋"的问题。在协同学、社会学的研究中，有效的解决办法是：首先以互助的姿态提供帮助，然后不管对方怎么样，均采取上一回合中的策略。也就是先向别人表示诚意，提供帮助，在对方回应帮助后，你再以帮助回应他。

　　教师间的协作可以这样形成："我"首先以协作的姿态提供帮助，然后"你"也以协作的方式回报，"我"再以相同或者更进一步的方式回报"你"，慢慢地在"我们"之间形成"互助共同体"，使互助达到更高水平。在这种投桃报李的协作中，首先需要投桃者，就像在火车上，两个不熟悉的人需要一个人先向对方微笑一样，先主动伸出友谊的手，你会发现我们可以做朋友。其次，投桃报李的互助需要建立在信任的基础上，别人投桃，我们一定要报李，而且相信别人也会报李。当投桃报李的某一个环节断裂时，这种互助就可能走到了终点。从这种意义上，诚信本身就应该成为协作双方彼此的修养、共同的要求。

加强协作和提升协作程度的一种方法是，回报的比别人给予的更多。《诗经·卫风·木瓜》这样咏唱彼此的交往："投我以木瓜，报之以琼琚。匪报也，永以为好也！投我以木桃，报之以琼瑶。匪报也，永以为好也！投我以木李，报之以琼玖。匪报也，永以为好也！"

协作还需要避免文人相轻的不良现象。文人相轻是知识分子之间彼此看不起、彼此不尊重的现象。教师之间的文人相轻会造成消极影响，它使教师之间彼此冷淡、封闭，严重的可能导致彼此倾轧，不仅使彼此不愉快，影响工作，而且可能在学生中产生恶劣影响。克服文人相轻现象，首先需要谦虚正直；其次要致力于维护其他教师的威信，特别是维护其他教师在学生中的威信，引导学生发现其他教师的优点和贡献。事实上，教师维护他人的威信无形中也在提高自己的威信。相反地，贬低他人实际也在贬低自己。

（三）在协作中优先考虑对方利益

[参考阅读]

课文中有这样一个例子：一位外国的教育专家邀请中国的七位小学生做了一个小实验。在一个小口瓶里，放着七个穿线的彩球，线的一端露出瓶子。专家告诉小学生们，这只小口瓶代表一幢房子，彩球代表屋里的人。房子突然起火了，只有在规定的时间内逃出来的人才有可能生存。他请参与实验的小学生各拉一根线，听到哨声便以最快的速度将球从瓶中提出。实验即将开始，所有人的目光都集中在瓶口上。哨声响了，七个孩子一个接着一个，依次从瓶子里取出了自己的彩球，总共只用了3秒。在场的人情不自禁地鼓起掌来。

这位外国专家称赞道："真了不起！真了不起！我在许多地方做过这个实验，多数情况是几个彩球同时卡在了瓶口，至多逃出一两个人。我从你们身上看到了一种可贵的合作精神。我想知道你们怎么有这样的默契？"其中一位小学生回答："刚才一位姐姐说：'我们要有秩序地出去，我最后，你第一、他第二……'听她的安排，我们很快地按顺序取出了自己的彩球。"

我们可以把自己作为参与者想一想：为什么我们要听"姐姐"的安排？因为她说了"我最后"。假如她说"我第一"，或者她的安排是"你第一、你第二……我第五，你们两个最后"，其他人会都听她的吗？未必。这个学生的回答告诉我们：要赢得协作，需要优先考虑他人的正当利益，让他知道你关注了他的正当利益，并且切实帮助他实现了正当利益；将心比心，你考虑了他的正当利益，他就有可能也关注你的正当利益，从而打开合作双赢的局面。

（四）以"下跳棋"的方式而不是以"下象棋"的方式竞争

竞争和协同是德国科学家赫尔曼·哈肯（Hermann Haken）协同学的基本概念。哈肯认为，竞争是协同的基本前提和条件，是系统演化的最活跃的动力。一方面事物发展本身具有不平衡性，另一方面系统诸要素或不同系统之间对外部环境和条件的适应与反应不同，所以不同事物获得的物质、能量以及信息的质量必然存在差异。而只要事物内部或事物之间存在差异，就会在事物内部或事物之间形成竞争，竞争的存在和结果又可能造成事物内部或事物之间更大的差异、非均匀性和不平衡性。从开放系统的演化角度看，竞争一方面造就了系统自组织演化的条件，另一方面推动了系统向有序结构的演化。很显然，竞争是必要而有价值的。所谓协同，按照赫尔曼·哈肯的观点，就是系统中诸多子系统的相互协调、合作或同步的联合作用或集体行为。

在赫尔曼·哈肯的观点中，竞争和协同的相互作用是自组织系统演化的动力：子系统的竞争使系统趋于非平衡，这是系统自组织的首要条件；子系统之间的协同则在非平衡条件下使子系统中的某些运动趋势联合起来并加以放大，使之占据优势地位，支配系统整体的演化。竞争和协同都是组织所必需的。

《论语·八佾》说："子曰：'君子无所争，必也射乎！揖让而升，下而饮，其争也君子。'"也就是说，竞争也要以礼而争，按规则而争，做君子之争。人与人之间的竞争要有从"象棋规则"到"跳棋规则"的变化：从目的上看，"象棋"以消灭对方、捉住对方的"将""帅"为目标，"跳棋"以争取先机、最先到位为目的；从实现目的的方式上看，"象棋"通过消灭对方有生力量、扫清障碍实现目的，"跳棋"以彼此依赖和借助的方式实现快速前进；从结果上看，"象棋规则"带来的是伤痕累累、尸横遍野，胜利也是孤独的胜利，"跳棋规则"强调彼此并不吃掉对方，胜利者往往是更善于利用对方力量而迅速前进、实现完美和完善的。从"象棋"到"跳棋"，协作与借助已经成为彼此共同的选择。

在竞争的背景下强调协作，既要克服消极无为、安于现状、墨守成规、故步自封的思想，积极参与竞争，敢于迎接挑战，在竞争中提高自身素质，提高工作质量；更要在工作中与同事以诚相待，相互支持，为了学生的发展，为了集体荣誉，求同存异，自觉与他人协作，实现双赢和共同发展。

[思考和实践]

1. 找一找自己有哪些有利于和同事协作的品质和行为。

2. 说一说，在同事之间敞开心扉、交流内心想法的好处和带来的愉悦。

3. 阅读以下案例：

小王刚参加工作不久，他潜心探究教学规律，针对当今教学中存在的弊端，小王进行了大刀阔斧的教学改革，其教学效果深受学生的欢迎，他自己也甚感欣慰。但在一次教研室教学研讨会上，有的老师明确表示了对小王教学改革的反对意见，有的希望他不要标新立异，也有的要他不要将学生的满意度作为教学成功与否的唯一标准，还有的劝他不要因为搞教学改革而搞僵了和其他老师的关系。

想一想：你怎么看待小王的同事们的意见和做法？如果你是小王老师，你会怎么做？

专题三　与家长沟通合作

一、理解、尊重和平等对待家长

> **[学习活动]**
>
> 阅读以下案例：
>
> 　　向老师是一名语文老师，同时也是我们的班主任，30岁的她心情像雾像雨又像风。有一天，她的脸和天气一样阴沉，原来是因为我们班的卫生很差，被评为最后一名。她就借发试卷的机会，打那些没有及格的同学。她把小静的脸划伤了，自己却浑然不知。第二天，小静的脸又红又肿，她的父亲到学校找向老师理论。向老师不知道小静受伤的事，所以不承认是自己的错。这更加激怒了小静的父亲。小静的父亲一气之下当着办公室的老师们打了向老师一记耳光，向老师一向心高气傲，也在盛怒之下，把桌子上滚烫的开水泼向了小静的父亲！
>
> 　　后来，向老师被学校辞退了，她告别了自己最爱的三尺讲台。小静的父亲被送往医院救治，后来脸上留着一个大大的伤疤，出门都遮着脸……①
>
> 　　思考和讨论：向老师在整个事件中有哪些不妥行为？当小静的父亲来到学校的时候，向老师应该怎么办？

　　教师与家长的关系，是教师在职业生活中经常面对和处理的一种重要的人际关系。苏霍姆林斯基曾说："教育的效果取决于学校和家庭教育影响的一致性。如果没有这种一致性，那么学校的教学和教育过程就会像纸做的房子一样倒塌下来。"② 因此，教师要致力于和家长沟通合作，建立相互尊重、互助合作的家校关系，以形成学校教育和家庭教育的合力，营造教育的良好环境。

　　《中小学德育工作指南》指出："加强家庭教育指导。要建立健全家庭教育工作机制，统筹家长委员会、家长学校、家长会、家访、家长开放日、家长接待日等各种家校沟通渠道，丰富学校指导服务内容，及时了解、沟通和反馈学生思想状况和行为表现，认真听取家长对学校的意见和建议，促进家长了解学校办学理念、教育教学改进措施，帮助家长提高家教水平。"

---

① 改编自成都大学师范生"教师职业道德"课程作业。
② 苏霍姆林斯基. 给教师的建议 [M]. 杜殿坤，编译. 2版. 北京：教育科学出版社，1984：526.

（一）建立平等尊重、相互理解的信任关系

教师和家长之间的关系主要是以学生为纽带形成的。我们在判断教师与家长的关系是否合理时，首先要看这种关系是否有利于促进学生的发展，以及在多大程度上促进了学生的发展。教师与家长之间的关系首先是人与人之间的平等和相互尊重关系，而不是"教育者"和"被教育者"的关系。教师尊重家长的教育意义在于它有利于融洽学校和家长、教师和家长之间的关系，形成教育共识，同时化解家庭教育与学校教育的矛盾，形成教育的合力。常言说"敬人者，人恒敬之"，尊重别人不仅是自尊的表现，而且是获得别人尊重的条件和基础。

毋庸讳言，在现实中的确存在蛮横无理、求全责备或不负责任的家长，但就总体而言，大多数家长对教师还是敬重的，这种敬重与教师的知识、人格相关，也与自己的子女在接受教师的教育有关。就一般情况来说，在调节教师与家长关系的过程中，教师起着主导作用，为建立教师和家长之间平等合作的关系，教师需要信任家长。随着全民族文化素质的提高，家长的水平也在不断提高，许多家长对教育的认识和见解值得教师学习和借鉴。俗话说，旁观者清，有时家长可能会比教师更容易发现教育过程中的问题。因此，教师应该放下"教育权威"的架子，尊重家长，向家长学习，经常向家长征求意见，虚心听取他们的批评和建议，不断改进自己的工作。

尊重意味着理解和接纳，理解和接纳的一种方式就是换位思考。我们可以想一想"假如我是孩子的家长"，然后从这个角度出发最大限度地去理解家长的观念、做法和处境。教师要尊重家长对教育活动的知情权、监督权、参与权和评议权；要在班级建立家长委员会，建立或维护家长参与教育活动的相关机制。

（二）平等对待家长

作为教师，不但要平等地对待学生，也要平等地对待学生家长。学生家长各有不同，面对不同家长，教师需要一视同仁，公正、平等对待，既不在社会地位、经济地位高的家长面前阿谀奉承，也不在社会地位、经济地位低的家长面前摆架子。在理解和接纳家长的时候，教师要特别体会那些所谓"差生"和"不听话"学生家长的难处，不能动辄要求学生"请家长"，动辄就向家长"告状"，不要当众责备他们的子女，不能训斥、指责家长，并向家长推卸自己应尽的教育责任。只有这样，教师才能更好地赢得家长的信任与尊重。

（三）教育学生尊重、敬爱自己的家长

教师不仅自己要身体力行地尊重学生家长，而且要教育学生尊重与敬爱自己的父母，特别是要教育学生理解、尊重社会地位与文化水平不高的父母。有教养的教师不会当着学生的面讲有损家长威信和家庭亲情的话。事实证明，教师教育

学生尊重、敬爱家长，不但可以提高家长的威信和作用，增强家庭教育的力量，而且当家长看到自己的孩子在教师的教育下健康成长，自己又受到教师尊敬时，就会由衷地感谢教师，更加信任教师。这样，教师和家长就会在互相尊重的基础上，产生共同语言，主动沟通与合作，采取有效措施共同实施对学生的教育。

[参考阅读]

有效处理家长批评和不满的方法①

（1）热情地和家长打招呼，并为家长让座、准备茶水。当家长看到笑脸相迎的教师时，他们一般很难通过发火来展示自己的攻击性。

（2）认真倾听家长的申诉，缓解家长的冲动情绪。如果你一开始就采取戒备的心理和家长争辩，那只会火上浇油，使家长更加冲动。如果你对家长说"我为这件事情带给您的困扰抱歉""我感谢您的关心""我看出您对这件事确实很关心"，家长会感到他们得到了你的理解，可能就会慢慢冷静下来，气愤和冲动的情绪就可能逐渐消失，从而变得心平气和。

（3）用倾听来表现感兴趣的态度。倾听会使家长感到他得到了你的认可，消极和紧张的感受就会逐渐减少。

（4）表现得镇定自如，有专业人士的风范。教师可以腰板挺直，两眼直视家长，保持镇定。我们都有过这样的经历：在危急情况下，如果教师能保持镇定，有一个清醒的头脑，那么学生也会做出有效的反应。同样，家长也需要你有一个镇定自如的表现。

（5）询问家长的打算。打开僵局的一个方法是进行询问："我感谢您对此事的关心，通过我们的讨论您希望达到的目标是什么？"使用这种方法能帮助家长集中注意力，将家长准备向你发难的困境变成准备解决问题的交流。

（6）如果有必要的话，可以定好时间。如果你时间有限，应该告诉家长。你可以这样跟家长解释："我只有20分钟了，因为还要回到班级去。您看看20分钟能不能把问题解决？如果不行的话，我们是否可以另外再约一个时间？"

（7）询问家长，学生是否知道这个问题。因为学生是最重要的有关人员，所以有必要弄清楚他对家长所提出的这个问题的看法。通过询问，家长在把注意力转移到事件上时逐渐冷静下来，这样将会使双方的会谈更有成效。此外，通过询问，教师也能使家长关注自己孩子在解决问题中的责任感。

（8）如实向家长反映问题。当面对家长时，教师很容易掩饰问题的严重性或者承担过多本应由学生承担的责任。教师应该保持正直的职业态度，从一开始就应如实清楚地向家长反映问题，打下和家长沟通的良好基础。

---

① JONES V F, JONES L S. 全面课堂管理：创建一个共同的班集体 [M]. 方彤，罗曼丁，刘红，等译. 北京：中国轻工业出版社，2002：153-154. 选用时有改动。

（9）重视具体的资料。资料是你最好的职业工具，同时也是你最好的防御武器。当一个家长发脾气，说他的女儿去年成绩很好但今年却大大退步时，最理智且最有说服力的办法就是查阅这个学生的成绩资料。

（10）告诉家长你要采取哪些措施来解决问题。家长有权利知道教师将做什么来帮助学生克服困难。如果你耐心听家长的述说，给家长看资料，告诉家长你的计划，那么挑剔的家长就可能成为你的支持者。如果家长的担忧仍不能消除，你可以和家长进行下一步的接触来审视这项计划的结果；如果家长强调某一方面需要引起教师的关注，你可以为此设计一项计划。这样做既显示教师尊重家长的姿态，又体现了教师的能力。

二、积极帮助和引导家长

[学习活动]

阅读以下故事：

有一天，一个朋友的夫人来看陶行知，这位夫人告诉陶行知，因为自己七八岁的儿子把刚买的手表给折了，自己刚刚打了他一顿。不料，陶行知幽默地说："坏了，恐怕中国的爱迪生被你'枪毙'了！"这位夫人不解其意，陶行知让这位母亲带着孩子到钟表铺，并让孩子站在一旁看修表匠如何修理手表。陶行知告诉孩子的母亲："把孩子和表一起送到钟表铺，请修表匠修理。这样修表铺成了课堂，修表匠成了先生，孩子成了速成学生，修表费成了学费，孩子的好奇心就可以得到满足了。也许他还能学会修理咧！"

思考和讨论：你从这个故事中获得了关于引导家长的哪些启示？

"教育的核心是培养健全人格，而家庭教育的主要功能和主要承担的责任就是教孩子学会做人、学会生活，这是学校教育无法替代和补充的。……赢得了家庭教育这块阵地，学校教育就不会再孤军奋战。"[1]教师尊重家长的人格和权利，并不等于一味地顺应家长的意见和做法。对一些教育子女方法失当的家长，教师应在尊重家长人格和权利的同时，利用专业优势恰当地对家庭教育给予引导。

（一）收集、研究教育案例并与家长沟通

用案例来揭示家庭教育的方法，是影响家长的一种有效途径。这种方法教师人人可用，对年轻教师来说，采用这种方法尤为合适：当遇到年龄比我们大、

人生经历比我们更丰富的家长时，讲道理未必是一种合适的选择，有时我们也讲不过家长，更有效的方法就是准备孩子成长的故事、家庭教育的故事，把故事讲给家长听，和家长分析故事中的方法和措施，启发家长思考和改变。从这种意义上，收集、研究一些学生成长过程中的故事、家庭教育的案例，对年轻教师来说更有价值和意义。

（二）善于和家长讲道理

首先，要相信大多数家长是通情达理的，但也要做好和家长讲道理的准备。其次，在准备讲道理之前，要审视自己的想法到底对不对，自己的要求和建议是否真的合理，说不定真理并不在你这里。比如，有的家长认为学习应该快乐，你觉得不刻苦就没有好成绩；家长认为作业不必太多，你要求对没有做完作业的学生进行处罚……对这些问题很难有一个合适的标准，也很难说就一定是你有理，家长无理。最后，要提高和家长讲道理的水平和能力，灵活运用讲道理的方法和艺术，要避免自己根基不稳，缺乏力量，无法用"有理"战胜"无理"。

在上一个故事中，陶行知先生首先用"恐怕一个中国的'爱迪生'被你枪毙了"引起家长的讨论热情和兴趣，接着分析家长揍孩子的做法可能带来的不良后果，最后指明弥补的措施和方法，充分利用了家长关心子女成才的心理，既不居高临下，又不只说空洞的道理。其观念和行为充分体现了尊重学生、促进孩子成长的教育追求，具有很强的艺术性，值得我们好好学习。

和家长沟通，借鉴前人的智慧和艺术，我们可以参考以下三种方式。

第一种方式是诸葛亮和刘备沟通的方式。当刘备见到诸葛亮时，诸葛亮表达自己观点的方式是直接和简洁的。使用这种方式的前提条件是：家长不仅有强烈的关心孩子的愿望，同时还对你的专业素养充分信任。

第二种方式是"触龙劝说赵太后"的方式。赵太后不愿意让自己的儿子到齐国做人质，不愿意听别人的劝谏，这犹如有的家长不愿意轻易改变自己的看法一样。触龙的策略是：一问饮食起居，传递关心，求得对方的心理接纳；二为自己的儿子求前程，所传递的信息是"我和你一样爱儿子，我理解和接纳你的处境"；三是在合适的时机说出"父母爱子，则为之计深远"的道理。触龙的策略有如下一些启示：首先要用让对方感到温暖的方式做好铺垫。其次要形成"同在共行"的立场，"同在"就是不把自己当成施加帮助和影响的人，而是设身处地站在他者的立场将心比心地同情对方，理解对方，接纳对方的处境；"共行"就是把对方的问题当成自己的问题，共同研究问题、解决问题，在解决问题中共同进步——成为一个学习共同体。最后，从接受的角度选择施加影响的方式，要把握施加影响的时机。《论语》中就有这样的说法："侍于君子有三愆：言未及之而言谓之躁，言及之而不言谓之隐，未见颜色而言谓之瞽。"（《论语·季氏》）

拓展阅读《家长袒护自己的孩子，怎么办？》

第三种方式是吴国年轻侍卫劝说吴王的方式。在"螳螂捕蝉"的故事中，为了劝阻吴王和楚国交战，年轻侍卫用的是不劝的方法。他先用奇怪的举动引起吴王的关注，然后讲述蝉、螳螂、黄雀、弹弓的故事，使吴王听后改变了自己的想法，用不劝的方法达到劝的目的，这就是《道德经》中说的"弱者，道之用"。对于"弱者，道之用"我们可理解为道是以不张扬的方式发挥作用的，也可以领悟为要影响和改变别人，更有效的方式是"用弱"和"示无"，从"无"中生出"有"来。自己"用弱"还有利于把发现和表达的机会留给对方，这是一种更高的道德修为，也就是"己欲立而立人，己欲达而达人"（《论语·雍也》）。

（三）求同存异，借助力量

"大同"，就是学生的健康成长和幸福生活，这应该是教师和家长之间能找到的共同点。作为教师，我们需要审视自己是否有这样的"大同"，是否建立起了这样的"大同"。"己所不欲，勿施于人"（《论语·颜渊》），有了"大同"的基础以后，我们又需要存"小异"。"小异"是什么？是不同的家庭总会有不同的期望、不同的方法和不同的要求。有人希望孩子考学求知，有人希望孩子以后做生意发财，有人满足于做工谋生……这些都是人们生存的方式，我们眼中不能只有一种方式，更不能容不得不同于自己人生理想的其他理想。对于一时无法取得共识的，可以放一放，等一等。大家都退后一步，想一想对方的立场和观点，不急于求成。

同时，教师也要有家长不接受意见、拒绝接受建议的心理准备。对于确实非常重要、迫切需要沟通，而自己沟通效果不理想的事件，教师也可以通过家长委员会、其他家长或同事与家长沟通，要学会借力。

拓展阅读《理智认识和对待家长投诉》

（四）运用法律的手段维护教育秩序和教师的尊严

学校和教师应该成为依法执教的榜样。对于家长中存在的危害正当教育秩序，侵害学生、教师和学校合法权益的违法行为，学校和教师要运用法律的手段进行抵制，以捍卫教师的合法权益，维护教育秩序和教师的尊严。

三、发挥家长委员会的作用

中小学家长委员会是在教育部门指导下，在中小学学校内设置的，由学生家长代表参加，代表全体家长参与学校民主管理、支持和监督学校做好教育工作的群众性组织。

2012年2月，教育部印发了《关于建立中小学幼儿园家长委员会的指导意

见》。该文件指出，要"把家长委员会作为建设依法办学、自主管理、民主监督、社会参与的现代学校制度的重要内容，作为发挥家长在教育改革发展中积极作用的有效途径，作为构建学校、家庭、社会密切配合的育人体系的重大举措，以更大的热情，更有效的措施，创造更好的条件，大力推进建立家长委员会工作"。家长委员会的职责是：（1）参与学校管理。对学校工作计划和重要决策，特别是事关学生和家长切身利益的事项提出意见和建议。对学校教育教学和管理工作予以支持，积极配合。对学校开展的教育教学活动进行监督，帮助学校改进工作。（2）参与教育工作。发挥家长的专业优势，为学校教育教学活动提供支持。发挥家长的资源优势，为学生开展校外活动提供教育资源和志愿服务。发挥家长自我教育的优势，交流宣传正确的教育理念和科学的教育方法。（3）沟通学校与家庭。向家长通报学校近期的重要工作和准备采取的重要举措，听取并转达家长对学校工作的意见和建议。向学校及时反映家长的意愿，听取并转达学校对家长的希望和要求，促进学校和家庭的相互理解。

[思考和实践]

1. 观看电影《乡村女教师》，并和同学分享你的观后感。

2. 阅读以下案例，想一想：你会怎样和家长沟通？与同学分角色扮演，并分析不同"教师"角色的做法。

某小学实行学生在教室里集体吃午饭的制度，由班主任为学生分发饭菜。一位刚入职的教师出于锻炼儿童的动手能力、自我生活能力的考虑，采取由学生轮流承担分饭菜工作的办法。但不久后，一位家长打来电话，称自己的孩子中午在学校总是吃不饱，很可能是由于分饭的小朋友分饭不均。这位家长还认为教师这样做是为了减轻工作量、推卸责任，要求教师改正这种做法。

专题四　教师廉洁从教

[学习活动]

阅读以下故事：

整个小学给我印象最深的是那位非常势利的班主任王老师。那是我到她班上后不久，她给了我个小组长的职务。但是她自己并没有太在意，直到一节体育课时，很多同学都围着我问我和王老师是什么关系。我说没有关系呀，她们又问我是不是给她送了什么东西，我说进学校后妈妈确实给她买了一大袋东西，当时她笑嘻嘻地收下了。原来如此，我一问才知道，班上90%的班干部都是给她送过礼的。于是，在我幼小的心灵上形成了对老师的最初的不好的印象：受贿，眼里只有一个"钱"字。①

思考和讨论：从这个故事中，你能够想到有关教师廉洁的哪些问题？

从上述故事中，我们注意到，在教师群体中确实会存在一些不廉洁的现象，而这些现象会造成教育教学活动的不平等与不公正。教师不廉，就算你对学生有所照顾，学生也看不起你，而且在若干年以后，他们也不会敬重你。因此，教师需要廉洁从教。

一、教师廉洁从教的含义和意义

（一）廉洁从教的含义

"廉洁"最早出现在战国时期伟大诗人屈原的《楚辞·招魂》中："朕幼清以廉洁兮，身服义而未沫。"《辞海》将其解释为清廉、清白，与贪污相对，并引东汉著名学者王逸在《楚辞章句》中的注释说："不受曰廉，不污曰洁。"用通俗的话说，廉洁就是不收受不义之财，不贪占公物和他人之物，不受世俗丑行的污染。

廉洁包含着廉正、廉仆、廉耻等内涵，它是奉公的基础，光明磊落的前提，又是一个人品行高洁，不贪污、诚信、正直、大公无私、遵纪守法、自律的保证，还是一个人自尊、自爱的基石。

---

① 改编自成都大学师范生"教师职业道德"课程作业。

（二）教师廉洁从教的意义

1. 廉洁从教是教师为师的人格前提

唐代文学家、教育家韩愈的名言是："师者，所以传道、受（授）业、解惑也。"（《师说》）他把"传道"作为教师的首要任务。教师要通过传道来育人，自己必须首先修身养性，为人品德高尚，必须做到清廉、公正，才能对学生言传身教。正如《礼记·学记》所云："师严然后道尊，道尊然后民知敬学。"只有这样，教师才具有为人师表的人格魅力；只有这样，"师道"才能确立，教师才能教人为真、为善、为美，才能使学生和社会中的人们敬而学之。

2. 廉洁从教是社会和人民对教师的新要求

当前我国处在市场经济的大潮中，向"钱"看现象、以"教"谋私现象在一些教师身上时有发生。这样的教师，违反了教师职业道德规范和相关法律法规，即使学问再高，也无法赢得学生的尊重，无法对学生起表率作用。

3. 廉洁从教是教师育人的品德基础

当一个人廉洁奉公、大公无私，时时处处为他人利益、集体利益、社会利益着想时，他的道德品质必然是优秀和高尚的；反之，如果一个人总是为私利着想，贪占集体和社会及他人的利益，其道德品质就是丑陋、卑劣的。"吃人嘴软，拿人手短"，一旦收受学生和学生家长的钱财和礼物，教师就可能对学生格外照顾，这样就难免处事不公，其公正形象必然受到损害。

4. 教师的廉洁形象代表着社会的廉洁形象

在学生面前，教师是社会代言人的角色，教师的廉洁形象代表着社会的廉洁形象。作为教师，需要在一些困惑、迷茫中保持清醒，立定根本、节持操守。这样才可能使学生怀有信心，才可能培养出操守廉洁的未来公民。

二、教师廉洁从教的要求

对于教师廉洁，《新时代中小学教师职业行为十项准则》明确要求："坚守廉洁自律。严于律己，清廉从教；不得索要、收受学生及家长财物或参加由学生及家长付费的宴请、旅游、娱乐休闲等活动，不得向学生推销图书报刊、教辅材料、社会保险或利用家长资源谋取私利。"

为促进教师廉洁从教，各地都有明确的规范和具体的要求。如《成都市中小学（幼儿园）教师职业道德行为准则（2017年修订版）》要求教师："不利用职务之便谋取私利。禁止索要或者违反规定收受家长、学生财物；禁止组织或者参与针对学生的经营性活动，或者强制学生订购教辅资料、报刊等谋取利益的行为；禁止利用职务便利收受家长、企业或其他社会组织不当利益馈赠。自觉抵制有偿家教。禁止组织、要求、推荐和诱导学生参加校内外有偿补课；禁止参与校外机构或他人组织的有偿补课；禁止在校外培训机构兼职；禁止为校外机构和他人介绍生源、提供相关信息"。南通市则提出了中小学（幼儿园）教师廉洁从教的"八不"准则：①

（1）不准收受学生及家长的礼品礼金、有价证券和支付凭证；

（2）不准接受可能影响公正执教的宴请、健身及娱乐等活动；

（3）不准从事有偿家教及违规到校外兼课取酬；

（4）不准违反政策向学生家长收取任何费用；

（5）不准向学生及家长推销或变相推销学习资料、生活用品等商品；

（6）不准为校外办学机构推荐生源从中收受好处；

（7）不准收受回扣佣金、商业贿赂；

（8）不准利用教师职业转变谋取其他不正当利益。

教师不仅要遵守国家的法律法规，受教师职业道德规范的约束，而且要接受地方教育行政部门的管理。各地教育行政部门根据本地实际所规定的教师廉洁从教要求，具有现实的针对性和要求的具体性。熟悉和了解所在区域教育行政部门的相关要求，按照相关要求廉洁从教，是教师现实而必然的选择。

[思考和实践]

阅读以下案例，思考：如果你是张老师，你该怎么办呢？

张老师新接了一个班的教学任务。当他发现班上孙同学基础很差跟不上教学进度后，便利用课余时间经常为其补课。经过半学期的努力，孙同学的成绩赶上了班上的进度。期中考试后，其家长看到孩子有了如此大的进步，便带着一大堆礼品来向张老师致谢，并一再说明完全是出于对张老师的感激之情，请张老师无论如何不能推辞。

拓展研读

[1] 苏霍姆林斯基. 给教师的建议 [M]. 杜殿坤，编译. 2版. 北京：教育科学出版社，1984.

[2] 钱焕琦. 性道德修养：教师职业道德的重要内容 [J]. 思想·理论·教育，2004（9）.

[3] 李振村. 教师的体态语言 [M]. 北京：教育科学出版社，2011.

[4] 金正昆. 教师礼仪规范 [M]. 2版. 北京：中国人民大学出版社，2014.

---

① 参见江苏省西亭高级中学官网。

[5] 周全星，崔军红. 教师礼仪 [M]. 北京：教育科学出版社，2012.

[6] 段少军，等. 性道德概论 [M]. 北京：华龄出版社，2009.

[7] 鞠玉翠. 试论公民正义感的培育 [J]. 教育研究，2013，34（11）.

[8] 陈大伟. 理智认识和对待家长投诉 [J]. 班主任，2016（12）.

第六单元　　师生关系

单元学习目标

认识和理解教师保护学生生命安全、呵护学生精神成长的责任。掌握尊重学生的内容，体会尊重学生的意义和价值，确立尊重学生的信念，学习引导和帮助学生的方法。从课程开发和建设的角度认识教师的劳动价值和工作重点，了解教师履行教育责任的途径。理解教育爱的意义，学习教育爱的表达。确立与学生"同学"的理念，学会和学生一起成长。

专题一　保护学生

一、保护学生生命安全

> 🔖 [学习活动]
>
> 阅读以下资料：
>
> 2013年4月20日四川省芦山大地震以后，有三段视频在网上迅速传播。视频的主角是三位普通的、默默无闻的教师，时间也不长，只有一分多钟：安静的教室突然晃动，教师镇定地指挥学生撤离后，最后走出教室。《人民教育》记者在灾区访问，有这样的发现和述评：①
>
> "记者走访被地震波及的学校，问及每个教师，回答却是：'这是应该的。我相信，大部分教师都能做到这一点。'
>
> "一个在汶川大地震时就坚持最后离开教室的教师，毫不讳言：我宁可死，也不愿抛下学生自己先跑！否则，这与母亲抛下自己的孩子没什么区别。
>
> "教师是什么？还是那个在教室里诗意地带着孩子徜徉于人类文明的领头人吗？不，他是可以用自己的生命换取他人生命的人。
>
> ……………
>
> "人只要活着，就必须思考两个问题：肉体存在和精神存在。
>
> "很多人把肉体存在看作第一生命。但高玉华老师却说：'如果我先走了，现在哪里还有脸面站在教室里给学生讲课呢？'刘雁老师却说：'我爱荣誉胜过生命！'
>
> "荣誉是什么？是维持生命庄严存在的精神力量，是人格光辉最集中的表达，也是一个社会主流价值的折射。
>
> "没有了荣誉之心，人的一生将暗淡无华。没有了荣誉之心，人的行为随时可能失去底线。没有了荣誉之心，社会将回到蒙昧混沌的时代。
>
> "珍爱作为一个人的荣誉，珍爱作为一个教师的荣誉，在灾难来临的时候，他们依然可以拥有人性的优雅与教师的尊严，我们的下一代依然可以期许温暖而光明的未来。"
>
> **思考和讨论：** 你对教师保护学生生命安全是怎么理解的？

---

① 节选自余慧娟. 盛赞这些高贵向上的生命 [J]. 人民教育，2013 (11): 2.

把目光放得宽一些，远一些，我们可以发现：在1994年12月7日新疆维吾尔自治区克拉玛依市友谊宾馆的特大恶性火灾事故中，在场的40多名教师，有36名遇难，他们中的大部分都是为了掩护学生逃生而殉职的；在2007年4月16日美国某大学的枪击案中，年已七旬的知名学者利维乌·利布雷斯库（Liviu Librescu）教授在关键时刻试图阻止凶手被杀，他为学生逃生争取了宝贵时间。

这些人是教师群体的丰碑，是教师人生的灯塔！

拓展阅读《教育需要甘冒风险》

（一）保护学生安全是教师的职业责任

德国一位哲学家说："善的本质是：保持生命，促进生命，使生命达到其最高度的发展。恶的本质是：毁灭生命，损害生命，阻碍生命的发展。"[1]没有了生命，其他的保护也就失去了意义。保护后代，为下一代开辟生存道路是种群繁衍的一种选择；而对弱小者实施保护，则是人类文明进化的具体体现。联合国《儿童权利公约》告诉我们，儿童应该是人类一切成就的第一个受益者，也应该是人类失败的最后一个蒙难者。这是文明社会共同的价值取向。

我们一生中要承担许许多多的责任，其中一项重要责任是职业责任。履行职业责任简称尽职尽责，所谓尽职尽责，就是尽自己最大的努力完成职业任务，承担职业责任，履行职责义务。尽职尽责是对职业人员的基本要求。2008年教育部修订颁布的《中小学教师职业道德规范（2008年修订）》明确提出："保护学生安全，关心学生健康，维护学生权益。"

《新时代中小学教师职业行为十项准则》和《新时代幼儿园教师职业行为十项准则》要求，要加强安全防范，增强安全意识，加强安全教育，保护学生（幼儿）安全，防范事故风险；不得在教育教学（保教）活动中遇突发事件、面临危险时，不顾学生（幼儿）安危，擅离职守，自行逃离。幼儿园教师要关心爱护幼儿，呵护幼儿健康，保障幼儿快乐成长；不得体罚和变相体罚幼儿，不得歧视、侮辱幼儿，严禁猥亵、虐待、伤害幼儿。

强调教师对学生的保护一方面是因为学生是教师的服务对象，从业者在职业活动中应该尽可能地保护服务对象的权益；另一方面，基础教育阶段的学生很多还是未成年人，缺乏自我保护意识和自我保护能力，他们更容易被伤害，更容易成为灾难的牺牲者。在伤害面前，他们更需要成人（包括教师）的保护和救助，教师作为成人，有责任和义务保护他们。

学习视频《保护学生生命安全》

（二）采取有效措施保护学生安全

（1）加强教育场所、教育设施设备、学生生活设施和食物的安全检查力度，

---

[1] 施韦泽. 敬畏生命：五十年来的基本论述 [M]. 陈泽环，译. 上海：上海社会科学院出版社，2003：121.

避免学生在不安全的环境中学习和生活，避免学生使用存在安全隐患的教育设施和生活设施，防止不健康、不安全的食物对学生造成伤害，不组织学生参加风险程度高的实践活动。

[参考阅读]

某校改造校舍，学校操场中间的大树下堆放着从旧教室拆下来的竹帘、房梁、砖瓦。在进行课间操时，校长告诫全校学生：学校正在拆除旧教室，严禁学生到旧校舍及堆放拆卸下来的竹帘、房梁、砖瓦处去玩。下午，两名五年级男生在操场玩耍。其中，跑在前面被追赶的男生顺手捡起了堆放在旁边的一枝竹竿，在快要被追上时回转身扬起竹竿挥向同伴，年久的竹竿因干枯而劈开，劈裂的竹屑掠过玩伴的眼睛造成伤害，这名学生在住院治疗期间花费三千余元。伤者家长将学校和玩伴的家长均告至法院。

法院认为，学校虽进行了安全防范教育，但对学生监管不到位，也负有一定责任。最后判决如下：伤者的医疗费由三方共同承担，造成伤害的学生监护人赔偿总医疗费的二分之一，剩余的二分之一医疗费由受伤者监护人及学校分担赔偿。

（2）加强安全教育和管理，提高学生的安全意识和自我保护意识，教给学生求生自救自护的本领和应对危险的办法，同时还要引导学生对自己的行为负责。修订后于2021年6月1日起施行的《未成年人保护法》第三十条规定："学校应当根据未成年学生身心发展特点，进行社会生活指导、心理健康辅导、青春期教育和生命教育。"有学者建议，要把中小学生伤害事故降到最低点，则要加强对学生的民事责任教育，让他们从小就知道：作为无民事行为能力人或限制民事行为能力人，自己能做哪些事，不能做哪些事；一个人要对自己的行为负责，有过错就要承担责任，有违法行为就应承担法律后果；发生民事纠纷，要学会寻求法律救济，通过诉讼或非诉讼渠道来维护自己的合法权利。[①]事先对学生进行安全教育，使学生和学生家长知道自己对伤害事故应承担的责任，这是减少伤害事故发生以后的家校矛盾的一种有效办法。

（3）在灾难和危险面前带学生脱离危险处境，保护学生不受伤害。曾有这样一则案例，1981年夏收季节的一个午后，山西省临汾市汾西县某中学初三某班学生参加麦收劳动后在返校途中，恰逢强烈的雷阵雨。全班学生纷纷跑到距校园不远处的一棵大槐树下避雨。带队教师见状，严厉地要求学生冒雨跑回校园。回到教室时，学生们个个都被淋成了"落汤鸡"，其中还有不少学生中途滑倒，沾了

---

① 阎玉珍. 要减少学生伤害事故则要加强学生的民事责任教育 [J]. 人民教育，2008 (6): 13.

满身泥污。正在同学们怨声载道时,随着一道刺眼的闪电和一声震耳欲聋的霹雳,只见那棵大槐树树顶冒出一股浓浓的棕色烟雾,一个水桶粗的树干被劈断落下。雨停后,全校师生纷纷前往观看,发现树下死了4头猪,20余只鸡。[①] 这个案例中的教师不顾学生的抱怨,坚持生命安全优先,用自己所拥有的安全知识帮助学生远离危险,是一个成功预防伤害事故的案例。

（4）在学生人身和其他合法权益受到侵害（如校外人员进校寻衅滋事、校内人员打架斗殴）时,教师要及时出面制止,不能因为害怕危险而坐视不管。《道德经》所讲到的"慈故能勇",正是这里所说的教师要因为对学生的关爱、对职业的责任而变得勇敢。在学生遭遇危险（如溺水、出现突发病症）或言行举止出现危险信号（如情绪过分冲动或过分低落,被恐吓威胁,玩耍危险物品,出现攀爬围墙、下楼推搡冲挤等危险行为）时,教师要及时劝阻和制止,采取有效措施消除隐患。对于受到伤害的学生,教师要引导他们通过合法途径主张和维护自己的合法权益。

（5）在伤害事故发生以后,教师要及时采取科学、有效的措施救护（看护）受到伤害的学生,力争把伤害、损失降到最低程度。《未成年人保护法》第三十七条规定:"未成年人在校内、园内或者本校、本园组织的校外、园外活动中发生人身伤害事故的,学校、幼儿园应当立即救护,妥善处理,及时通知未成年人的父母或者其他监护人,并向有关部门报告。"

（三）保障学生休息、娱乐和体育锻炼时间

教育者要着眼于学生全面发展和健康成长,切实加强学生作业、睡眠等管理,减轻基础教育阶段学生作业负担和校外培训负担,保障学生足够的休息、娱乐和体育锻炼时间。《未成年人保护法》第三十三条明确规定:"学校应当与未成年学生的父母或者其他监护人互相配合,合理安排未成年学生的学习时间,保障其休息、娱乐和体育锻炼的时间。学校不得占用国家法定节假日、休息日及寒暑假期,组织义务教育阶段的未成年学生集体补课,加重其学生负担。幼儿园、校外培训机构不得对学龄前未成年人进行小学课程教育。"

2021年7月,中共中央办公厅、国务院办公厅印发《关于进一步减轻义务教育阶段学生作业负担和校外培训负担的意见》,就有效减轻义务教育阶段学生过重作业负担和校外培训负担（以下简称"双减"）,提出"坚持学生为本、回应关切,遵循教育规律,着眼学生身心健康成长,保障学生休息权利,整体提升学校教育教学质量";在"全面压减作业总量和时长,减轻学生过重作业负担"方

拓展阅读《关于进一步减轻义务教育阶段学生作业负担和校外培训负担的意见》

---

① 顾明远,王智秋. 小学教师专业标准（试行）解读 [M]. 北京:北京师范大学出版社,2013:64.

面，提出："分类明确作业总量。学校要确保小学一、二年级不布置家庭书面作业，可在校内适当安排巩固练习；小学三至六年级书面作业平均完成时间不超过60分钟，初中书面作业平均完成时间不超过90分钟。""科学利用课余时间。学校和家长要引导学生放学回家后完成剩余书面作业，进行必要的课业学习，从事力所能及的家务劳动，开展适宜的体育锻炼，开展阅读和文艺活动。个别学生经努力仍完不成书面作业的，也应按时就寝。引导学生合理使用电子产品，控制使用时长，保护视力健康，防止网络沉迷。家长要积极与孩子沟通，关注孩子心理情绪，帮助其养成良好学习生活习惯。"

二、呵护学生精神成长

[学习活动]

阅读以下故事：

不久前，在一所学校里发生过这么一件事。有一个学生（阿辽沙），无论怎么也弄不懂，植物是怎样吸收营养、怎样呼吸的，怎样从幼芽里发育出叶子的，怎样从花里结出果子的。生物教师经常提问和刺激他："难道你连这么简单的东西都弄不明白吗？你究竟能干点什么呢？"这个男孩子渐渐地对自己失去了信心。最基本的知识对他来说也变得复杂了，因为缺乏自信心像一堵墙一样挡住了他通向认识的道路。有一次上课时，生物教师说："再过几天，幼芽就要长出来了，我们全班都到长着栗树的林荫道去观察。在那里，要是阿辽沙还说不出别人都明白的东西，那时候事情就毫无希望了。"

生物教师很喜欢自己栽种的东西，他从种子培育出栗树的幼苗，再把这些小栗树排成一条林荫道。当全班学生来到栗树林荫道的时候，教师惊呆了：树上的幼芽全被剥掉了⋯⋯学生们也垂头丧气地站在那里。而在阿辽沙的眼光里，一刹那之间露出幸灾乐祸的火花。①

思考和讨论：你怎么看待阿辽沙的举动？对于保护学生，你还想到了什么？

拓展阅读《我们该如何保护自己的学生》

苏霍姆林斯基对此有这样的分析："（阿辽沙）这个行为的背后隐藏着什么呢？是内心的痛苦、屈辱，精神力量的突然燃烧和爆发。阿辽沙以此表示抗议。他感到，教师的话里有恶意。而孩子是要以怨报怨的，有时候甚至做出奇怪的、

---

① 苏霍姆林斯基. 给教师的建议 [M]. 杜殿坤，编译. 2版. 北京：教育科学出版社，1984：407–408.

荒唐的、毫无意义的事来。"① 他建议：我们要记住，每一个儿童都是带着好好学习的愿望来上学的，这种愿望像一颗耀眼的火星，照亮着儿童所关切和操心的情感的世界。他以无比信任的心情把这颗火星交给我们，做教师的人。这颗火星很容易被尖刻的、粗暴的、冷淡的、不信任的态度所熄灭。我们教师万万不可缺失对儿童的爱护和尊重，在心里要像儿童对待我们一样，把无限的信任和尊重同样给予他们。② 我们的微笑、我们的赞许、我们殷切的话语、我们关注的眼神，无不对学生传递着一种无声的信息，对学生起着潜移默化的影响，它们和书本一样是一种可以利用的教育资源。

（一）《儿童权利公约》的基本精神

为了尊重和保护儿童的权利，1959年第14届联合国大会曾经通过了联合国历史上第一个关于保护儿童③ 权利的国际性条约——《儿童权利宣言》。1989年联合国大会进一步通过了《儿童权利公约》。1991年12月，全国人民代表大会常务委员会批准我国加入《儿童权利公约》，该公约于1992年4月2日在我国生效。

《儿童权利公约》的基本精神是强调儿童不仅仅是被保护的对象，而且是积极和创造性的"权利主体"，拥有"包括生存、发展和充分参与社会、文化、教育生活以及他们个人成长与福利所必需的其他活动的权利"。联合国儿童权利委员会副主席汉姆柏格在解释《儿童权利公约》的基本精神时说：过去人们关心儿童的基点是使脆弱的儿童免受伤害，人们还没有普遍认识到儿童有自己的能力、观点和想法，应该像所有的人一样受到尊重。汉姆柏格还对《儿童权利公约》基本精神的四个原则做了具体说明：（1）儿童最佳利益原则——任何涉及儿童的事情均以儿童利益为重；（2）尊重儿童尊严的原则——其意义不仅局限于不被杀害或伤害，而是指向儿童生存和发展的质量；（3）尊重儿童的观点和意见的原则——任何涉及儿童的事情，必须认真听取儿童的意见；（4）无歧视原则——所有儿童都应当受到平等的对待，不应受到任何歧视或忽视。

（二）把学生当成"成长中的人"来保护

1. 保护学生成长的权利

教师一方面要提供具有挑战性而又能够胜任的工作任务，让学生在有成就的学校生活中培养和体现自己的人格尊严与人生价值；另一方面要小心呵护学生的

拓展阅读《冷静理性地应对学生挑衅》

---

① 苏霍姆林斯基. 给教师的建议 [M]. 杜殿坤，编译. 2版. 北京：教育科学出版社，1984：408
② 苏霍姆林斯基. 给教师的建议 [M]. 杜殿坤，编译. 2版. 北京：教育科学出版社，1984：409.
③ 在《儿童权利公约》中，儿童指的是"18岁以下的任何人，除非对其适用之法律规定成年年龄低于18岁"。

人格尊严和上进心，保护他们求知向善、好好学习的动机，保护学生认识世界、展示自己等的美好愿望，接纳和保护他们的个性特点，给予他们"犯错"的权利，理解和宽容他们作为未成熟的人所犯的错误，采取他们能够理解和接受的方式帮助他们改正所犯的错误。

2. 保护儿童的童心

意大利教育家蒙台梭利（Maria Montessori）在《童年的秘密》中有"儿童是成人之父"的观点，儿童之心发乎天性，他们好奇、天真、纯洁、善良、富有想象力、无拘无束……这在成人社会中，也是最为重要和最为需要的品质。在童话《皇帝的新装》里，正是小孩子的童心为拯救这个说谎的成人社会留下了希望。可以说，在教育中保护童心就是保护希望，保护美好，保护未来。

3. 鼓励和赞赏学生的进步

俗话说：数子十过，不如赞子一功。鼓励和赞赏犹如阳光、空气和水，是学生成长不可缺少的养料，它能增强学生的自尊自信，促进学生自强自为，从而更好地实现学生的人格发展和学业进步。教师要赞赏每个学生的特长、兴趣、爱好，赞赏每个学生所取得的哪怕是极其微小的进步，赞赏每个学生所付出的努力和所表现出来的良好的愿望，赞赏每个学生对教科书的质疑、对教师授课知识的质疑以及对学生自己的超越。[①]

[思考和实践]

1. 说一说：在日常的教育活动中最容易出现哪些伤害事故？我们可以采取哪些有效的防范措施？

2. 就保障学生休息、娱乐和体育锻炼时间，教师可以有哪些作为？

[①] 杨春茂. 提升教师素质的又一重大举措：解读教育部中小学幼儿园教师专业标准 [J]. 人民教育，2013（2）：21.

专题二　尊重学生

一、尊重学生的权利

> 📖 [学习活动]
>
> 阅读以下案例：
>
> ### 小学生凑钱投诉，班主任怒扇耳光①
>
> 某日，某小学六年级学生李某在电视上看到中小学不准补课的消息后，心里很不平静，想到自己学校不但每天下午补课一小时，而且还要收40元补课费，觉得不合理，于是给《今晚8：00》栏目组打了电话反映情况。第二天上午回到学校，李某向其他4位学生说了此事。这4位学生觉得李某给他们出了一口气。为了使补课一事得到解决，他们决定每人凑3毛钱作为电话费继续反映情况。但此事被班上其他同学知道了，他们告诉了班主任曾某。
>
> 第二天下午第二节在数学课上，曾某把李某叫到办公室大骂，随后连扇李某十几个耳光，打得李某直流鼻血。曾某命令李某写书面检讨，必须保证不再打电话向外面反映，如果记者来了，什么都不准说，否则就吃不了兜着走。
>
> 思考和讨论：怎样理解教师对学生权利的尊重？

在上述案例中，学校违规补课、收费，侵害了学生的休息权和合法财产。教师曾某侵害了学生的申诉权，在知道李某申诉的事情后，又以体罚、威胁等方式侵害了李某的人身健康权和安全权，应承担相应的教育法律责任。

学生的权利是指学生在教育活动中享有的由《教育法》等法律所赋予的权利，是国家对学生在教育活动中可以作出或不作出一定行为的许可与保障。《教育法》对各级各类学校学生的基本权利作出了规定，主要包括以下五个方面的内容：

（一）参加教育教学计划安排的各种活动，使用教育教学设施、设备、图书资料

这是保障学生学习权利的前提和基础，也是学生学习权利的具体表现。教育机构的教育教学计划应该对本机构的学生公开，学生有权按照教学计划的安排，

---

① 节选自邓吉力的文章《小学生凑钱投诉，班主任怒扇耳光》。

参加本年级本班教师的授课活动、围绕课堂教学所安排的课外活动等，有权使用教室和课桌椅、实验室，有权查询和借阅图书资料等。

（二）按照国家有关规定获得奖学金、贷学金、助学金

目前，我国已建立了以政府为主导、学校和社会积极参与的从学前教育到研究生教育的学生资助政策体系，实现了各个学段全覆盖、公办民办学校全覆盖、家庭经济困难学生全覆盖，从制度上保障了不让一个学生因家庭经济困难而失学。

在学前教育阶段，按照"地方先行、中央补助"的原则，地方政府对经县级以上教育行政部门审批设立的普惠性幼儿园在园家庭经济困难儿童、孤儿和残疾儿童予以资助。在义务教育阶段，统一城乡"两免一补"政策，对城乡义务教育学生免除学杂费，免费提供教科书，对家庭经济困难寄宿生补助生活费。对集中连片特殊困难等地区农村义务教育阶段学生提供营养膳食补助。在中等职业教育阶段，建立了以免学费、国家助学金为主，学校和社会资助及顶岗实习等为补充的资助政策体系。在普通高中教育阶段，建立了以国家助学金、建档立卡等家庭经济困难学生免学杂费、地方政府资助项目为主，学校和社会资助相结合的资助政策体系。在本、专科教育阶段，建立了国家奖学金、国家励志奖学金、国家助学金、国家助学贷款、基层就业学费补偿贷款代偿、应征入伍国家资助、师范生免费教育、新生入学资助、退役士兵学费资助、勤工助学、校内奖助学金、困难补助、伙食补贴、学费减免及新生入学"绿色通道"等相结合的资助政策体系。在研究生教育阶段，建立了研究生国家奖学金、国家助学金、学业奖学金、"三助"岗位津贴、国家助学贷款、基层就业学费补偿贷款代偿、应征入伍国家资助、校内奖助学金及新生入学"绿色通道"等相结合的资助政策体系。[①]

（三）在学业和品行上获得公正评价，完成规定的学业后获得相应的学业证书、学位证书

学业评价是教育机构对学生在受教育的某一段时期的学习情况和知识结构、知识水平的概括，包括课程考试成绩记录、平时学习情况和总评等。品行评价包括对政治觉悟、道德品质、劳动态度等方面的评价。学生有权要求获得学业评价和品行评价，而且有权要求评价公正。学业证书、学位证书是对学生某一段受教育时期的学业成绩、学术水平和品行的最终评定，学生除思想品德等方面合格外，学完或提前学完教育教学计划规定的全部课程，考试、考核及格或修满学分，在该教育阶段结束时均有获得相应证书的权利。

---

① 参见教育部网站《对十三届全国人大二次会议第8130号建议的答复》。

（四）对学校给予的处分不服向有关部门提出申诉，对学校、教师侵犯其人身权、财产权等合法权益，提出申诉或者依法提起诉讼

这是公民申诉权和诉讼权在学生身上的具体体现。根据《民事诉讼法》的规定，学生对学校或者教师侵犯其合法权益所提起的诉讼，可分为以下几种情况：（1）学生对学校或教师侵犯其受教育权可以提起诉讼；（2）学生对学校侵犯其合法财产权可以提起诉讼；（3）学生对学校侵犯其人身权可以提起诉讼；（4）学生对教师侵犯其合法财产权可以提起诉讼；（5）学生对教师侵犯其人身权可以提起诉讼；（6）学生对学校或教师侵犯其知识产权可以提起诉讼。

（五）法律法规规定的其他权利

法律法规规定的其他权利即《教育法》以外的其他法律法规所规定的权利。在这里法律法规包括《宪法》《民法典》《未成年人保护法》《义务教育法》《教师法》《〈义务教育法〉实施细则》等，所涉及的权利主要包括受教育权、姓名权、名誉权、隐私权等。

尊重学生权利，教师需要树立法制意识，严格依法执教；同时要树立师生平等意识，平等对待和尊重学生权利，并采取有效措施维护学生权利，制止和抵制侵犯学生合法权益的行为。详细内容见本教材第四单元。

学习视频《收缴手机，学生要跳楼怎么办？》

二、尊重学生的人格

[学习活动]

阅读以下故事：

记得在一个下雪天的早上，我在上学路上不小心摔了跤，只好回家换衣服，当然也免不了迟到。那时我们五年级在二楼，当我走到楼梯口的时候，就与班主任那凶神恶煞的眼神有了交流。他气呼呼地说："要上课，今天就跪着上来。"我当时就在泪水的洗礼下，膝盖摩擦着石梯，几乎是连跪带爬地进了教室。那时，我也不知道我跪了多少级楼梯。去年在路过学校的时候我去数了一下，一共18级。①

思考和讨论：为尊重学生的人格，教师应当怎么做？

尊重学生权利的一个重要内容是尊重学生的人格。我们注意到，上述故事中的学生多年以后还去数跪过的台阶，这可以看出教师行为已经对学生构成了深深

---

① 改编自成都大学师范生"教师职业道德"课程作业。

的伤害。这个故事提醒我们：伤害学生人格对学生的身心发展具有十分严重的影响，教师对学生人格的尊重非常重要。

就教师成长而言，教师自身的受教育经历可以成为学生重要的成长资源。需要提醒的是：师范专业学生回顾自己的受教育经历不是为了记住伤痛和仇恨，而是为了面向未来，是为了规划自己未来的教师生活——意识到我们曾经在某些行为中受伤，未来就不要再用这样的行为对自己的学生"施暴"。

人生而平等，其核心在于人的人格是平等的，它与出身、相貌、知识、财富、年龄、身份、民族、身体健康状况无关。尊重学生首先是把学生作为"人"来尊重，自己是人，自己需要什么样的尊重，也就给予别人什么样的尊重，不能因为自己是教师，就以"教育"的名义做出伤害学生人格的事情。

尊重学生的人格还需要教师"蹲下来和孩子说话"。"蹲下来和孩子说话"隐含着这样的要求：教师是师生彼此尊重对方人格的主导者，教师要主动调整自己的行为，营造彼此尊重的环境和氛围，培养学生的尊重意识（包括尊重自我和尊重他人）。此外，尊重学生人格还意味着要尊重学生的特殊性，尊重学生自己对人生道路的选择。

三、尊重学生的差异

[学习活动]

阅读以下学生来信：

老师，请看看我的闪光点①

老师：

您好！

今天，我拿到了《学生评价手册》，看到您对我的评价，我觉得非常难过，您是这样写的：原来你可以学得很好，你的好动，使你处处落后于班级同学。老师希望你在暑假中好好反省一下……

老师，您为什么说我处处落后于班级同学呢？虽然我有时上课爱做小动作，作业做得慢，我有许多缺点，但是，我身上还是有些闪光点的，您没有发现吗？

我竖笛吹得很好，那是我的一个闪光点，老师您一定不会忘记我的笛声吧！刚开始学吹的一年里，我的水平很糟糕，我每天一有空就练，终于有一

---

① 佚名. 我们应该怎样看待学生 [J]. 教师博览，2001（2）：6.

天，美妙的音乐从笛孔中飘了出来，我成功啦！我不但会吹老师教过的曲子，也会吹老师没有教过的曲子，同学们惊讶地问我："你怎么会吹这么多曲子？"我说："因为我多练，所以就熟能生巧了。"我现在的水平在班级中是数一数二的，我从一只"丑小鸭"变成了一只"小天鹅"。

老师，您一定还记得我写的小诗《我的妈妈》吧？……您读它后，在班级里表扬了我，还叫全班每人都写一首《龙年小诗》，班级里涌起写诗的热潮；您把写得好的诗贴在墙上，我的诗被贴在第一页，您知道，我心里有多么自豪啊！

我还会朗诵，您让我主持过主题班会；我的双手也很灵巧，我会剪窗花、折飞机、做"糖纸人"……

老师，这些好的地方都是我用功练出来的。您能不说我"处处落后于班级同学"了吗？……

思考和讨论：结合上述学生来信谈谈，作为教师应该如何发掘学生的闪光点？应该如何看待学生发展的差异性？

发展心理学家霍华德·加德纳（Howard Gardner）提出多元智能理论，他认为：智能不是以整合的方式存在，而是相对独立的，各自有自己的发展规律并使用不同的符号系统；各种相对独立的智能以不同的方式和程度有机地结合在一起；每个人的智能都有独特的表现方式，每一种智能又都有多种表现方式，所以我们很难找到适用于所有人的统一的评价标准来评价一个人聪明与否；在正常条件下，只要有适当的外界刺激和个体本身的努力，每一个个体都能发展和加强自己的任何一种智能。研究上述案例，结合多元智能理论，我们可以得到如下教育启示：

拓展阅读《教师对学生表达的尊重和引导》

（一）接纳和利用差异

世界上没有两片完全相同的树叶，差异性是世上万物的根本属性和存在形式。学生的差异是多方面的，比如：来自生理方面的差异，来自需要和动机方面的差异，来自个体认知风格方面的差异，来自个体情绪和意志方面的差异，来自气质和性格方面的差异，来自能力水平和结构方面的差异，等等。教师需要认识差异，接纳差异，发展学生的个性和特长，利用差异的资源实施教育教学工作。

（二）评价学生要多元化

根据加德纳的多元智能理论，我们应该摒弃以标准的智能测验和学生学科成绩考核为重点的评价观，积极树立多种多样的评价观。上述案例中的教师之所以没有发现学生的闪光点，就在于他以学生的成绩优劣作为评价的唯一标准，没有

多元化地看待学生的每一个小小的进步和发展；只看到学生的不足，忽略了学生身上拥有的很多的闪光点，如竖笛吹得很好，文笔不错，会朗诵，能主持班会，动手能力强。教师这种单一的分数评价容易导致学生失去自信，不利于学生多元智能的培养，也不利于学生健全人格的发展。

（三）以丰富而可供选择的课程促进学生发展

不同的智能有各自的发展规律并使用不同的符号系统，为满足学生有差异的发展需要，教师要提供丰富而可供选择的课程。尊重学生全面发展的权利，学校要开齐开足国家规定的各类课程，教师要保证所开设课程的教育教学质量，从而为学生的全面发展奠定基础。学校要尊重学生差异，发展学生个性，通过充分挖掘学校、家庭和社会的课程资源，建设丰富而可供选择的课程体系，尊重学生的选择权利，引导学生合理选择，以满足学生有差异的发展需要。教师要培养、发挥自己的专长和优势，积极参与特色课程的开发和建设，为学校的课程建设做出自己的贡献。

[参考阅读]

请学生坐下来谈话①

在一次和学生谈话后，年轻的A老师不解地问我："我发现你与学生谈话时总是请他们坐下来，这是为什么？"

是的，每次与学生谈话，我总是请他们先坐下，从而避免教师高高在上，给学生心理造成威压。坐下来平等对话，能将师生之间的距离拉近，创造一个良好的交流氛围。只有真正走进学生的心灵世界，才能达到最佳的育人效果。教师即使批评教育那些犯了错误的同学，也应尊重其人格。

班上一个学生与外班同学发生争执，动手打了人，其父亲不分青红皂白，上来就给了他两个耳光。面对怒气冲冲的一对父子，我请他们先坐下，消消火气。学生父亲不解地说："没罚他跪着就不错了，他没权利坐着，得规规矩矩地站好。"

我劝解说："古人说'人非圣贤，孰能无过；过而能改，善莫大焉'。孩子毕竟是孩子，哪里有不犯错误的？年少犯错误是很正常的事，纠正了错误，今后不犯同样的错误，就是成长进步。我们允许他们犯错误，更应该帮助他们改正错误，现在请他坐着说话，正是帮助他改正错误的开始。"

在教师、家长和学生的平等交流中，问题很快得到了解决。那位学生认识到打人是错误的，并保证以后再不发生这样的事情。事后这位粗暴的学生改变了很

---

① 余维武，朱丽. 教师的职业道德素养 [M]. 福州：福建教育出版社，2011：106. 选用时有改动。

多。看到儿子的进步，做父亲的说："老师真有办法，不用打骂就把我那浑小子教育好了。"其实我并没有什么灵丹妙药，只是与学生平等相处。

[思考和实践]

1. 观看电影《地球上的星星》，交流或撰写观后感。

2. 阅读以下案例：

张校长平时不苟言笑，学生都很怕他，因而私下都称他"老张"。有天下午上自习课时，四年级的学生小胡抬头突然发现张校长站在教室的门口，顿时吓了一跳，慌乱之中竟自言自语地说了一声："哎呀，老张来了。"声音不大，但还是被张校长听见了。其实，小胡说完之后，害怕至极，傻呆呆地看着张校长，不知如何是好。张校长大声吼道："胡××，你出来。"小胡战战兢兢地走出教室，被张校长狠狠地批评了一顿，之后只听到张校长宣布了两项处理决定：一是撤销小胡正在报请学校审批的"三好学生"的资格；二是撤销小胡所任的班委会宣传委员的职务。从此以后，直至小学毕业，小胡不管多么努力，多么积极，都因对校长无礼受到"双撤"的处分而与"三好学生"和学生干部无缘，在同学之中也因是老师心目中的"坏孩子"而抬不起头。对此，小胡感到很痛苦，很压抑，怕上学但又不敢不上学。直到步入中年，小胡在谈起此事时，心里还隐隐作痛。①

想一想：张校长有哪些方面处理不恰当？如果你是张校长，你会怎么处理？

---

① 杨芷英. 教师职业道德 [M]. 新编本. 北京：高等教育出版社，2007：169.

专题三　引导和帮助学生

［学习活动］

阅读以下材料：

田老师先给二年级和四年级同学上课，叫三年级学兄握着一年级学弟的小手描红蓦纸。红蓦纸上，有一首小诗：

一去二三里，烟村四五家。亭台六七座，八九十枝花。

田老师给一年级上课了。他先把这首诗念一遍，串讲一遍，然后，以这四句诗为起承转合，编出一段故事，娓娓动听地讲起来：

一个小孩子，牵着妈妈的衣襟儿去姥姥家，一口气走了二三里地；眼前要路过一个小村子，只有四五户人家，正在做午饭，家家冒炊烟。娘儿俩走累了，看见路边有六七座亭子，就走进一座亭子里去歇歇脚。亭子外边，花开得很茂盛，小孩子越看越喜爱，伸出指头点数儿，嘴里念叨着："……八枝，九枝，十枝。"他想折下一枝来，戴在耳丫上，把自己打扮得像个春娃娃。他刚要动手，妈妈拦住了他，说："你折一枝，他折一枝，后边歇脚的人就不能看景了。"后来，这花越来越多，数也数不过来了，此地就变成一座大花园……

这个故事，有思想，有人物，有形象，有情趣。我听得入了迷，恍如身临其境。

田老师每讲一课，都要编一个引人入胜的故事。一、二、三、四年级的课文都是如此。我在田老师门下学习四年，听了上千个故事，有如春雨点点。

从事文学创作，需要发达的形象思维、丰富的想象，田老师在这方面培育了我，让我开了窍。[1]

思考和讨论：在以上材料中，田老师是怎样教育和引导学生的？

履行教书育人职责，教师的"应为"是什么？怎样为自己所应为？本专题将围绕这样一些问题交流讨论。

---

[1] 选自刘绍棠的《师恩难忘》，选用时有删改。

一、借助课程影响和教育学生

（一）学生不是教师劳动的直接产品

学生的发展受多种因素的影响。约翰·杜威（John Dewey）曾说：在某种意义上，遗传是教育的极限。① 父母为孩子提供的生物学基础是其一生成长变化的前提。另外，孩子出生以后，还有相当长的时间生活在父母身边，父母是孩子的第一任老师，家庭环境和家庭教育对他们的影响不能低估。此外，社会环境也会对孩子成长造成影响。从这种意义上，教师在教育实践中既要对学生的成长变化怀有热情和期望，又要尊重儿童身心发展的特点，对教育的可能性和结果保持一颗平常心。

我们既不能把学生和学生的成绩看作教育的产品，也不能无视生命的生长性和人在生长过程中的主观能动性。一方面，人的成长是在生长中自我实现的，而不是从外部塑造的；另一方面，人具有主观能动性，学生不仅有生命，而且有情感、能选择、能创造。尽管会不同程度地受到社会环境、学校教育的影响，但走出学校的他们终究是自我选择和自我塑造的结果。可以说教育帮助了他们，而不能说教育塑造了他们；教育不是提供了人才，而是为人才的成长创造了条件，提供了支持，教育的生产性体现在创造了促进学生成长的环境，学生在这样的环境中学习、生活，获得了更好的成长和进步。

（二）课程既是教育的工具也是教育的产品

马克思曾经指出："一切劳动，一方面是人类劳动力在生理学意义上的耗费；就相同的或抽象的人类劳动这个属性来说，它形成商品价值。一切劳动，另一方面是人类劳动力在特殊的有一定目的的形式上的耗费；就具体的有用的劳动这个属性来说，它生产使用价值。"② 产品有两个基本属性：首先，产品不是一种自然物，它一定凝结了人类劳动，是不是你的产品，需要看你是否对它付出了劳动。产品是人类劳动的成果，劳动的结果是为产品赋值，使产品获得附加值，增加产品的有用性。其次，产品能够满足人的某种需要，具有有用性，人的劳动具有目的性，产品总是基于人的某种需要而生产的。

以《师恩难忘》中田老师的教学为例。我们说教师是教书育人的，但教师并不是教教材，而是教学生要学的学习内容。教授学习内容一方面可以依据和利用教材——"用教材教"，另一方面可以开发和利用新的学习材料。田老师把教材中的课文变成学生所喜闻乐见的故事，这就是教师的创造性劳动。故事及蕴含在

学习视频《用课程促进学生发展》

拓展阅读《学校的产品是课程》

---

① 杜威. 民主主义与教育 [M]. 王承绪，译. 2版. 北京：人民教育出版社，2001：84.
② 马克思，恩格斯. 马克思恩格斯选集：第2卷 [M]. 中共中央马克思恩格斯列宁斯大林著作编译局，编译. 北京：人民出版社，2012：106.

其中的做人道理和通过想象营造的情境就是田老师的劳动创造，是田老师的劳动产品。而田老师正是用这样的劳动产品，实现了促进学生改变的教育目的。

学习（生活）环境和学习活动是影响和促进学生发展直接而现实的因素。教育的任务既在于提供有助于学生成长和发展的环境，又在于组织学生参与能够实现成长和发展的教育活动。这是教师履行教育职责的主要途径和基本方式。我们可以把对学生成长形成影响的学习（生活）环境和学习活动称为课程，开发能够为学生成长提供帮助的学习（生活）环境和学习活动就是教师的使命和责任。换句话说，教师的劳动是开发和建设课程，学校和教师提供的劳动产品就是课程。

二、创设学习（生活）环境，组织学习活动

（一）创设学习（生活）环境

1. 利用环境进行教育

人生活在环境中，环境对人的影响直接而现实。孔子认为："里仁为美。择不处仁，焉得知？"（《论语·里仁》）荀子则说："蓬生麻中，不扶自直；白沙在涅，与之俱黑。"（《荀子·劝学》）孟母三迁，说的是孟子母亲为了孟子的成长而多次改变居住（学习）环境的故事。杜威强调："成人有意识地控制未成熟者所受教育的唯一方法，是控制他们的环境。他们在这个环境中行动，因而也在这个环境中思考和感觉。我们从来不是直接地进行教育，而是间接地通过环境进行教育。"[1] "教师在教育事业中的任务在于提供刺激学生的反应和指导学生学习过程的环境。归根到底，教师所能做的一切在于改变刺激，以便反应尽可能使学生确实形成良好的智力的和情绪的倾向。"[2]

[参考阅读]

如果一个孩子生活在批评之中，他就学会了谴责。

如果一个孩子生活在敌意之中，他就学会了争斗。

如果一个孩子生活在恐惧之中，他就学会了忧虑。

如果一个孩子生活在怜悯之中，他就学会了自责。

如果一个孩子生活在讽刺之中，他就学会了害羞。

如果一个孩子生活在耻辱之中，他就学会了负罪感。

如果一个孩子生活在鼓励之中，他就学会了自信。

如果一个孩子生活在忍耐之中，他就学会了耐心。

[1] 杜威. 民主主义与教育 [M]. 王承绪，译. 2版. 北京：人民教育出版社，2001：25.
[2] 杜威. 民主主义与教育 [M]. 王承绪，译. 2版. 北京：人民教育出版社，2001：197.

如果一个孩子生活在表扬之中，他就学会了感激。

如果一个孩子生活在接受之中，他就学会了爱。

如果一个孩子生活在认可之中，他就学会了自爱。

如果一个孩子生活在承认之中，他就学会了要有一个目标。

如果一个孩子生活在分享之中，他就学会了慷慨。

如果一个孩子生活在诚实和正直之中，他就学会了什么是真理和公正。

如果一个孩子生活在安全之中，他就相信自己和周围的人。

如果一个孩子生活友爱之中，他就学会了这世界是生活的好地方。

如果一个孩子生活在真诚之中，他就会头脑平静地生活。 [1]

2. 学习（生活）环境的构成因素

杜威认为："环境包括促成或阻碍、刺激或抑制生物的特有的活动的各种条件。"[2] 就教育而言，教育时空、教材、语言、周围的人和刺激等构成了影响人的发展的环境。

杜威说："过去创造的文献，只要人们现在还掌握并加以利用，就是个人当前环境的一部分。"[3] "显然，学校课程的各门学科或教材和提供环境的事有密切的联系。……教材直接包含在社会交往的情境之中。"[4] 相关文献、教材和由教材所提供的教学内容是影响学生发展的一种环境，选择、组织、呈现合理的教学内容意味着开发和建设课程。

人的存在、人的活动不仅影响和改变环境，而且本身就是一种环境。杜威说："儿童的社会环境是由文明人的思维和感情的种种习惯的行为构成的。如果忽视目前这种环境对儿童的指导性影响，就是放弃教育的功能。"[5] 教师需要力所能及地选择和安排学生生活的人际环境。在影响学生发展的他人中，教师地位重要而特殊。教师对于学生发展的意义，不仅在于教师要提供和改造教育环境，而且教师自身的言行举止就是学生周围的环境。从这种意义上讲，加强教师职业道德修养、提高教师业务水平就是在开发和建设课程，而且是最有效的开发和建设课程的方式和途径。

在诸多环境资源中，语言"代表着为了社会生活的利益经过最大限度改造的物质环境——在变成社会工具时物质的东西已丧失它们原来的特性——所以，和

学习视频《教师的课程意义》

---

① 沃斯，德莱顿.学习的革命[M].顾瑞荣，陈标，许静，译.2版.上海：上海三联书店，1998：76.

② 杜威.民主主义与教育[M].王承绪，译.2版.北京：人民教育出版社，2001：17.

③ 杜威.民主主义与教育[M].王承绪，译.2版.北京：人民教育出版社，2001：83.

④ 杜威.民主主义与教育[M].王承绪，译.2版.北京：人民教育出版社，2001：197.

⑤ 杜威.民主主义与教育[M].王承绪，译.2版.北京：人民教育出版社，2001：83.

其他工具比较起来，语言应起更大的作用"①。在教室里，有声是一种环境，无声是一种环境，不同的声音和语言构成了教室里的语言环境。教师说什么，同学说什么，这些都构成了课程的内容和形式。

环境环绕在我们周围，走进学校，花草树木、图画文字、他人的问好和微笑等是"我"周围的环境；教室里，空间、教学活动设施和手段、书本中的经验、师生的活动和经验也是"我"的环境。"我"的活动、"我"的言行举止又可能成为对他人构成影响的环境。

3. 教师如何对环境进行教育改造

学校和教师所提供的教育环境不是完全自然的环境，而是一种特殊的社会环境。这个特殊的社会环境有三个比较重要的功能：一是简化和安排所要发展的倾向的许多因素；二是净化现有的社会习惯并使其观念化；三是创造一个更加广阔和更加平衡的环境，使青少年不受原来环境的限制。②凝结在学习（生活）环境中的教育工作者的劳动，就是学校组织成员出于育人目的对环境因素进行的计划、安排、加工和改造。"我们已经说过，有意识的教育就是一种特别选择的环境。这种选择所根据的材料和方法都特别能朝着令人满意的方向来促进生长。"③苏联心理学家维果茨基（Lev Vygotsky）认为："教师是教育环境的组织者，是教育环境与受教育者相互作用的调节者和控制者……社会环境是教育过程真正的杠杆，而教师的全部作用则可归结为对这一杠杆的管理。"④

在山花烂漫、万物生机盎然的季节，有一天下午，安娜·萨莫伊洛英娜带学生们来到了森林，这对苏霍姆林斯基来说是再熟悉不过的地方了，他平时就到这里来玩。但女教师的解说，让他接触了许多过去没有注意到的新事物和很多使他感到惊奇的东西：看这棵盛开的椴树在帮助蜜蜂酿蜜；瞧那个蚁穴——过去苏霍姆林斯基出自恶作剧曾用棍子去捅它，而老师说这个蚁穴有回廊和广场，有幼儿园和粮仓……原来是一个童话般的城市。他感到不和老师一起来，就不会发现世界上这么多美好的东西。当孩子们领略了这大自然美好的风光，急匆匆准备回家的时候，她还有一新招："孩子们，为爷爷、奶奶、爸爸、妈妈采集些鲜花吧。当孩子们关心长辈的时候，长辈会感到高兴，而鲜花——这是关怀和敬爱的标志。"苏霍姆林斯基接受的就是这样的教育。⑤因为有了教师的带领和教师的创造性讲解，学生的天地和过去不一样了，这就是教师的作用，也是教师存在的意义。

教师和学校应该创造怎样的学习和生活环境，以发挥课程对学生的积极影响

① 杜威. 民主主义与教育 [M]. 王承绪，译. 2版. 北京：人民教育出版社，2001：45-46.
② 杜威. 民主主义与教育 [M]. 王承绪，译. 2版. 北京：人民教育出版社，2001：29.
③ 杜威. 民主主义与教育 [M]. 王承绪，译. 2版. 北京：人民教育出版社，2001：45.
④ 高文. 教育模式论 [M]. 上海：上海教育出版社，2002：373.
⑤ 参见百度百科中的"瓦·阿·苏霍姆林斯基"词条。

呢？盖笑松教授认为：教师应该为学生创建一个充满接纳、鼓励、温暖和关爱的环境；给予学生自主管理、自主决策、自我监督、自我评价的空间；向学生提出明确的规范并告知各种违规行为的必然后果；对每个学生抱有较高的期望，鼓励学生从自己目前的阶梯出发向下一个最可能的阶梯迈进。在学校氛围创建方面，学校应通过种种活动建设明确的舆论导向，利用学生榜样，弘扬积极品质，让每个学生都把积极品质的发展作为自我设计的目标；在同伴环境创建方面，应该创造足够多的机会，让青少年得以接触年长的、具有突出品格优势的伙伴，使其可能通过观察学习而产生模仿的意愿。①

（二）组织和引导学生参与学习活动

1. 用学生的学习活动促进学生改变

个体的智慧和知识是通过与环境相互作用而得以生长和发展的。②环境只是人的发展的外在条件，为人的发展提供了一种可能性；课程的效益来源于学生与教师所提供的学习（生活）环境交往互动，并在互动中发现其中的关系和意义，实现自身经验的改造，学生参与活动的方式与过程才会将学生发展的可能性转变为现实性。亚里士多德认为："我们做公正的事情才能成为公正的，进行节制才能成为节制的，表现勇敢才能成为勇敢的。"③与学习（生活）环境交往互动的学习活动影响和改变活动中的学生，不同类型、不同水平、不同方式的学习活动对学生产生不同的影响，形成不同的结果。

在教育活动中凝结的教师劳动，具体表现为教育活动的参与者对活动的设计和安排，对活动参与者的组织和指引，以及对活动经验的梳理和提炼。教师要在课堂里，把课堂环境设计成活动性、合作性学习的场所，设计具备了教育内容的意义和魅力的学习经验，促进活动性、自立性、合作性的对话性实践。④

2. 设计和实施高质量的学习活动

活动具有性质和水平的差异。关于活动经验对青少年积极发展之影响的大量研究表明，高质量的活动经验具有两个特点：一是青少年在活动中表现出强烈的自主性，活动既令他们感到兴趣盎然、全神贯注，又给予他们充足的自主决策、自主参与的空间；二是活动应具有结构性，也就是具有清晰的目标、完善的计划、明确的规则、及时的效果反馈。另外，高质量的活动经验还必须有一定的活动强度和持续时间，才可能对青少年积极发展真正起到作用。⑤"教学和教育的技巧和艺术就在于，要使每一个儿童的力量和可能性发挥出来，使他享受到脑力劳

① 盖笑松. 青少年积极品质的发展规律与培养途径 [J]. 人民教育, 2013 (2): 11.
② 施良方. 学习论 [M]. 北京：人民教育出版社, 2001: 162.
③ 亚里士多德. 尼各马科伦理学 [M]. 苗力田, 译. 北京：中国人民大学出版社, 2003: 26.
④ 佐藤学. 学习的快乐：走向对话 [M]. 钟启泉, 译. 北京：教育科学出版社, 2004: 47.
⑤ 盖笑松. 青少年积极品质的发展规律与培养途径 [J]. 人民教育, 2013 (2): 12.

动中的成功的乐趣。"① 在智力活动中教师要"使每一个学生有机会在有意义的活动中使用他自己的力量"②。好的教育活动能满足不同家庭经济文化背景、不同学习基础和条件的学生的学习需求，为每一个学生最大限度地发挥他的潜能提供帮助。

3. 重视学习活动的指引和提升作用

设计和组织学习活动，意味着教师在活动中的主要任务不是灌输而是引导。教师要把引导当成一种思想品德和人格完善的修养过程，教会学生如何立身处世，做对社会有用的人；把引导作为一种哲学，传授给学生学科知识的学习方法、科学的思维方法；把引导作为一种目标，引导学生认识和理解自己所学知识的个人意义和社会价值，调动学生内在的学习积极性；把引导作为一种启迪，当学生遇到困难、产生迷茫时，教师不是轻易地告诉他往哪个方向走、怎么办，而是引导他生发辨明方向的方法，告诉他正确处理问题的思维方法；把引导作为一种激励，当学生遇到困难、丧失信心时，教师不是拖着他走，而是唤起他内在的精神动力。③ 引导意味着教育要通过学生参与学习活动促进其发展，意味着教师从教学的台前走到教学的幕后，意味着把课堂还给学生，让学生成为课堂的主人。适应引导学生发展的需要，教师需要修炼自己并提升引导的能力水平。

[思考和实践]

1. 阅读一位学生对自己老师的回顾：

陈设简单的乡村小教室，黑板上写着李白的诗歌，一头晃动的银发，一颗稚童般对文学充满赤诚热爱的老人的心⋯⋯这是我的语文启蒙老师，我心中那位执着地热爱自己工作的老师。老人年龄很大，满头银发。他平时话不多，很沉默。然而每到课堂上，当他给我们讲起李白、杜甫的时候，总是那么眉飞色舞、滔滔不绝。他常常把我们带到他的那间小小书屋，翻出各种各样的作品给我们看，给我们讲解，似乎希望我们立即就能体会他此刻的感受，与他一道分享那份乐趣。

想一想自己过去的老师，说一说：老师是怎样影响和改变你的生活的？

2. 观看纪录片《请为我投票》，思考：针对影片中民主选举班干部的活动，你有什么感受？你来组织这样的活动，会有哪些改进的做法？

3. 阅读以下案例：

华罗庚是中国现代著名的数学家。第一个发现华罗庚数学才能的是他的初

① 苏霍姆林斯基. 给教师的建议 [M]. 杜殿坤，编译. 2版. 北京：教育科学出版社，1984：12.
② 杜威. 民主主义与教育 [M]. 王承绪，编译. 2版. 北京：人民教育出版社，2001：188.
③ 杨春茂. 提升教师素质的又一重大举措：解读教育部中小学幼儿园教师专业标准 [J]. 人民教育，2013（2）：21.

中老师王维克。王老师在批改作业时，发现华罗庚的数学作业经常涂改。仔细研究涂改处后，王老师发现华罗庚在解题上探索了多种路子，具有独立思考的可贵精神。王老师没有批评华罗庚，而是很热心地指导和鼓励他学习数学。王老师家里的藏书很多，平时不准人乱翻，但华罗庚去了，王老师随他任意翻阅。王老师还常常给华罗庚单独教授，给他单独出考试题。在王老师的悉心指导下，华罗庚的一篇论文得以发表，受到了我国著名数学家熊庆来的欣赏，他被请进了清华园，后来终于成为一代数学大师。

想一想：你得到了人才培养方面的哪些启示？

专题四 关爱学生

一、没有爱就没有教育

[学习活动]

阅读以下材料：

我在学校的实习生活平平淡淡，就在这平淡中我看到了触痛心弦的情景：每天，办公室的所有老师几乎都会收到小孩子亲手做的小礼物，如画、剪纸、自制小风车、卡片等，看到这些小礼物，老师们脸上都洋溢着孩子般的笑容。可奇怪的是，我都教他们三个星期了，却从来没有收到他们的只言片语。我开始反思、反思、再反思，反反复复地检讨自己，我自己上课从不骂人，从不惩罚人，也不给他们布置任何作业，按理说他们肯定会更喜欢我这个老师才对呀？可问题到底出在哪里？我想不出原因。

有一次上课，我照常按部就班地完成了教学任务。这时一个小女孩，很可爱的，有一双水汪汪的大眼睛，两条细长的辫子扎成鲜花一朵，她站起来问我："老师，为什么你每次上完课就走了？你怎么不和我们一起玩？也不和我们交流？不给我们布置作业？上课同学讲话、耍小东西你都不提醒他们？"①

思考和讨论：你怎么看待这位教师的困惑？对于小女孩的意见，你是怎样理解的？

每一个有上进心的教师都可能遭遇过这位教师的尴尬，并且都可能会感到难堪和失望。

在这里，学生给教师送自己亲手做的小礼物，表达的是对教师的爱，对教师劳动的接受和尊重。因为自己的劳动被尊重，自己的付出被理解、有收获（请注意，在这里收获指的是学生自己亲手做的小礼物，如卡片等），教师获得了被尊重感和事业成就感，所以教师脸上洋溢着孩子般的笑容。在这种师生关系中，教师"累并快乐着"，越活越年轻。

在这样一群天真无邪的孩子面前，不被接纳和不受欢迎是痛苦的。认识和理解这种痛苦，并想办法消解这种痛苦体现了教师"穷则思变"的努力。这种努力不仅有利于改进学生的学校生活和课堂生活，而且有利于改变教师自身的身心状

---

① 改编自成都大学师范生实习日记。

况，使教师生活富有乐趣和吸引力。

学生们为什么不愿意和这位教师亲近？答案在小女孩的问题中："老师，为什么你每次上完课就走了？你怎么不和我们一起玩？也不和我们交流？不给我们布置作业？上课同学讲话、耍小东西你都不提醒他们？"——你只是在完成任务，我们没有看到你真正关心我们，我们就不会喜欢你。

孩子们需要什么？需要教师和他们更多的接触、交流时间，需要教师和他们交朋友，需要教师给他们爱，需要教师有责任心。

夏丏尊先生在翻译《爱的教育》时说："学校教育到了现在，真空虚极了。单从外形的制度上方法上，走马灯似的更变迎合，而于教育的生命的某物，从未闻有人培养顾及。好像掘池，有人说四方形好，有人又说圆形好，朝三暮四地改个不休，而于池的所以为池的要素的水，反无人注意。教育上的水是什么？就是情，就是爱。教育没有了情爱，就成了无水的池，任你四方形也罢，圆形也罢，总逃不了一个空虚。"[1]在教育实践中，可以说仅有爱远远不够，但没有爱万万不能，没有爱就没有教育，爱是教育的基础和前提。

爱学生是教师职业道德的核心和灵魂。《新时代幼儿园教师职业行为十项准则》明确要求："关心爱护幼儿。呵护幼儿健康，保障快乐成长。"《新时代中小学教师职业行为十项准则》明确要求："关心爱护学生。严慈相济，诲人不倦，真心关爱学生，严格要求学生，做学生良师益友。"

二、学习如何关爱学生

> **[学习活动]**
>
> 阅读以下材料：
>
> 上海市某小学王老师的班里，学生小A父母离异，他独自跟着外婆生活，家中贫困。王老师无意中从其他老师那里得知了这个消息，于是和班委商量，如何给小A一些关心和资助。在小A不知情的情况下，王老师和全班同学一起，悄悄发动了一场募捐活动。
>
> 经过王老师的鼓动，同学们在募捐活动中表现得非常积极、踊跃，通过这次活动，募集了不少钱，王老师感到非常欣慰。
>
> 周三下午是班会活动时间，王老师计划利用这个机会，把募集到的钱送到小A同学的手上，给他一个惊喜。
>
> 然而班会上的情况让王老师非常意外。当她结束一番讲话，请小A到讲

---

[1] 亚米契斯. 爱的教育 [M]. 夏丏尊，译. 西安：陕西师范大学出版社，2009：译者序.

台上领取募捐资金时，小A却非常愤怒地表示他不能接受这笔资助。班会上的一片火热立刻冷了下来，班上其他孩子都惊奇地望着小A，不知道他怎么了。

课后，王老师单独找到小A，做他的思想工作。但小A不说话，只是倔强地扭着头，一副拒不接受关心的样子。在老师的一再追问之下，小A哭了起来。①

思考和讨论：（1）小A为什么不愿意接受资助？（2）如果你是小A的班主任，你会怎样关心和帮助他？

从这个故事中我们可以看出，教育爱不仅仅是一种态度和行动，也是一种艺术和能力，教师需要学习如何表达爱，实现爱，用更有质量的爱去获得学生成长和进步的理想效果。

（一）教育爱是一种接纳和宽容

这是美国诗人谢尔·希尔弗斯坦（S. Silverstein）写的《孩子和老人》：

孩子说："有时我会把勺子掉到地上。"

老人说："我也一样。"

孩子悄悄地说："我尿裤子。"

老人笑了："我也是。"

孩子又说："我总是哭鼻子。"

老人点点头："我也如此。"

"最糟糕的是，"孩子说，

"大人们对我从不注意。"

这时他感觉到那手又皱又暖。

老人说："我明白你的意思。"②

当孩子说"有时我会把勺子掉到地上"，我们可能会说"你以后小心些"；当孩子说"我尿裤子"，我们可能说"你晚上要少喝一些水""晚上早一点睡觉"，这是把改变放在第一位的做法。而"我也一样""我也是"则是定位于理解和接纳。后现代教育学家大卫·杰弗里·史密斯认为，爱世界、爱他人、爱自己的学生，意味着与他们保持这样一种交往关系：不是事先决定好怎样让他们成为我希望的样子，而是以这种方式接受他们——接受我们对于彼此的局限性，而不只是想象中的可能性。唯其如此，我们才能达到共享的真理。教育学关怀应在以下动

学习视频《爱的艺术：理性与超越》

---

① 吴刚平，陈华. 为了未来：教师职业道德读本：中小学教师分册 [M]. 北京：高等教育出版社，2013：121-122. 选用时有改动。
② 希尔弗斯坦. 阁楼上的光 [M]. 叶硕，译. 海口：南海出版公司，2006：102.

态系统中表达出来：既拥抱世界，又放任世界，在这种拥抱世界和放任世界的状态中重新发现自我，这样，师生之间相互引导，臻入成熟，相互于现在中贡献各自的才干，而绝对不能预先设定一个"永久"的结构。① 对孩子、对子女、对学生，成人、家长、教师通常首先想到的是什么？很多时候，我们不是首先考虑如何接受，而是如何改造，而且只是按照自己的心意去改造。

因为要改造，我们就必然"预先设定一个'永久'的结构"——这里的"结构"就是我们对学生未来生活方式的设计和期望。这个"预先设定"的"'永久'的结构"使家长、教师只想塑造和改变，对学生缺乏"放任"和"解放"，无法让学生成为他自己。从家长、教师的动机考虑，这样做的确是出于关怀，但这种关怀不是史密斯说的"教育学关怀"，也就是说，有关怀的动机和行为，但却没有对关怀的行为赋予教育学的意义，它没有得到被关怀对象的理解和接受，也无法最终实现被关怀对象的改善和发展。从这种意义上讲，今天的教育需要一种转向，这种转向就是对学生不要首先想如何改变，而是首先接纳，在聆听、接纳和理解中建立一种信任和关怀的关系，有了这种信任和关怀的关系，才考虑相互影响。可以说，教育在开始的阶段需要一种"慢"的艺术，这是建立良好关系以后再相互影响的艺术。

教育爱不是先定位于改造，而是定位于接受。对于接受什么和怎么接受，史密斯告诉我们要学会接受彼此的局限性。马克斯·范梅南（Max Van Manen）认为，在日常生活中，我们使用这样的话语，"你应该理解他的情境"。这种表达方法并不只是指我们必须要考虑与一个人的位置相关的所有事实与因素（位置、条件和环境）——这尤其意味着我们必须要从另外一个人的存在的角度来理解情境。② 阿莫纳什维利则说："只有把自己当作儿童，才能帮助儿童成为成人；只有把儿童的生活看作自己童年的重现，才能使自己日益完善起来；最后，应当全心全意地关怀儿童的生活，才能使自己成为一个人道的教师。"③ 教师只有从对方的角度、从儿童的角度，接受彼此的局限性，才可能成为学生的良师益友。

（二）教育爱是对学生满含信任和鼓励的期望

1968年，美国哈佛大学心理学家罗森塔尔（Robert Rosenthal）和他的助手雅各布森（L. F. Jacobson）在研究中发现，那些被教师以为智力发展会有显著进步的学生，其成绩平均提高幅度显著高于其他学生，教师对学生行为的期望转化成了对学生自我实现的预言。"当教师期望某个孩子会表现出较大程度的智力提高

---

① 史密斯. 全球化与后现代教育学 [M]. 郭洋生，译. 北京：教育科学出版社，2000：29-30.
② 范梅南. 教学机智：教育智慧的意蕴 [M]. 李树英，译. 北京：教育科学出版社，2001：97.
③ 阿莫纳什维利. 孩子们，你们好！[M]. 朱佩荣，译. 北京：教育科学出版社，2005：25.

时，这名学生就真的出现了较大程度的智力提高。"[1]这一效应被誉为"罗森塔尔效应"。"教师应该对学生抱有很高的期望。不管学生来自什么样的背景，教师都要对他们抱有高期望。所以，美国几乎所有的教师教育计划都强调培养师范生或在职教师对处境不利学生群体抱有高期望。"[2]相信人性本善，相信人可以教育，相信人可以变得更完善，这是教育学的逻辑起点，也是教师应该具有的教育信念。我们要认识到每个学生都是独特的，有价值的，有发展潜力的，充满希望的。我们需要怀着"青出于蓝而胜于蓝"的期望，对学生不抛弃、不放弃，给予每个学生更多的信任和鼓励，以激发学生成长和进步。在怀有和表达期望时，我们又要看到学生之间存在着很大的个体差异，对于不同学生要抱以不同的期望，既充满希望，又不要让过高的期望令学生难以承受，应当使我们的期望积极而恰当。

教师对学生的期望将转化为每个学生对自己的期望。美国心理学家布鲁纳（Jerome Seymour Bruner）说："自我可以——实际上是必须——从'他人'的角度予以界定。"[3]唐太宗有"以铜为镜，可以正衣冠；以史为镜，可以明兴衰；以人为镜，可以知得失"（《贞观政要·任贤》）的见解。人是从他人的目光和评价中获得自我认知的，比较其他人，教师对学生的自我认知的影响更为深刻。教师传递给学生的信任信息，会直接影响学生对自我的定位和自我期望，影响学生的自我效能感。要培养学生的自我效能感，教师就要努力找出学生的优点，给学生鼓励和赞赏。

（三）教育爱是一种理性、平衡的爱

人本主义哲学家艾里希·弗罗姆（Erich Fromm）在《爱的艺术》中强调了"母性之爱"和"父性之爱"对人生的意义和价值。他认为：

母亲起到保证孩子生活安全的作用，而父亲则有教育孩子、引导孩子应付来到这个大千世界所面临的那些问题的责任。

最后，这个已成熟的人走到这一步：他是自己的父母。他既有母亲的良心，也有父亲的品德。母性的良心说："没有任何错误或罪恶可以剥夺我对你的爱以及我对你生命和幸福的期望。"父性的良心是："你错了，你就不能回避由你的错误行为所造成的后果，如果要我喜欢你，重要的是你必须改正错误。"

成熟的人同时用母性的良心和父性的良心去爱，尽管两者似乎相互矛盾。如果他只有父性的良心，便会变得苛刻，不通人情；如果他只有母性的良心，便易

① HOCK R R. 改变心理学的40项研究：探索心理学研究的历史 [M]. 白学军，等译. 北京：中国轻工业出版社，2004：129.
② 王艳玲. 教育公平与教师责任：《科尔曼报告》的启示：美国宾夕法尼亚州立大学庞雪玲教授访谈 [J]. 全球教育展望，2013（4）：8.
③ 多尔. 后现代课程观 [M]. 王红宇，译. 北京：教育科学出版社. 2000：19.

拓展阅读《每个人都有一颗成为好人的心》

于失去判断能力，并阻碍他自己及他人的发展。①

教师要引导学生健康成长，需要对学生有一种完整而理性的爱，也就是要"严慈相济"。教育不能走极端，教育需要"极高明而道中庸"（《中庸·第二十七章》）。教育既要有"母性之爱"的宽容、接纳和说服，也需要"父性之爱"的规则、责任和担当。"中"的意思就是不偏颇、不走极端；"庸"的意思是要一以贯之。"老师是爱我们的，但老师对我们是严格要求的"，这应该是学生对教师的始终印象。教师不能反复无常，使学生无法琢磨，比如，一会儿是宽容到了没有底线，一会儿又是严格到了不讲情面。极端、善变的教师，会使学生生活在不安和焦虑中。

拓展阅读《教育是中庸和平衡的艺术》

[参考阅读]

2010年"全国教书育人楷模"、南京市北京东路小学附属幼儿园教师吴邵萍对"教育爱"有如下体会和感受：

30余年的教育经历让我越来越热爱这个职业，越来越喜爱幼儿，越来越感受到自己是和幼儿一起共成长的，越来越体悟到教育是艺术，而自己永远在努力的路上。

教师的爱和专业性是需要充满智慧的，它体现在推进儿童合理需要的发展上，体现在培植儿童自身的内生长力上，体现在遵循儿童的自我成长路线上，体现在认清每位儿童的自我成长路线与教育期待的儿童成长方向的交点上。教育是推进人的自我成长，就像医生治病尽量使用最小剂量的药来实现人身体机能自我恢复和治愈一样，教师也要把握好时机、指导的"剂量"，避免干扰儿童自主发展的轨迹，损害儿童自主发展的精神。

每一位儿童都是一颗优良的种子，毫无例外地都有被培育的可能性，关键是教师如何提供适宜的土壤让其生根发芽。这需要教师静下心来，沉浸在教育现场，让自己的心与幼儿在一起，留意幼儿做的每一件小事，对他们的点点滴滴进行研究，不仅发现理解个体幼儿的需要，还能对幼儿的整体有所认识。只有这样，教师才能实现与幼儿的共同成长。②

[思考和实践]

1. 阅读以下案例，分析案例中的班主任在班级管理中存在什么问题。

小高是班里一位调皮捣蛋的学生，但令我惊讶的是，他竟然报名参加班干部选举，因为演讲出色，被同学选为卫生委员。事后，小高告诉我，他参选的原因

---

① 弗罗姆. 爱的艺术 [M]. 刘福堂，译. 上海：上海译文出版社，2019：47-48.
② 王定华，韩筠. 师之楷模 国之栋梁：学前·小学·特教卷 [M]. 北京：高等教育出版社，2017：13.

是在一次打扫卫生时被我表扬过。我已经记不得表扬过他的事了，不过他的转变让我很高兴，于是在祝贺他当选的同时，又对他提出了严格要求，小高都点头接受。从那时起，他在我眼里变得可爱起来。以后几天，小高干劲十足，几乎一个人就把全班的卫生都搞定了。我看在眼里，喜在心里，毫不吝啬地在班里对他提出表扬，希望大家以他为榜样。然而，好景不长。一段时间后，其他班干部都来向我反映，小高在工作中"官僚主义"严重，对同学指手画脚，上课说闲话、课后欺负同学的老毛病也始终没改掉。这让我大为生气，觉得小高辜负了自己的信任，恨不得立即把他撤职。①

2. 观看电影《快乐时光》，体会爱孩子的艺术。

3. 试用案例说明你对艾里希·弗罗姆所说的"母性之爱"和"父性之爱"的认识与理解。

---

① 马利文，王莹. 案例研究切莫"似是而非"[J]. 人民教育，2011（19）：31.

专题五 和学生一起成长

一、进入"同学"时代

[学习活动]

阅读以下有关数学特级教师俞正强的案例:

"老师，你进步了吗"①

那时，我做四年级一个班的班主任。学期结束的时候，我问小朋友一个问题："一个学期下来了，你们跟我说说自己有什么进步啊？"这时有一个小女孩举手，我问她："你有什么事啊？"她说："俞老师，我不敢说，我说了怕你不高兴。唉，我看还是不说算了。"我说："不可以的。我们之间还有什么不可以说的呢？俞老师对你们是知无不言、言无不尽，你们也应该对俞老师这样呀。"她就问了："俞老师，那你说说，一个学期下来，你有什么进步啊？"她这么反过来一问，嗬！那些小朋友的眼睛就像放电一样"刷"地射过来了。我感觉就好像有很多大灯泡聚焦在我身上，让我有一种发昏的感觉。这时我才突然发现我们做老师的有一个误区，总是想着问学生："你进步了没有？"其实，我们经常忘记问自己："我进步了没有？"

当时，我心想，今天肯定完了。这个班我带了一年了，如果我说自己的进步不大，只是一点点的话，小朋友听了，可能就对我不再感兴趣了，就没有那么喜欢我，不再佩服我了，那肯定是不行的。如果我说自己进步很大，可我又觉得自己没有很大的进步。正好，那节课也快结束了，我就要了一个滑头，对学生们说："时间差不多了，让老师把这个问题作为家庭作业带回去，明天向大家汇报，好不好？明天我就回答这个问题——'我这一学期下来有什么进步'。"学生很不情愿地摇摇头。

那天晚上，我人生当中第一次认真思考这个问题——"我进步了没有？"作为老师，我一年应该有哪些进步？作为老师，我该怎么向学生交代？那时不像现在这样提教学反思，也不讲专业发展，我不怎么想个人的发展问题。那个孩子的问题给了我启发。

第二天早上一上课，我就对学生说："同学们，你们昨天问的那个问题还记得吧？""记得！"学生们回答得很响亮。"那你们说说看，俞老师这学期有什么进步？因为我不知道有啥进步。"然后，有的学生就说："俞老师，

---

① 王永红. 俞正强：低头找幸福 [M]. 北京：教育科学出版社，2007：10-11.

我发现你的普通话进步了不少，以前你讲课有好几句话我们听不懂，现在全部听懂了。"有的学生说："你还有一个进步就是，以前有时骂我们，现在不骂了，还经常摸摸我们的脑袋，这让我们很舒服。"……我听学生们你一言我一语的，很感动。我说："我教你们一年了。昨天你们提的问题，我老实跟你们讲，我想了一个晚上，我想不出自己有什么地方进步了。但是今天你们讲了我这么多的进步，老师很感动。你们让我明白一个道理，老师其实也是要进步的。"教学相长，其实是一件很重要的事情。我感觉我应该进步，我从心底里感激我的学生。

思考和讨论：你从俞正强老师的专业成长和进步中体会到了什么？

拓展阅读《并喻时代之师生关系》

1970年，美国文化人类学家米德（Margaret Mead）的《文化与承诺——论70年代各代人之间的新关系》一书提出了三个概念：后喻文化是指晚辈主要向长辈学习的文化模式；并喻文化是指无论晚辈还是长辈的学习，都发生在同辈人之间；前喻文化是指反过来长辈主要向晚辈学习的文化模式。具体来说，后喻文化的背景是：由于古往今来变化甚微，少数长者对他们生活于其中的文化了解最深，他们的经历本身就是一种文化。因此，他们是整个社会公认的行为楷模，当然更是年轻一代的行为楷模。在这样的社会里才会出现年轻人向先辈们学习的现象。前喻文化的背景是：我们共同面对的是一个未知的社会，正如米德在书中所说的那样，过去存在若干长者，凭着在特定的文化系统中日积月累的经验而比青年们知道得多。但今天却不再如此。古往今来，没有任何一代能像今天的年轻一代经历这林林总总的变化，同样也没有任何一代能像他们这样了解、经历和吸收在他们眼前发生的如此迅猛的社会变革。因此，在这样的社会文化中，才会出现年长者反过来向年轻人学习的现象。

如果说过去的时代是长辈向晚辈、年长者向年轻者传递文化的后喻时代，那么现如今，随着新知识、新技术、新方法的不断产生，随着信息传播渠道的不断增加，师不必贤于弟子，弟子在许多方面已经超过了老师，晚一辈已经有能力、有水平并且现实地在向老一辈"文化反哺"，前喻现象已经越来越普遍地在生活实践中出现。我们可以把这种后喻文化和前喻文化并存叫作并喻文化。并喻时代是师生相互学习、共同成长和进步的时代。就教师和学生而言，当下和未来是"同学"的时代。

二、教师向学生学习的意义

[学习活动]

研读案例《"老师，让我来讲"》，体会教师向学生学习的必要性。

"老师，让我来讲"①

一位教师在上小学一年级数学课，她出示一道题让学生讨论"怎么算"。

师："幼儿园大班的小朋友做红花。他们送了小班的小朋友5朵以后还剩7朵。大班的小朋友一共做了多少朵红花？"

一位学生站起来说："这道题用减法算。"

师："为什么？"

生："因为老师您说过，碰到'还剩'就用减法。"

这时，教师感觉到自己由于讲解时的疏漏而造成学生理解上的错误。她急切地希望讲明白这道题不能用减法的道理。但是，她越着急越表达不清楚，什么"部分数""整体数"之类的概念，越发引来学生迷茫的眼光。

一个童稚的声音打破了教室中的沉闷："老师，我来讲——幼儿园大班的小朋友后来决定不送红花给小班了，他们把送给小班的5朵小红花拿回来，这时，拿回来的5朵，添上原来还剩的7朵，就是大班小朋友所做的红花。所以要用加法算。"

老师长长地舒了一口气，用赞许的目光看着这位学生。

（一）有利于站在学生的角度施教

案例中的教师为什么想不到"要回来"？因为教师是成人，在成人的生活世界里，一般没有送出去的东西再要回来的道理，因此我们很难想到用"要回来"的方法处理。而儿童在活动中、在游戏中随着情感的变化，经常会发生送出东西又要回来的事情，儿童生活在这种生活经验中，所以他想到了要回来。

教师以育人为天职，教育的过程实际上是教师经验和学生经验进行对话和相互提升的过程，教师要对学生的经验施加影响，就必须进入学生的经验系统和话语系统，以学生的经验和话语为基础。而要进入学生的经验系统和话语系统，教师就必须学会向学生学习。阿莫纳什维利这样说："想要了解儿童心灵的秘密，想要揭示教育的技巧和教育学科学的秘密，先要把每一个儿童认作是自己的老师和教育者。""他们，即我的'零年级学生'，只有一个老师，而我却有36位（也许，还要更多些）老师。他们所有的人将全是我最靠得住的老师。我将教他们读书和写字，计算和加减乘除，画图和唱歌，而他们将授予我最高的师范教

学习视频《教师为什么要向学生学习》

---

① 杨玉军，王慧．面对学生的发问［N］．中国教育报，1998-05-12.

育。"① 在向学生学习的过程中，教师将从中学到新的经验，获得新的人生感悟，永葆教学青春，享受成长的快乐。

（二）有利于营造和谐共进的师生关系

教师向学生学习，可以给学生"好好学习，天天向上"的榜样影响，并在师生之间培养出相互学习、共同成长的学习氛围。学生看到教师在向自己学习，可以树立自信心，产生自豪感和成就感。师生相互学习还可以拉近师生之间的关系，营造一种其乐融融的共同学习的文化。

（三）有利于我们重新认识和理解教师的生活

"朝闻道，夕死可矣。"（《论语·里仁》）闻道、成长、进步，这是人生的大事和幸事。与其他行业相比较，教师时时面对有生机、有活力、有灵性、有创造性的学生，他们用自己的童心和童趣、用自己的好奇和想象、用自己的经历和经验启迪、激发和帮助我们，开阔我们的视野，丰富我们的情感，促进我们不断成长和进步。从这种意义上说，教师职业是一个最"划算"的职业。

[参考阅读]

在教学反思中重新认识教材②

教师对教材的认识和处理难免偏颇和错误。保持开放的态度，不断修正偏颇和错误是教师行动研究的一种方式。开放无疑应该是全方位的，但最重要的是向实践开放，向学生开放，向学生学习，在实践中反思。

以我自己的经验为例。我曾经执教《晏子使楚》，基于教学是选择和平衡的艺术的理解，我把教学定位在"体会外交场合下的语言艺术，学习聪明地听话、聪明地表达"。外交场合下的语言有什么特点呢？受一位同学回答此问题的启发，我认为是话里有话、话中有话。但在课堂上，对于我的提问"你认为外交官的语言有什么特点"，第一个学生的回答却是"干脆直接"，我请他举例，他说："楚王问晏子'难道齐国没有人了吗'的时候，晏子严肃地回答'这是什么话'，就很干脆直接。"我意识到自己备课的时候是一叶障目了。保持教学的开放，利用学生的发现，我相应地提出了这样的问题："比较进城门的交流方式和这一次对话的方式，你注意到有什么差异？为什么会有这样的差异？"对这个问题进行讨论，同学们意识到第一次是针对晏子个人的——让晏子从城门洞进来，小不忍则乱大谋，晏子只是"看了看"；这一次是针对自己国家的——"难道齐国没有人了吗"，是可忍孰不可忍，晏子采取了正面回击的方式；个人脸面事小，国家尊

① 阿莫纳什维利. 孩子们，你们好! [M]. 朱佩荣，译. 北京：教育科学出版社，2005：3，2.
② 陈大伟. 在教学反思中重新认识教材 [N]. 教育时报（课改导刊），2011-08-10（3）.

严事大,不同的态度,不同的应对,正是这样的区别,晏子的行为反映了外交官的修养,使晏子的爱国行为更加具体生动。

很多类似的经历使我愿意和老师们说:老师的教学不是付出,而是收获;老师不是"蜡烛"和"春蚕",而是教室里不断生长的"一棵树",教学滋养了我们,学生帮助了我们;开放的学习和成长心态带给我们幸福!

三、怎样和学生一起成长

(一)建立师生平等的对话交流关系

[学习活动]

阅读《作业革命》,感受师生"同学"的快乐,说一说师生成为"同学"的条件。

拓展阅读《教学相长的幸福》

作业革命①

这个学生请我在本子上和他比赛写字,真不巧,我越是想认真地写出样子给他看,却偏偏把"膊"字写分开了一些。我只好在后面写上"写分家了,真羞"。让人感动的是,他竟学着我的风格为我写下了评语:"没什么,写得还不错。"多么坦诚的谅解啊,师生之间,心心相印,多好啊!

还有一次,有个学生在作业后面连出了6道英语题,我只好悄悄地去请教英语老师,然后又在电脑里查《金山词霸》才把答案写了出来。最后,我认真地留言道:"我是请教了英语老师和金山词霸做出来的。"做不出学生的"难题"并不是什么丢人的事,这正说明"学海无涯",可老师不能承认自己不知道,或不能启发学生该运用什么方式、以什么途径来寻求解决难题的办法,才是可悲的。老师们,你有这样的诚恳和胸襟吗?

不要说学生怕做作业,老师也会怕做作业的。这不,耐着性子做了几次学生那艰涩的外语题之后,我终于忍不住了,就在学生出的题目后面写上:"哇,做这种题可真费力啊!"没想到学生给我的"批语"比我给他们的批语更加坚定:"但要坚持!"然后,还要求我做出选择:"还想做吗? A:想,B:不想。"我只好硬着头皮,在"A:想"上打了"√"。想想看,身教胜于言教,师生相互信赖,又相互督促,这不就是教学相长吗?

一次,语文课代表画了一幅青蛙在荷叶上唱歌的图画,向我叫板:"把它画下来吧,如果不会画,就为它做一首诗吧。"当时我很忙,真的没有时

---

① 刘春生. 作业革命 [J]. 人民教育,2002 (5): 42.

间来画，但我告诉自己，曹植在七步之内就能作诗，语文教师也应当学一学这种才情。于是我立即回应了一首无题绝句："一叶一蓬一莲花，一池一声一青蛙。一年一季一自在，一唱一和一歌夏。"怎么样，还挺有味儿的吧？课代表后来在诗边点评道："好诗！"师生为此都开心了好几天。

（二）把课堂还给学生，让学生有机会表现和表达

老子说："弱者，道之用。"（《道德经·第四十章》）就"道"的含义，一方面，我们可以把它看成宇宙的本原和实质，并引申为原理、原则、真理、规律等。在这样的语义中，"弱者，道之用"是指"道"在发挥作用的时候，用的是柔弱的方法，"道"创造万物，并不使万物感到有什么强迫的力量，而是自然而然地使其发生和成长。另一方面，"道"与"导"相通。按照"道者，导也"的理解，"弱者，道之用"中的"弱"就成了"引导"的原则和方法，要发挥好引导的作用，教师需要适当地"示弱"和"用弱"，所谓"有之以为利，无之以为用"（《道德经·第十一章》）。将这一思想运用于教学中，"示弱"就是将自己的"有"藏起来，示学生以"无"和"弱"，使学生不等、不靠、不依赖，自己的事情自己干；而"用弱"则是在引导时，"不愤不启，不悱不发"（《论语·述而》），"道而弗牵，强而弗抑，开而弗达"（《礼记·学记》）。

"弱者，道之用"，意味着把课堂还给学生，给学生表现的机会，让他们有机会提出自己的问题，有机会述说他们的思维过程、学习方法和解决问题的办法，有机会展示他们的人生经历和经验……在学生展现的过程中，教师不仅是引导者和帮助者，而且也是观察者、欣赏者、学习者。

（三）用心倾听，重视学生的不同意见和表现

把课堂还给学生以后，课堂上就会出现不同的声音和不同的表现。面对学生多元化的声音和表现，教师需要用开放的心态，不是先入为主地用自己的经验否定，而是慢下来，仔细想一想，再问一问。这样，既表达了对学生的尊重，又从学生的声音和表现中得到了启示和帮助。

［学习活动］

阅读下面的故事，说一说：你从中受到了哪些启发？

一位老师在上完《坐井观天》一课后，以"青蛙跳出井底以后"为题要求同学们说后面的故事，同学们有的说："青蛙跳出井底以后，看见蓝蓝的天，青青的草，真美呀，它想，我真该早出来。"有的说："青蛙跳出井底以后，河里的小鱼和小虾纷纷游过来和青蛙做朋友。"……这时，一位从农村来的小朋友说："青蛙跳出井底以后，走了几步，又跳回了井里。"全班同学

哄堂大笑，在笑声中，老师说："我看你真是一只'井底之蛙'。"

课后，老师要求同学们以"青蛙跳出井底以后"为题写故事，这位小朋友并没有因为老师和同学们的嘲笑而改变自己的看法。他在作文中写道："青蛙跳出井底以后，走了几步，闻到一股刺鼻的农药味，看到几只死青蛙漂在被污染的河水里；又走了几步，听到一声凄厉的惨叫，一只老青蛙已经被农夫叉死了。它想，还是井里安全，于是它又跳回了井里。"这是农村孩子感受到的青蛙真实的生存状态。

老师读完学生的作文，在作文的下面公公正正写下了下面的话："对不起，老师才是'井底之蛙'。"①

[思考和实践]

1. 观看电影《孩子那些事儿》，找一找电影中的教师在哪些方面不如学生，学生可以给教师当"先生"。

2. 举例说一说教师和学生"同学"的意义和方法。

拓展研读

[1] 成尚荣. 从关注学生现实性走向开发可能性 [J]. 人民教育，2009（8）.

[2] 李宝强，薄存旭."教学相长"本义复归及其教师专业发展价值 [J]. 教育研究，2012（6）.

[3] 郭祥超. 教育实践的受动性与教师的"不做"[J]. 教育研究，2012（11）.

[4] 阿莫纳什维利. 孩子们，你们好！[M]. 朱佩荣，译. 北京：教育科学出版社，2005.

[5] 黑柳彻子. 窗边的小豆豆 [M]. 赵玉皎，译. 3版. 海口：南海出版公司，2018.

[6] 弗罗姆. 爱的艺术 [M]. 刘福堂，译. 上海：上海译文出版社，2019.

[7] 高维，武秀霞. 教师眼中的"教育爱"：基于隐喻的分析 [J]. 教师教育研究，2017（6）.

[8] 黄泳. 建立良好的师生关系在教学相长中的作用 [J]. 课程教育研究，2019（12）.

① 陈大伟. 师德修养与教育法规 [M]. 北京：北京师范大学出版社，2012：80-81.

第七单元　　　　教师心理健康与幸福生活

单元学习目标

理解教师保持心理健康的重要性，了解心理健康的标准，能有效运用教师心理调适的各种方法，保持心理健康，克服职业倦怠。梳理对幸福的理解和认识，理解"幸福需要教育""教育需要幸福"的关系。从认识幸福、感受幸福、创造幸福的角度体会如何创造教师的幸福生活。

专题一　教师心理调适

一、保持心理健康

[学习活动]

阅读下列材料：

有一位小学女教师，有一段时间情绪出现了令常人所不能理解的现象。如当她坐在办公室里时，如果有同事来到这间办公室，没有和她打招呼，她就会感到非常难过，猜同事是不是看她不顺眼。甚至，如果感觉同事或领导冷落了她，她就会故意搞破坏，以引起别人的注意。

专家分析认为，她患的是典型的癔症，这是神经性疾病的症状之一。因为这位女教师个性非常好强，对学生要求很高，凡事都要争第一。同时，她平时也非常在意同事、上级领导对她的看法。久而久之，她对自己估计过高，以自我为中心。经过一段时间的治疗，她的症状得到了明显改善。

思考和讨论：你对教师心理健康问题怎么看？你认为教师应该怎样保持心理健康？

（一）教师保持心理健康的重要性

1. 教师自身需要心理健康

"笑一笑，十年少"，乐观、愉快、自信、平和的心态有助于人提高免疫能力，使人有效地抵抗疾病的侵袭，从而促进身体健康；心理不健康，如长期过度焦虑、忧虑、烦恼、抑郁、愤怒，会导致生理上的异常甚至病变，那些与情绪联系密切的器官系统更易受心理因素影响而患病甚至可能由此导致心理疾病。从人际关系看，心理健康的人，能用尊重、平等、信任、友爱、宽容、谅解的积极态度与别人相处，有宽广、豁达的胸怀，并对生活持积极乐观的态度，这种生活态度和生活方式很少给他人带来麻烦和消极影响，对自己、他人和家庭都有好处。从工作效率看，心理健康的人能客观地评价自己、自如地应对客观环境，更容易与环境协调平衡，这种协调平衡能使当事者以正确的态度和方法来对待矛盾和处理问题，以平和的心态对待生活中的挫折，而且一般不会因偶尔的失败而丧失信心，他们在智力、情感、意志等方面都能正常发展，他们的工作和学习效率也会优于心理不健康的人。

2. 教师心理健康影响学生健康成长

苏霍姆林斯基说："心情苦闷和精神抑郁，这种情绪会对学生的全部脑力劳动打下烙印，使他的大脑好像变得麻木起来。只有那种明朗的、乐观的心情才是滋养着思想的大河的生机蓬勃的溪流。郁郁不乐、情绪苦闷所造成的后果，就是使掌管情绪冲动和思维的情绪色彩的皮层下中心停止工作，不再激发智慧去从事劳动，而且还会束缚智慧的活动。"[1]大量的实践案例表明，教师的心境会影响教育的环境气氛，教师的心境会对学生产生巨大的影响。在学生面前，教师的一颦一笑、喜怒哀乐都躲不过他们的眼睛。学生会根据自己的觉察做出相应的反应。如果教师"怒气冲冲"，学生害怕被"无名火"烧及，就会回避与教师的交往。研究表明，教师的心理健康水平与学生的心理健康水平呈正相关：心理健康水平高的教师，他们的学生心理健康水平也高；心理有障碍的教师，他们的学生产生心理障碍的比例也更高。心理不健康的教师还可能伤害学生，损害教师形象和教育事业。因此，作为教师，"我们应该多多授人以我们的勇气而非我们的绝望，授人以我们的健康舒坦而非我们的愁容病态"[2]。

（二）心理健康标准

世界卫生组织提出了关于心理健康的7条标准：

（1）智力正常；

（2）善于协调和控制情绪；

（3）具有较强的意志和品质；

（4）人际关系和谐；

（5）能动地适应并改善现实环境；

（6）保持人格的完整和健康；

（7）心理行为符合年龄特征。

在了解以上心理健康标准后，我们可以以此为依据进行心理健康的自我诊断和改善。如果发现自己的心理状况某个或某几个方面与心理健康标准有一定差距，我们就要有针对性地加强心理锻炼，以期达到健康水平。如果发现自己的心理状态严重偏离心理健康标准，我们就要及时就医，以便及早诊断与接受治疗。如果意识到自己在心理健康方面会对学生造成不利影响，我们就要尽量避免接触学生，以避免因为自己心理不健康给学生造成伤害。

① 苏霍姆林斯基. 给教师的建议 [M]. 杜殿坤，编译. 2版. 北京：教育科学出版社，1984：39—40.
② 梭罗. 瓦尔登湖 [M]. 戴欢，译. 北京：当代世界出版社，2003：插页.

二、克服职业倦怠

阅读以下故事：

"我是一个年轻教师，工作三年多了，作为班主任一看到学生不听话就总想发火……我急得经常暴跳如雷。我一向不服输，过去工作再苦再累我都能忍受，可近来不知何故我开始变得脆弱、多虑，常常是事情还没开始做，便设想出多种后果，老是担心教不好课程，担心教学质量上不去做不完的活，操不完的心，压得我透不过气来，我整日惶恐不安、心绪不宁，几乎无法正常工作和生活！"①

思考和讨论："我"现在的状态出了什么问题？怎样调整自己，尽快走出这种状态？

（一）职业倦怠的表现

"职业倦怠"一词最早出现于20世纪70年代，由美国临床心理学家费罗伊登伯格（H. J. Freudenberger）首次提出。现在，人们普遍认可马斯拉奇（C. Maslach）等人在1981年提出的观点："在以人为服务对象的职业领域中，个体的一种情感耗竭、去人性化和低个人成就感的症状。"②教师职业倦怠是教师不能顺利应对工作压力的一种极端反应，是教师在长期高水平的压力体验下而产生的情感、态度和行为的衰竭状态。其典型表现为：（1）情感衰竭，没有活力，对于教育工作没有热情，感情处于极度疲劳的状态；（2）去人性化，刻意在自身和学生间保持距离，对工作对象和环境采取冷漠、忽视的态度，对工作敷衍了事，个人发展处于停滞状态，不安心工作，工作不在状态；（3）对教育工作产生无力感或低个人成就感，倾向于消极地评价自己，工作能力体验和成就体验呈下降趋势，认为教育工作枯燥无味，不能发挥自身的才能。

（二）影响教师职业倦怠的相关因素

1. 年龄与教龄因素

一般来说，在工作最初的几年里教师会把搞好师生关系作为工作的重要内容，不易出现对学生冷漠的现象，工作的适应和经验的积累会使其体验到成就感。在进入关注情境阶段后，教师关注的焦点就投向了提高学生的成绩，关心班额的大小、时间压力以及备课材料是否充分等，同时很多教师也开始担当毕业班教学和管理的重任。但这时教师的教育教学技能还远没有达到成熟的程度，随着

① 节选自《年轻班主任的困惑》，佚名，原载乳山教育网。
② FREUDENBERGER H J. Staff burnout [J]. Journal of social issues, 1974, 30 (1): 159.

工作热情的消失以及对来自教学的、人际关系的和学生的压力体验逐渐加深，教师的情感衰竭程度和去人性化程度逐渐上升。随着工作经验和教学技能的进一步增长，职业发展进入成熟阶段，教师对教育教学工作越来越轻车熟路，对工作中的压力应对方式也逐渐成熟，所以成就感又逐步上升，相应地情感衰竭程度和去人性化程度逐渐下降。

2. 角色定位因素

教师是一个社会期望非常高的职业，被赋予多种角色，包括：（1）知识的传授者；（2）父母的代理人；（3）课堂纪律管理员；（4）学生的榜样；（5）心理健康的教育者；（6）学生的朋友与知己；（7）学者和学习者；（8）人际关系的艺术家。[①]当教师受时间、精力及自身价值倾向制约，不能同时满足外在社会不同的角色期望、履行不同角色责任，而这些角色又都对其具有意义，不履行任何角色责任都会出现消极后果的时候，就会出现角色冲突。当多种角色接踵而来导致应接不暇时，教师就可能产生角色混乱。

3. 人格因素

一般而言，具有以下人格缺陷的人容易产生职业倦怠：（1）有紊乱不定的心理和难以与人相处的性格；（2）把自己遇到的一切困难都归咎于命运和别人的错误，把社会和外界对自己不利的条件都看作是不应该的，而对自己的缺点却无所觉察，也不改正；（3）认为自己对别人不负任何责任，对不道德的行为没有罪恶感，对伤害别人的行为不后悔，对自己的一切行为都执意偏袒和辩护；（4）在任何环境中都表现出猜疑、仇视和偏颇的看法。以上负性人格因素都可能导致教师在职业态度、自我成就感体验、进取精神、心理健康、人际关系等方面出现障碍，无力处理教育教学中出现的各种问题，也无法排解郁积的消极情绪。久而久之，教师就会对工作丧失基本的热情，出现情感衰竭、去人性化和个人成就感降低的职业倦怠现象。

4. 社会支持因素

公众对教师近乎完美的要求与期望，会使教师难以满足公众的高期望与高标准，进而产生倦怠情绪。家长的态度也会影响教师的职业情感，教师与家长的冲突往往成为教师压力的来源之一。另外，社会影响的多元化和管理不规范正在强烈地冲击着教师的教育效果。如，不良电子游戏、暴力视频、不健康读物、社会上个别人的急功近利思想等，都会对正在发展中的青少年产生负面影响。在这些因素的影响下，教师常常感到力不从心，心力交瘁，焦躁不安。

5. 个人成就感因素

教师劳动的集体性、劳动成果评价的特殊性和长周期性等特点，决定了每一

---

① 张大均. 教学心理学［M］. 重庆：西南师范大学出版社，1997：32.

位学生的成长都必然是教师集体劳动的成果，这一特点使教师难以体会到强烈的个人成就感，会在一定程度上造成教师个人成就感的缺失，从而引起职业倦怠。职业高原现象造成教师个人成就感低下也是导致职业倦怠的原因之一，职业高原现象是指当员工掌握了与其工作相关的所有技能和信息之后，而缺乏进一步发展知识与技能的挑战时，所出现的一种个体职业发展上的停滞状态①。发展的停滞使教师常处于自我否定与放弃的挣扎中，出现焦虑、紧张、烦躁等消极情绪，产生职业倦怠。

了解职业倦怠的原因，有利于从源头上采取措施进行改进，避免产生职业倦怠。

（三）怎样克服职业倦怠

1. 建立理性的自我认知

导致一个人情绪和行为反应不正常的原因，往往是人对压力事件的看法、评价、解释，即认知，而不是事件本身。人一旦产生非理性自我认知，便容易陷入思维的误区，产生不合理的思维方式，从而出现心理困扰。常见的不合理的思维方式主要包括：（1）不合理的比较方式；（2）情绪恶性循环的思维模式；（3）钻牛角尖；（4）完美主义。教师一方面要尽力而为，另一方面又要承认和接纳自己的"不能"。社会也要接纳教师的"不能"，给教师创造一个理性认知自己的外部环境。

2. 及时觉知职业倦怠的发生

解决职业倦怠的关键在于个体应意识到职业倦怠并不是在一生中只发生一次的现象，它可能一次又一次地潜入我们的生命，如果我们能够学着识别自身职业倦怠的症状，并在其产生危害之前捕捉到它，那么就能很快地恢复平衡，而不需要一个较长的恢复时期。因此，教师可以在可能发生职业倦怠的关键点上留心，以积极乐观的态度去发现和对待职业倦怠，主动采取相应的调整措施，以便最大限度地降低职业倦怠给教师心理健康和教育教学工作带来的危害。

3. 学习人际交往的基本技巧，善于与人沟通和交往

社会交往是人类社会现象，积极的人际交往、良好的人际关系，可以使人精神愉悦、情绪饱满、充满信心、保持乐观的人生态度。相反，人如果缺乏积极的人际交往，不能正确地对待自己和别人，心胸狭隘，目光短浅，则容易形成精神上、心理上的巨大压力，难以化解心理矛盾，严重的还可能形成病态心理。病态心理如果得不到及时的疏导，可能形成恶性循环而严重影响身心健康。为获得良好的人际交往，教师可以从以下几个方面着手：（1）形成正确的人际交往认

---

① 马远，凌文辁，刘耀中 . "职业高原" 现象研究进展［J］. 心理科学，2003（3）：531.

知；（2）掌握基本的人际交往技能；（3）广泛地与人交往，真诚对待交往对象；（4）掌握与学生交往的分寸；（5）把握交往中的教育目标；（6）研究交往与沟通的艺术。

4. 学会心理减压

心理压力可来自多个方面，总的来说有社会、生活和职业竞争三个压力源。一般而言，个体从面临压力到解决问题要经历冲击阶段（压力来临之初出现的眩晕、不知所措、惊恐状态）、安定阶段（冲击之后的恢复阶段）和解决阶段（直接面对压力，分析原因，找出解决问题的办法）。在这一过程中，有效的应对方法如下：（1）了解自己的能力，制订切实可行的目标；（2）对压力进行正确的认知和评估，改变不合理的观念，通过有意地改变自己的认知来改变不适应的状况；（3）主动疏导和发泄，当感到压力太大时，应当学会主动疏导和发泄，在合适的场合、时间，找合适的人倾诉自己的体验和不良情绪，合理释放，保持心理平衡；（4）建立和扩展良好的社会支持系统，通过社会支持来缓解压力，相信在你需要时他人会给你提供帮助，使自己时刻成为社会支持网络中的一部分，不要让自己孤立无助；（5）建立积极和谐的人格特征，自立、自信，知足常乐；（6）养成合理的作息习惯，加强体育锻炼，培养多方面的兴趣。

5. 及时诊断亚心理健康状态，作出针对性调整

在健康与不健康之间有一个很大的空间，既非健康又非疾病，没有心理障碍与疾病，但又感觉心理不健康，这就是亚心理健康，也称第三心理状态。其状态主要表现为：情绪低落、自卑失助、放任冲动、角色混乱。这种状态常常将人的精力引向非建设性的轨道，降低人际吸引力，毁坏人的自我感受，降低人的自我满足感，束缚人的创造性，影响教师和学生的心理健康水平。因此，教师只有及时认识到自己的亚心理健康状态，掌握有效的调适方法，才能摆脱亚心理健康，形成健康的心理。我国一位学者为现代人维护心理健康、走出亚心理健康状态开出了12条良方：（1）重视快乐的价值；（2）诚实待己、怡然自处；（3）不庸人自扰、拒绝杞人忧天；（4）抒发压抑感受、清理消极问题；（5）发展积极乐观的思考模式；（6）掌握此时此刻的时空；（7）确定生活目标，有组织、有计划；（8）降低期望水平、放缓冲刺的脚步；（9）追求人生理想，与他人建立亲密关系；（10）追求工作的意义，在工作中发挥创意；（11）尊重自己，亲近别人；（12）积极主动，分秒必争。①

6. 用科学、人道的态度对待学生问题

教育教学既是科学，又是艺术，因此，教师在面对学生纷繁复杂的问题时，首先要有科学的态度，从学生身心发展的客观特点出发，树立起"把学生当人，

---

① 魏青. 探讨教师心理健康的非理性认知与调适 [J]. 教育与职业，2006（15）：124. 引用时有改动。

把学生当孩子，把学生当学生"的学生观。教师如果建立起这样科学而人道、理性而宽容的观念，科学而人性地看待学生的问题，理性而宽容地接纳学生的问题，就可以大大减少来自学生方面的心理压力，使自己的情绪更平和，身心更健康。

[思考和实践]

阅读以下案例：

王老师是一位年轻的英语教师，以前热情活泼，近来随着工作压力的不断加大，脾气越来越暴躁，在家动辄和女儿、丈夫发火，在学校也经常为一点儿小事和学生发火。比如：学生课文没有背下来，她就大发雷霆，甚至不让学生上课，将学生轰出去背课文；学生英语单词拼写出现错误，她就罚学生抄十遍；学生上课说一句话，她也要教训一顿，甚至要求学生站着听课。这些导致师生关系紧张，学生对英语课充满了恐惧和厌烦的心理，学生的英语成绩也一落千丈。学生找到校长告状："王老师经常惩罚我们，把我们当成出气筒。我们要求换英语老师。"当校长找王老师谈话时，王老师的心中却有一肚子委屈："我严格要求学生，不都是为学生好吗？我平时备课那么认真，就是为了让他们多学些东西，他们小小年纪记忆力好、可塑性强，正是学习英语的好时候，如果我不严格要求他们，反而是害了他们。学生不但不领情，反而还告我的状，我真是想不通！"①

想一想：王老师的问题根源在哪里？有什么办法可以帮助王老师摆脱目前的困境？

---

① 杨芷英. 教师职业道德 [M]. 新编本. 北京：高等教育出版社，2007：202.

专题二　教育与幸福

一、幸福的权利和意义

　[学习活动]
　思考和讨论：（1）你对幸福有怎样的认识和理解？（2）你认为幸福和教育存在怎样的关系？

（一）幸福是人的权利

古希腊哲学家伊壁鸠鲁直接将伦理学规定为"达到幸福的科学"①。费尔巴哈（Ludwig Andreas Feuerbach）认为：一切有生命和爱的生物，一切生存着的和希望生存着的生物之最基本的和最原始的活动就是对幸福的追求。人也同其他一切有感觉的生物一样，他所进行的任何一种意志活动，他的任何一种追求也都是对幸福的追求。②恩格斯1847年在为共产主义者同盟写的一个信条草案中指出："在每一个人的意识或感觉中都存在着这样的原理，它们是颠扑不破的原则，是整个历史发展的结果，是无须加以论证的。……例如，每个人都追求幸福。"③"每个人都追求幸福"是一种"无须加以论证的""颠扑不破的原则"，幸福是人的权利。

（二）幸福的意义

1. 幸福具有最终目的性

亚里士多德认为，生活中的目的是多种多样的，其中有一些我们是为了其他目的而选取的。例如钱财、长笛，总而言之是工具。很显然并非所有目的都是最后的，只有最高的善才是某种最后的东西。倘若仅有一个东西是最后的，最完满的，那么，它就是我们所寻求的最后的目的。总而言之，只有那由自身而被选取，而永不为他物的目的才是最后的。看起来，只有这个东西才有资格作为幸福，我们为了它本身而选取它，而永远不是因为其他别的什么。④幸福是人生和人类活动的终极指向和目的，是"最高的善"，是人性的完成或实现。

2. 幸福具有自足性

自足似乎就是终极的善。亚里士多德说："我们现在主张自足就是无待而有，

① 周辅成. 西方伦理学名著选辑：上卷 [M]. 北京：商务印书馆，1987：103.
② 唐凯麟. 西方伦理学名著提要 [M]. 南昌：江西人民出版社，2000：292.
③ 马克思，恩格斯. 马克思恩格斯全集：第42卷 [M]. 中共中央马克思恩格斯列宁斯大林著作编译局，编译. 北京：人民出版社，1979：373-374.
④ 亚里士多德. 尼各马科伦理学 [M]. 苗力田，译. 北京：中国人民大学出版社，2003：10.

它使生活变得愉快，不感匮乏。这也就是我们所说的幸福。它是一切事物中的最高选择，我们不能将它与其他的善事相混同。"[1]自足性指幸福仅凭自身就足以使生活有价值而且无匮乏，它是一切选择所求取的终极目的和完满实现，它自己却只是为了自身。幸福让我们感到满足，它使我们内心平和而宁静，从而更加珍惜生活、善待自我、友爱他人并回报社会。

3. 幸福具有动力作用

人之所以能在生活中克服千难万险，最根本的在于人有其精神动力或精神支柱，而追求幸福就是最根本的精神动力。追求幸福既是政治信仰者为社会理想的献身行为，也是平常人在日常生活中为免于痛苦而付出的饱含自由意志的努力。追求幸福生活、实现幸福人生是人克服艰难险阻的力量源泉。

4. 幸福具有利他性

处于幸福状态的人会有更多的同情心，会对他人更友善，会表现出更多的亲社会行为和利他行为；而不幸福的人则倾向于自我防护，倾向于对社会、他人进行责备和抱怨。《真实的幸福》作者马丁·塞利格曼（Martin E. P. Seligman）认为：拥有幸福感的好处是让人更聪明，让人更健康，更灵活地应对不幸，朋友更多；拥有幸福感的人的共同点是会做出更多的利他行为。礼尚往来，利他的行为赢得回报，利他者人缘更好，往往得到他人的信任和支持更多，人生会更加成功和幸福，可能获得更多的幸福。这是幸福人生的放大效益和"马太效应"。

二、幸福的主观性和客观性

[学习活动]

阅读以下材料：

有一所学校，每到暑假都要求三年级以上的学生给自己的老师写一封信。这一年，张老师收到了这样的慰问："张老师，您辛苦了，这一学期为我们操碎了心，我希望您在假期能好好休息，散散心……"在给李老师的信中，同学们大多这样说："李老师，你知道吗，我们全班同学都不喜欢你，因为你不能很好地管理我们班的纪律，我们班的数学成绩越来越差……"[2]

思考和讨论：你认为哪位老师更幸福？有人说"幸福是一种能力"，对此你有怎样的体验和感受？

---

[1] 亚里士多德. 尼各马科伦理学 [M]. 苗力田，译. 北京：中国人民大学出版社，2003：11.
[2] 陈大伟. 幸福教育与理想课堂八讲 [M]. 上海：华东师范大学出版社，2013：70.

（一）幸福是一种主观感受

尽管人人都追求和向往幸福，但对于幸福的理解和认识，人们却很难找到一个统一的答案。我们可以说，幸福是人审视自身生存状态所获得的愉悦体验，幸福的本质是主观的，"是否能够获得幸福很大程度上取决于是否能够敏锐地感受到幸福之所在，在这种意义上，幸福是一种能力"①。在积极心理学的理念中，幸福就是个人的主观体验，主观幸福感是人们根据内化了的社会标准对自己生活质量的肯定性的评估，并由此而产生积极性情感占优势的心理状态。决定人幸福与否的关键不在于发生了什么，而在于作出了什么样的认知加工，并由此获得了什么样的情绪体验。

幸福的主观感受性告诉我们，幸福生活一切全靠我们自己。我们可以通过调整自己的生活追求、改变对生活的理解方式去感受和体验幸福，对于已经发生且不能改变的事件，我们可以转换一个视角，让心往宽处想。幸福就在我们的心中。

（二）幸福的感受对象是客观的

幸福是人对自身生存状态进行审视所产生的愉悦体验，人的自身生存状态是客观的，"阿Q精神"并不能解决所有的幸福问题，幸福的基础也在于改善我们的生存状态。人的生存状态既受外界因素的影响，也受自身努力与自身能力水平的影响。人的幸福生活能力并不仅仅是调整心态和对幸福敏感的能力，实际上，"一个人怎样认识幸福（幸福观）、感受幸福的素质（幸福品质）和感受、创造幸福的能力（幸福生活能力）与人的幸福程度是密切相关的。并不是有了先进的理念，人就能获得幸福，感受幸福的品质和创造幸福的能力也同样重要"②。人的幸福能力包括认识幸福、感受幸福和创造幸福的能力（教师还需要传递幸福、培养学生幸福生活能力的能力），幸福需要自己创造——"幸福不是毛毛细雨，它不会从天上飘下来"。比如，要获得基本的物质生活资源，就要有创造物质财富的能力；要获得舒适的人际环境，就要有建设良好人际关系的能力；要获得创造性生活的成就感，就要有创造性生活的能力。对幸福的理解、敏感、向往和追求，都是一种有待发展的主体能力。就教师修养和专业发展的根本动力看，我们需要对"幸福是一种能力"有积极的认同：爱自己栽培自己，爱自己修养自己，爱自己发展自己。

---

① 赵汀阳. 论可能生活 [M]. 2版. 北京：中国人民大学出版社，2010：144.
② 沙洪泽. 教育：为了人的幸福 [N]. 光明日报，2002-12-03.

三、教育与幸福的关系

（一）幸福需要教育

人并不像自然存在物，"它出自这样一种存在物的最深沉的必然性，这种存在物必须塑造自己，并因此需要一个指明方向的榜样和理想以供他参照。人的不完满性为理解所补偿，这种补偿告诉他怎样来完善自己"①。刚出生的婴儿并不具备获得幸福生活的能力，人也无法通过遗传获得全部幸福生活的能力。人生的幸福生活能力需要通过学习来获得，需要通过接受教育来发展。教育的价值和意义就在于能提升人的幸福生活能力，促进和实现人的幸福生活。从这种意义上可以说，幸福需要教育，好的教育增进人的幸福生活能力，促进受教育者更好地认识幸福、感受幸福、创造幸福。

（二）教育需要幸福

1. 教育需要幸福作为终极目标

人类活动的终极目标在于追求和实现自身的幸福生活，教育也不例外。苏霍姆林斯基说："我认为教育的理想就在于使所有的儿童都成为幸福的人，使他们的心灵由于劳动的幸福而充满欢乐。"②教育的目标指向人，教育需要以人为本，人的终极需要是什么？是幸福。没有引导学习者追求幸福，不能实现对人的幸福生活的帮助，教育就失去了终极目标，偏离了人的幸福教育也就偏离了正确的方向，并失去了其存在的合理性。

2. 教育需要幸福的过程

古希腊哲学家德谟克里特（Dēmocritos）说："人生没有宴饮，就像一条长路没有旅店一样。"③教育存在的意义在于幸福生活的愿望可能在教育中体现和实现。"每一个人，早在童年时期，特别是少年时期和青年时期，就应当获得自己的精神生活的完满的幸福，享受劳动和创造的欢乐。"④如果没有幸福的成长过程支撑，学生的学习就难以为继。对于缺乏快乐和幸福体验的学习，学生可能采取种种方式放弃和逃避：有的选择对未来生活放弃；也有的逃离学校，选择辍学；更多的学生则只能坐在教室里，人到心不到，他们或者机械地参与，或者冷漠地旁观，或者敌对地反抗。正因为如此，中小学教师专业标准提出了促进学生

---

① 兰德曼. 哲学人类学 [M]. 阎嘉，译. 2版. 贵阳：贵州人民出版社，2006：9.
② 苏霍姆林斯基. 给教师的建议 [M]. 杜殿坤，编译. 2版. 北京：教育科学出版社，1984：474.
③ 北京大学哲学系外国哲学史教研室. 古希腊罗马哲学 [M]. 北京：商务印书馆，1961：107-108.
④ 苏霍姆林斯基. 给教师的建议 [M]. 杜殿坤，编译. 2版. 北京：教育科学出版社，1984：361.

生动活泼学习、健康快乐成长，或积极创造条件，让学生拥有快乐的学校生活、促进学生自己发展等要求。对教师来说，如果不能体验幸福的教育生活，教师就会失去教学的勇气和信心，就会出现疲惫、厌倦、抱怨、创新缺失的职业倦怠，影响教育生活质量，进而影响人生质量。

3. 教育需要幸福的教师

"教师最好的道德形象应该是幸福、美好、能够展示道德生活的优雅的。有了人生大智慧之后，教师的生活本来就应该是'阳光'的。反之，就像我们一定要用幸福去说明道德一样：如果没有人生的幸福，仅过苦行僧式的生活，道德生活的理由是不充分的。教师对自己当然应该有适度的道德规范的要求，但教师绝不可以只做苦行僧。因为苦行僧不仅苦了自己，而且在道德上会吓跑我们道德教育的对象。他们会觉得：老师固然是道德的，但我不会去做老师那样的人。为什么？——太苦！其实日常生活中没有那么多需要愁眉苦脸的日子。教师，应该是一个阳光的角色。讲道德，但是很阳光、很感性、很懂生活。"[1]德国心理学家库尔特·勒温（Kurt Lewin）的"心理场论"认为，任何群体内部都存在一种"心理场"。在学校的学习生活这个"场"中，教师被赋予法定的教育者和行为管理者的角色，教师在师生关系中占据着主动、支配的地位，教师的生活状态和幸福表现对学生的影响是巨大的；教师痛苦，学生很难欢笑；和幸福教师相伴的是幸福的学生。为幸福的学生，做幸福的教育，成为幸福的人，应该成为教师生活的自觉追求。

[思考和实践]

阅读网络上流传的下列句子，谈一谈你对当下教育问题和困境的认识，并说一说教师可以从哪些方面着手改变现状。

君子坦荡荡，小人写作业。

商女不知亡国恨，隔江还在写作业。

举头望明月，低头写作业。

洛阳亲友如相问，就说我在写作业。

少壮不努力，老大写作业。

人生自古谁无死，来生继续写作业。

众里寻他千百度，蓦然回首，那人正在写作业！

---

[1] 檀传宝. 提升教师德性　配享教育幸福 [J]. 中小学德育，2013（1）：5-10.

专题三   创造教师的幸福生活

一、认识幸福

[学习活动]

阅读一位师范生的实习日记：

从我想当教师的那一天开始，我就在想：什么样的老师是快乐的老师？看到那些在自己的岗位上辛勤工作的教师，看到他们为了批改作业而熬到深夜，看到他们为了让自己的学生有出息而苦口婆心地教导，我在想：他们感到累吗？于是我对在实习中遇到的一位工作兢兢业业、永远第一个到办公室的吴老师提出了这样的问题："吴老师，我看到你每天都是第一个到办公室，最后一个离开，而每当遇到不听话的孩子，你都像他们的家人一样教育他们，并在这些孩子失败时鼓励他们勇敢地站起来，日复一日，年复一年，你都坚持不懈，你感觉过累吗？你后悔过吗？"吴老师笑着对我说："你看到的只是表面，虽然我很累，但是我的内心是快乐的，快乐的来源就是这个岗位和这群孩子。我喜欢教师这个职业，我喜欢把我所知道的告诉这些孩子，我喜欢和孩子们在一起，因为他们是年轻的。能和他们一起开开心心地过童年，我也就感觉不到自己已经老了。在我的眼里，他们不仅是我的学生，更是我的孩子，我渴望他们健康快乐地成长，让他们有一个难忘的童年。现在社会变化很快，有时候我都发觉自己跟不上时代了，但是和这群孩子在一起，我可以从他们那里学到许多新知识、新语言，使我跟上时代的步伐。所以我每天都是在快乐中度过的，也就是'累，并快乐着'。"静静地听完吴老师的述说，我深有感触，我终于知道什么样的老师是快乐的老师了：快乐来自内心，来自在自己的工作岗位上默默无闻地劳作，来自那颗喜爱自己学生的心；只要你热爱自己的事业，并用心去做每一件事，那你就是快乐、幸福的。

思考和讨论：你怎么理解和看待教师的幸福？

　　幸福是一种能力，幸福需要创造。在这一专题中我们将重点讨论教师如何认识幸福、如何感受幸福、如何创造幸福。

　　一方面幸福是教师的权利，另一方面教育需要幸福的教师，教师要致力于追求自己的幸福生活。檀传宝教授认为，教师的幸福有以下几个主要特点。[①]

---

① 参见檀传宝. 教师伦理学专题［M］. 北京：北京师范大学出版社，2000：40-44.

（一）教师幸福具有精神性

教师幸福的精神性首先表现为劳动及其报酬的精神性。教师幸福的精神性是指在物质待遇既定的情况下，教师生活有恬淡人生、超脱潇洒或者"雅"的一面。学生的道德成长、学业进步进而对社会做出贡献，都是教师生命意义的确证和显现。师生之间在课业授受和道德人生上的精神交流、情感融通都是其他的职业所难以得到的。教师需要充分认识这一精神性质，才能发现自己的人生诗意和幸福。有学者认为：教师只有摆脱了职业感的束缚，不把教当成谋生的手段，而是出于自己的需要，像孟子那样以得天下英才而教育之为乐，那么他才能在教的活动中自由地、有创造性地发挥自己的全部才能和力量。只有教、学双方在互动之中都抛弃一切世俗的、外在的各种顾忌，沉浸在艺术的创造过程之中，才能达到"孔颜乐处"的境界。①

（二）教师幸福具有关系性

教师幸福的特点可以总结为给予性与被给予性：第一，在学校教育中教师的使命是给予而非索取，教师希望学生成才，希望教出超越自己的学生，他的劳动超越一己之私，教师的幸福建立在超越个人打算或个体利益计较的基础之上，教师幸福的给予性本身也说明教师的幸福是一种精神性的"雅福"；第二，教育劳动的成果必须建立在交流之上，必须通过对方才能肯定自身，即教师幸福是被给予的，教师只有进行了富于热情和智慧的给予，才能从自己的教育对象身上看到自己的劳动成果，获得学生的积极反馈，进而才能更好地体验幸福。

（三）教师幸福具有集体性

任何一个学生的成长都是教师集体合作劳动的结果，也是学生集体参与学习的结果，教师的幸福及其体验既具有一般幸福所具有的个体性，更具有集体性。教师在教育工作中至少直接存在四种合作关系：教师个体与学生个体之间、教师个体与教师集体之间、教师个体与学生集体之间、教师集体与学生集体之间的合作。针对某一个优秀的学生，我们可以说是某老师的学生，也可以说是某学校、某班级的学生。因此，教师的幸福具有集体性，一个教育集体的成员都可以享用同一个学生成长带来的幸福。

（四）教师幸福具有无限性

在时间上，教师对学生在人格与课业上的影响具有终身性，通过学生，教师的劳动与生生不息的人类文明联系在一起。因为存在教育关系，不管是学生毕业

---

① 周浩波，迟艳杰. 教育哲学[M]. 沈阳：辽宁教育出版社，1993：100-101.

了，还是教师退休了，都丝毫不妨碍其学生对他永远尊敬，也不影响他本人对所从事过的教育事业的美好回忆。在空间上，因为教师的劳动产品与社会网络联系起来，教师的劳动效果就不会局限于校园之内。走出社会，无论是伟人还是普通劳动者，都会因为教师劳动给自身奠定的基础而对世界的进步有所贡献。教师可以通过学生对社会进步的贡献而理解工作的意义，体会自己人生的价值。

二、感受幸福

［学习活动］

阅读以下材料：

"人生来就是解决问题的。这一句话是我集6年教学生活感悟而真正认同的一句话！我从参加工作到现在，教学一直不顺，课堂总有这样那样的问题，每天总有这样那样的杂事非完成不可，学校总会有这样那样的工作需要去参与、去和别人竞争！有时候会觉得自己挺没用，别人会把事情做得那么好，自己却总是一团糟，什么事情都不顺！就说讲一节课吧，这样备课学生不听，那样备课学生纪律不好，怎么备怎么失败，想提高自己咋就那么难呢？但在今天回家的路上，看着路上的行人，看着一张张各种表情的脸，有的脸上的那种疲惫令我难受，难道我也会这样吗？人生来不就是解决问题的吗？没有问题，没有疑惑，你就不会思考，不会进步！人生就是这样过来的！有了这句话，我的心情一下子就放松了，我还有那么多美好的日子，我要高高兴兴地享受生活，享受人生，我会准备一个小本子，写上我的问题，写上我的观察。问题，以前你是魔鬼，现在你是我的好朋友，我们来比比，是你厉害还是我的脑子转得快！"①

思考和讨论：你从这位教师的变化中体会到了什么？

诺贝尔文学奖获得者、法国存在主义小说家加缪（Albert Camus）写过一篇《西西弗斯的神话》。故事取材于西方的神话。西西弗斯受到上帝的惩罚，上帝让他将一块巨大的圆石安放在山顶上，西西弗斯从山脚下往山顶上推，刚推到山顶，在他转身时，这石头又滚到了山脚下。西西弗斯又得从山脚下把它推上去。上帝的惩罚意图很明显，是要用这种毫无希望的艰苦劳作，让西西弗斯屈服，让他感到痛苦。这是一种惩罚方法。但是，在加缪看来，这块巨石上的每一颗粒，这黑黝黝的高山上的每一颗矿砂，唯有对西西弗斯才形成一个世界。他爬上山顶

---

① 陈大伟. 幸福教育与理想课堂八讲［M］. 上海：华东师范大学出版社，2013：69-70.

所要进行的斗争本身就足以使一个人心里感到充实。应该认为，西西弗斯是幸福的。当西西弗斯每走一步都欣赏自己的力量、欣赏自己的创造时，在不把这种劳动当成痛苦而是当成一种审美对象时，加缪认为"西西弗斯是幸福的"。

我们的人生可能充满了艰辛，在创造幸福的同时，我们需要学习如何面对痛苦。在痛苦面前，我们需要西西弗斯的精神，这种精神就是把痛苦的劳作看成一种英雄的创造，看成一种审美的对象，并从中体会劳动的快乐。这个时候，劳动就不是压榨我们的苦役，而是一种享受和创造。可以说，痛苦本身不是不幸，不能领受痛苦的意义才使我们感到不幸，这是《西西弗斯的神话》提供给我们的感受幸福的一种方式。

感受幸福的方式有很多，其中一种就是拥有阳光心态。我们不能选择环境，但可以选择对环境的看法；我们不能选择所教的学生和所面对的家长，但可以选择对待学生的态度……所谓阳光心态，就是用一种更积极、更主动、更乐观的看法、态度和行动对待生活中艰难的境遇或意外的灾难。比如，连续几个阴雨天以后的夜晚，你站在窗前，当你向上看的时候，你可能看见满天的星斗，想着天终于放晴，你的心里可能充满希望，想出去施展一番；而当你低头向下看的时候，你就可能看到满地泥泞，想着明天外出的不便，可能心里充满沮丧。你的视角、你的态度决定了你的心情，决定了你的幸福感受。阳光心态选择的是看星星，看到光明。

📖 [学习活动]

诗朗诵《阳光真好》：

阳光真好[1]

阳光真好

让骨头硬起来

让胸膛挺起来

让头颅昂起来

对着自己说一声

我们伟大

我们爱

阳光真好

让眼睛亮起来

让胸襟大起来

---

[1] 作者：周雪峰。

让境界高起来

对着世界说一声

我们智慧

我们爱

阳光真好

让心情爽起来

让柔情淌起来

让激情燃起来

对着孩子说一声

我们快乐

我们爱

三、创造幸福

[学习活动]

阅读以下材料：

"上课前，如果还有20～30分钟准备，我将对原定的教学设计进行重新考虑，力争有所突破、有所改进，比如：在教学内容安排上，我试着将新看到的相关材料补充进去，用新材料说明地理原理和规律，我认为这是教学内容的改造；试着调整教材上的教学顺序，书上是按照地理要素安排教学顺序的，我这次准备按照地域单元安排统合地理要素；过去我以我讲为主，今天我计划让学生讲；过去这个内容我板书文字，今天我进行板图，将内容文字落实在图上……如果我有了比较成熟的超越原来教学的方案，我的心情是什么？就像朱自清对'春'的渴望：'盼望着，盼望着，东风来了，春天的脚步近了。'我盼望着上课的铃声快一点响起来，盼望着快一点走进教室，走进教室我不是为了去'重复昨天的故事'，而是为了验证我的创造和超越。这样，在课堂上我有了新的任务：观察和比较。如果按照新的教学方案，我在课堂上就会更加得心应手，学生就会学得更加积极、更有收获；下课以后，我将充分享受成功的快乐、成长的快乐，因为'星星已不是那颗星星，月亮也不是那个月亮'。"①

思考和讨论：你从中获得了有关创造幸福生活的哪些启示？

① 陈大伟. 创造幸福的教师生活 [M]. 2版. 成都：四川大学出版社，2014：153-154.

作为个体，人最基本的生存活动不外乎两类：一类指向内部（内化），通过不断占有人类物质和精神成果的方式延续生命、发展自己，提升自己的主体价值，它是不同于"种的繁衍"的人的另一种自身再生产；另一类指向外部（外化），它是个体指向周围世界的实践性活动，外化即人有做事、创造或活动的需求，他不断地将自己的主体性外化为一定形式的文化，以确证自己的主体地位，实现自己的主体价值。

（一）教师的成长幸福

《论语·学而》说："学而时习之，不亦说乎？有朋自远方来，不亦乐乎？人不知而不愠，不亦君子乎？""学而时习之，不亦说乎"之"说"，"说"在"习有所得"，即在复习、练习和实践中有所收获，有新的体验、新的感悟，并且在收获、体验、感悟中获得成长和进步，这是一种探索真理的幸福体验。"爱因斯坦说过，我们体验到的一种最美好、最深刻的情感，就是探索奥秘的感觉；谁缺乏这种情感，他就丧失了在心灵的神圣的颤栗中如痴如醉的能力，他就可以被人们认为是个死人。"[1] 从这种意义上看，学习和成长是人的基本生存方式，也是人获得幸福、享受幸福的基本途径。教师需要发现、体验这样的幸福，需要通过学习、成长实现这样的幸福和快乐。

当下，不少的人缺少幸福感，在很大程度上幸福感的来源过于单一，即只看到、只感受到外化收获的幸福，忽略了内化成长的幸福。就教师而言，教师的幸福还表现在创造性的教育劳动也给教师带来了内在的尊严和欢乐，实现了教师的自我发展。教师不是"牺牲者"，教师的幸福不只是奉献，教师也是教育活动的"盈利者"，教师的幸福也在于他生命的自我发展。[2]

（二）创造教学的幸福

应该说，幸福的能力不仅仅是感受能力，仅谈论感受能力可能只会让我们获得"阿Q式"的满足。我们更需要创造幸福的能力。"幸福取决于生活能力的发挥而不取决于生物需求的满足。"[3] 生活能力不等于生存能力，生活能力是发现生活意义、追寻和创造生活意义的能力。

"幸福生活只能是一个由人所创造的具有永恒意义的生活。所有幸福都来自创造性生活，重复性活动只是生存。"[4] 幸福的教师生活来源于创造性的劳动和对创造性劳动的审美体验。以教学生活为例，对创造幸福的教师生活，我们具有这样

① 苏霍姆林斯基. 给教师的建议 [M]. 杜殿坤，编译. 2版. 北京：教育科学出版社，1984：210.
② 冯建军. 专业视野中的教师幸福与幸福教师 [J]. 教育科学论坛，2007（12）：5-6.
③ 赵汀阳. 论可能生活 [M]. 2版. 北京：中国人民大学出版社，2010：149.
④ 赵汀阳. 论可能生活 [M]. 2版. 北京：中国人民大学出版社，2010：导论.

拓展阅读《访谈：如何做幸福的教师》

一些想象：课前有期望，教师盼望进教室，盼望见到自己亲爱的学生，盼望去实践具有创造性和超越性的教学设计；课中有创造，在教学过程中能胸有成竹、得心应手地回应教育事件和情境，能创造性地高质量地完成教学任务；课后能审美，回望和审视课堂教学，能获得符合期望的愉悦和温暖体验，它包括对自身能力和发展的审美，对教学劳动过程的审美和对劳动效果的审美。可以说大创造，大突破，大快乐；小创造，小突破，小快乐；无创造，无改变，就无幸福、无快乐。

2011年"全国教书育人楷模"荣誉称号获得者，38年扎根深山的左相平老师有这样的教师幸福体验：

生活如照镜，当你照镜子时，镜子里就会映出你的表情。你笑他笑，你哭他哭，如果你用拳头去打"他"，镜子里的"他"也会用拳头打你，所以，给别人幸福，自己就会幸福。

………………

做才能得到，守才会幸福。我最喜欢教师这个职业，我的梦想就是要当一名老师；我当上老师后，我又想当一名合格的老师，当一名优秀的老师；经过努力，我当了一名学生喜欢、敬佩的老师，办了一所学生向往、社会好评、人民满意的学校。

我觉得当老师很幸福，当我的学生违反了纪律主动到我办公室含着悔恨的眼泪认错的时候，我感到了幸福；当我的学生在运动场上跌倒了又爬起来继续拼搏的时候，我感到了幸福；每逢佳节，学生从各地发来短信祝福的时候，我感到了幸福；当我的学生又把他的孩子送来请我教育的时候，我除了幸福还是幸福！

任何人都需要鼓励，对学生多鼓励少批评，树立学生的自信心，让学生健康、快乐、幸福地成长，教师才会幸福。①

[思考和实践]

1. 观看电影《生命因你而动听》，想一想：你从中获得了有关教师幸福生活的哪些启示？

2. 阅读以下材料，想一想：你从中获得了有关创造教师幸福生活的哪些启示？

在实习的学校上课，我对自己的处境很恼火：孩子们的成绩没有提升，上课时孩子们调皮不听话，家长一次一次打来电话要求换掉我……那段时间我真的特别苦闷，觉得自己把教育热情都用光了，认为自己可能真的不适合当老师，甚至想过转行，每次只要一想到要上课了就胃疼、头痛、肚子疼，上课也是强装欢颜，心里盼望早点下课。我想当时我的情绪一定也影响到了我的学生，他们也

---

① 王定华，韩筠. 师之楷模 国之栋梁：中等教育卷 [M]. 北京：高等教育出版社，2017：67.

总是无精打采的。

让我改变的是一个学生，他是一个让很多同事恼火的学生。恰好那天我刚上完课要接待他，那一周我们在"教育学"里学过一个案例，我就现炒现卖地拿来用在他身上，我用调皮可爱的口吻先和他聊天，甚至和他做一些性格测试，然后像模像样地和他分析。他开始愿意和我亲近，教学时我选了一个他最头痛的问题用最简单形象的方法给他讲解，结束时他说："李老师，以前我上其他老师的课都觉得度日如年，可上你的课我觉得咋那么有趣、那么快乐呢？"那时候我忽然觉得自己有价值了，他妈妈给我打电话说他上课回来特别高兴，要求我一直教他。那天我心中涌满了甜蜜，有一种被人认可、被人需要的满足感，虽然我不可能决定孩子的成长，可孩子却因为我的影响而变得美好，那时候我觉得自己很重要，同时我反思我的教学：为什么我教其他的学生不是这样的呢？我发现因为时间的关系我几乎没有和他们进行情感交流，我讲课可能太难或是枯燥，以至于不能引发他们的兴趣。

从那以后，每次上课前我都认真备课，上网查很多的资料，甚至站在他们的角度预设学习会有什么难度，怎样讲解会更简单易懂，用什么方法和语言会让他们觉得有趣。每上一次课我都会记录孩子们的表现和作业情况并且自己写一个总结，我发现这使自己在教学上越来越得心应手，孩子们更喜欢我了，家长们也改变了原来的态度。现在的自己真切地感受到当老师是一种幸福，每一次我都期待着走进教室，期待着看到自己的教学效果。①

拓展研读

[1] 孟建伟. 教育与幸福：关于幸福教育的哲学思考 [J]. 教育研究，2010（2）.

[2] 刘儒德. 教师的幸福在哪里 [J]. 人民教育，2010（19）.

[3] 刘要悟，朱丹. 教育相关群体的教师角色期望之社会调适和教师自我调适 [J]. 教师教育研究，2010（2）.

[4] 陈大伟. 教师成长与教师幸福 [J]. 新课程研究（下旬刊），2009（3）.

[5] 陈大伟. 创造幸福的教师生活 [M]. 2版. 成都：四川大学出版社，2014.

[6] 刘次林. 幸福教育论 [M]. 北京：人民教育出版社，2003.

[7] 赵冰倩. 论教师幸福：基于亚里士多德幸福观 [J]. 教育参考，2016（6）.

[8] 李小青，李尚群. 教师专业发展：教师幸福实现的内在机制 [J]. 高教论坛，2017（7）.

[9] 刘若谷. 幸福成长：教育价值的本体回归 [J]. 教育研究，2016（5）.

① 改编自成都大学师范生"教师职业道德"课程作业。

第八单元　　　教师终身学习与专业发展

单元学习目标

　　理解教师终身学习的意义。理解教师专业发展的内涵、意义，了解教师发展阶段，培养终身学习意识。了解岗位适应的主要困难，学习岗位适应的方法。理解实践反思、同伴互助、专业引领等教师专业发展的主要方式，学习通过多种路径和方式实现自身的专业发展。理解教育研究的伦理道德，体会研究对专业发展的意义，以审慎和深思熟虑的方式进行教育改革实践。

专题一   教师终身学习与专业化

一、教师的终身学习

[学习活动]

阅读以下材料：

在"学、思、行、著"中攀登①

一个有着无比丰富人生经历的儿童教育家，她的工作履历却十分简单：从1956年至今，整整半个世纪，近两万个日子，在同一所小学任教，一直是普通教师，最高的"职位"是学科教研组组长，但却以首创的教育教学实践和理论体系誉满神州，走向世界……这个人就是李吉林。

李老师说："我的大学在小学。"50年来，她从没有停下提升"学力"的步伐，这里仅以阅读为例。中国教育学会常务副会长郭振有说："这哪里是一个小学教师的读书生活，简直就是一位大学者、大理论家的读书生活。一个教师，这样如饥似渴地读书、学习，想不成功都是不可能的。"

第一，广泛涉猎"专业知识"，阅读了大量的中外文学名著，背诵了很多古典诗词。她说，所有的小学语文课文都可以看作是文学。又说，小学语文"似小实大，似易实难，似浅实深，似近实远"。没有好的文学功底，就无法较好地解读作品本身，只有深入才能浅出，只有深入才能出美。唯有如此，才能对作品进行有效的二度创作，才能用晓畅而美好的语言复活、创造形象和情境，激起学生追求美、表达美的欲望。

第二，"沿波讨源"，阅读文学理论著作。特别是阅读了刘勰的《文心雕龙》、王国维的《人间词话》等文论、诗论，从中汲取"意境说"有关"真""情""思""美"的有益营养。在此基础上，她构建和发展了真正属于自己的情境教育实验规范和理论体系。

第三，无限地投入到"条件性的知识"的学习中。她系统而又精深地研读了孔子、王阳明、蔡元培、陶行知、陈鹤琴，以及卢梭、夸美纽斯、杜威、马卡连柯、皮亚杰、布鲁纳等人的有关著作，可谓"凡所应有，无所不有""博见为馈贫之粮"。尽管她非常"富有"，但却永远觉得自己很贫乏。

李老师除了向书本学外，还向国内许多大师级的人物请教，她先后得到

---

① 冯卫东. 在"学、思、行、著"中攀登 [M] //郑慧琦，胡兴宏，王洁. 做有思想的行动者：研究型教师成长的案例研究. 上海：上海教育出版社，2008：100–101.

过刘佛年、杜殿坤、顾明远、鲁洁、朱小蔓、王策三、裴娣娜等人的帮助和指导。她与国内许多高校教师结成了愉快的共事合作关系。她为儿童学习，为丰富自我理性大脑学习，为创新学习，对于她而言，她每天坚守的小学，不仅是一所止于至善的大学，也是一所真正的"研究型大学"。

思考和讨论：你从李吉林老师身上获得了成长为优秀教师的哪些启示？对于教师的终身学习，你有怎样的认识和理解？

（一）终身学习理念

终身学习的思想古已有之。孔子主张"有教无类"（《论语·卫灵公》），他的弟子中不仅有不同身份的人，还有不同年龄段的人。北齐的颜之推在其《颜氏家训·勉学》中说："幼而学者，如日出之光；老而学者，如秉烛夜行，犹贤乎瞑目而无见者也。"这其中就有劝勉人们终身学习的含义。

古代终身学习思想具有朴素性和自发性，近代资本主义生产方式的形成和发展，大大发展和推进了终身学习的思想和实践。

现代终身学习理念的源头是终身教育思想。20世纪60年代，世界开始进入知识爆炸的时代，现代科技在社会生产中发挥越来越大的作用，科技和时代的发展给教育改革提出了许多新的课题和新的要求。1965年，法国成人教育专家保罗·郎格朗（Paul Lengrand）提出了终身教育的构想，其核心思想是：社会把人的一生机械地分为学习期和工作期，前半生的时间用来积累知识，后半生一劳永逸地使用知识，这是毫无科学根据的；教育应当贯穿人的一生，成为一生不可缺少的活动；要建立一种新的一体化教育体系，这种教育体系应当使教育从纵的方面贯穿人的一生，从横的方面连接个人和社会生活的各个侧面，使今后的教育在每一个人需要的时刻，随时都能以最好的方式提供必要的知识和技能。

自20世纪60年代以来，在联合国教科文组织及其他有关国际机构的提倡、推广和普及下，终身教育的理念被越来越多的人接受。随着终身教育理念和实践的逐步深入，人们从受教育者的角度出发，提出了终身学习的概念。如果说终身教育的目标在于建立一个超越现行教育制度的教育制度，那么终身学习则更多从个人的角度出发，强调具备终身学习的态度与能力以及人人参与学习的重要性，强调每个公民把终身学习作为"生存责任"和"生存方式"，以此提升其学习的自觉性和学习力。终身学习的理念是：人的学习从时间上应该从儿童、青少年到中老年，即人的一生都要接受教育；在空间上应该包括家庭、学校和社会等一切可以利用的教育场所和方式；在形式上应该包括正规教育与非正规教育，学校教育、家庭教育和社会教育等。1994年，"首届世界终身学习会议"在意大利罗马召开，欧洲终身学习促进会为会议准备的报告提出了一个重要的观点——"终身学习是21世纪的生存概念"。该观点进一步强调了终身学习的全民性、紧迫性和重要性。

（二）教师终身学习的意义

终身学习是21世纪的生存概念，生存于21世纪的教师也不例外。对教师而言，终身学习的意义还体现在以下几个方面：

1. 教师需要终身学习以适应不断变化的教育

教育作为面向未来的事业，它不仅要适应社会的迅速变革，而且还要引领社会变革和完善。不断变革的教育需要不断变革、不断发展的教师。"教育是一个使教育者和受教育者都变得更完善的职业，而且，只有当教育者自觉地完善自己时，才能更有利于学生的完善和发展。……没有教师生命质量的提升，就很难有高的教育质量；没有教师精神的解放，就很难有学生精神的解放；没有教师的主动发展，就很难有学生的主动发展；没有教师的教育创造，就很难有学生的创造精神。"[1]过去，人们常用"给学生一碗水，教师得有一桶水"对教师的知识储备提出要求。今天，这种"一桶水"的观念已经被摒弃，取而代之的是源源不断的"活水"观念——"问渠哪得清如许，为有源头活水来"（朱熹《观书有感》）。"活水"观念要求教师具有终身学习的理念，并用终身学习的方式发展和完善自己。

2. 教师应该成为终身学习的典范

有这样一个故事：

有一位优秀小学教师新到一所小学当班主任，发现班上学生在早读时间很吵闹，而且迟到的很多，学风很差。开始，她用批评干涉的方法试图改变，一周多的实践证明了这种方法是徒劳的。新的一周开始，当学生走进教室时，发现班主任端坐在讲台前，不再干涉他们，而是旁若无人、声情并茂地朗读自己喜爱的作品。学生好奇地围在老师周围一探究竟，很快，一些学生被老师朗读的作品吸引，一些学生则回到自己的座位，拿出了课本或自己喜爱的课外书。一个月以后，班上再没有迟到的学生，教室响起的是老师和同学们共同的读书声。

就教师的工作性质看，教师的读书行为常常被学生观察，由此将影响学生的读书和学习。教师的行为不仅直接对下一代产生影响，而且还会潜移默化地影响家长和其他社会成员。在社会各行各业中，教师理应成为终身学习的典范。从这个意义来说，教师参与终身学习，不断实现自身专业成长、提高专业服务水平，就有了极为重要的社会意义。

---

[1] 叶澜，白益民，王枬，等. 教师角色与教师发展新探 [M]. 北京：教育科学出版社，2001：3.

二、教师专业化和教师专业发展

（一）教师专业化

专业是社会分工、职业分化的结果，是社会分化的一种表现形式，是人类认识自然和社会达到一定程度的表现。专业化是一个职业经过一段时间后不断成熟，逐渐获得鲜明的专业标准，并获得相应的专业地位的过程。教师专业化是指教师职业具有自己独特的职业要求和职业条件，有专门的培养制度和管理制度。教师专业化的基本含义是：第一，教师专业既包括学科专业性，也包括教育专业性，国家对教师任职既有规定的学历标准，也有必要的教育知识、教育能力和职业道德的要求；第二，国家有教师教育的专门机构、专门教育内容和措施；第三，国家有对教师资格和教师教育机构的认定制度和管理制度；第四，教师专业发展是一个持续不断的过程，教师专业化也是一个发展的概念，既是一种状态，又是一个不断深化的过程。[①] 教师专业化包括三个方面的意蕴：一是指教师个体专业水平提高的过程；二是指教师群体专业水平提高的过程；三是指教师职业的专业地位确立和提升的过程。这三个方面紧密联系，相互促进，共同发展。

教师专业化是加强教师专业性的过程，包括教师职业的专业化和教师个体与群体的专业化。对个人而言，教师个体的专业化则被称为教师专业发展（或教师专业成长）。

拓展阅读《教师成长与教师幸福》

（二）教师专业发展

教师专业发展主要指教师专业理念与师德、专业知识、专业能力等专业素质不断完善和提升的过程，它是一个持续不断、贯穿教师生活始终的过程，包括教师的职前学习、入职实习和在职继续教育。教师专业发展的机会可能会影响并反映教师个人生活的三个方面：教室中的生活、教研室中的生活和职业生涯的展开。首先，教师的专业发展可以用教师在课堂工作中表现出的知识、技能和判断力的提高来衡量；其次，教师的专业发展也可以用其对专业团体所做的贡献来衡量；最后，教师的专业发展还可以用教学工作在个人生活中的意义来评价。[②] 教师的专业发展质量影响教育教学的质量、对学校和学校同事的贡献，以及教师个人的生活质量。教师专业发展意义重大，每一个教师都要认真规划自己的专业发展，采取措施实现自己的专业成长。

基于终身学习的理念，教师教育工作者对教师的发展阶段进行了大量研究，并有不同的观点和主张。利用这些研究成果，我们可以对自己的教师职业生涯

---

① 教育部师范教育司. 教师专业化的理论与实践 [M]. 北京：人民教育出版社，2001：序.
② 叶澜，白益民，王枬，等. 教师角色与教师发展新探 [M]. 北京：教育科学出版社，2001：227.

进行规划。从"自我更新"取向的角度，叶澜教授勾画了教师专业发展的几个阶段：①

1. "非关注"阶段

"非关注"阶段指进入正式教师教育之前的阶段。在"非关注"的状态下，我们在无意识之中以非教师职业定向的形式形成了较为稳固的教育信念，具备了一些"直觉式"的"前科学"知识，所获得的语言表达能力、交往能力和组织管理能力等为正式执教奠定了基础。幼儿园、小学、初中、高中等阶段的学习经历、所接触的教师会潜在地影响我们的教师生活。

2. "虚拟关注"阶段

"虚拟关注"阶段指师范学习阶段。这个阶段的学习者有成为教师的发展定位，但周围的一切环境和活动安排还只是把他们当成师范生看待。较充分且有效的教育实习，将为进入正式任职阶段奠定基础。这个阶段需要对"非关注"阶段的直觉的教育观念进行批判性建构。"回顾过去的教师""回顾过去的受教育经历"，在回顾中见贤思齐、见不贤而内自省，这是有效利用、反思过去经历，从中获得合理的教育经验的途径和方式。

3. "生存关注"阶段

"生存关注"阶段指入职初期的教师关注阶段，在这个阶段教师的主要关注点是"我能行吗"。这个阶段的突出特点是骤变和适应，初任教师要经历"现实的冲击"，有强烈的自我发展忧患意识，他们特别关注专业发展的最低要求——专业活动中的"生存技能"。

4. "任务关注"阶段

这是教师专业结构诸方面稳定、持续发展的阶段，教师的主要关注点是"我怎样才能行"。从"生存关注"到"任务关注"的过渡需要一定的条件（比如不再在多种职业选择中犹豫）。随着对教学基本"生存"知识、技能的掌握，教师的自信心也日益增强，从关注自我的生存，转到更多地关注教学上来。

5. "自我更新关注"阶段

这是前一阶段顺利发展以后才能到达的阶段，教师的主要关注点是"我怎样做得更好"。这时，教师的专业发展动力转移到了专业发展自身，教师不受外部评价和职业升迁的牵制，直接以专业发展为指向，同时已经可以自觉地依照专业发展的一般要求和自己目前的发展状况，有意识地进行自我规划，以谋求最大程度的自我发展。

处于不同阶段的教师会遇到不同的困难，需要思考和面对不同的问题，需要选择和确定不同的学习内容，需要采取不同的学习途径和方式，需要发现和认清

---

① 叶澜，白益民，王枬，等. 教师角色与教师发展新探 [M]. 北京：教育科学出版社，2001：278-299.

自己在不同阶段的目标和任务，从而合理规划自己的学习与成长。

三、教师专业素养

[学习活动]

观看电影《地球上的星星》，说一说教师所表现出的专业素质，并谈一谈你从中体会到的教师专业素质要求。

苏联著名教育家马卡连柯说过——假如你的工作、学问和成绩都非常出色，那么你尽管放心：它们全会站在你这一边，决不会背弃你。相反地，不论你多么亲切，你的话说得多么动听，态度多么和蔼，不论你在日常生活中和休息的时候是多么可爱，但是假如你的工作总是一事无成，总是失败，假如处处都可以看出你不通业务，假如你做出来的成绩都是废品和"一场空"，那么除了蔑视之外，你永远不配得到什么。[①]这说明教师需要具备一定的专业素养，以适应教师专业工作的要求。

对于教师的专业素养，采取不同的视角会有不同的看法，不同的研究者和实践者也有不同的观点和主张。一个优秀或成功的教师应该具备多方面的专业素养，概括起来包括三个方面：专业知识、专业技能和专业情意。[②]《幼儿园教师专业标准（试行）》《小学教师专业标准（试行）》《中学教师专业标准（试行）》对教师的专业素养都有明确的基本要求，这里以《小学教师专业标准（试行）》为例讨论。我们采取专业知识、专业能力和专业情意的视角讨论教师的专业素养。

（一）教师的专业知识

《小学教师专业标准（试行）》对教师的专业知识结构有以下要求：（1）小学生发展知识；（2）学科知识；（3）教育教学知识；（4）通识性知识。小学生发展知识强调对小学生这个特定群体的认识和研究，包括身心发展特点、规律，学习特点、规律和途径，学生安全和保护，涉及学生的相关法律、法规等方面的知识。学科知识包括所教学科的知识体系、基本思想与方法，所教学科与社会生活的关联，以及与其他学科的关联等内容。教育教学知识包括小学教育教学的基本理论，小学生品行养成的特点和规律，不同年龄小学生的认知规律，所教学科的课程标准和教学知识。通识性知识包括相关的自然科学和人文社会科学知识、艺

---

① 陈大伟. 教师怎样解决课堂教学问题 [M]. 北京：中国文史出版社，2007：150.
② 教育部师范教育司. 教师专业化的理论与实践 [M]. 北京：人民教育出版社，2001：33-34.

术欣赏与表现知识、信息技术知识，以及中国教育基本情况等。

美国教育家舒尔曼（L. S. Shulman）认为，教师必须知道如何把他所掌握的知识转换为学生能理解的表征形式才能使教学取得成功。在这一理念的支配下，他认为教师必备的知识至少应该包括如下方面：（1）学科内容知识；（2）一般教学法知识，特指超出学科内容外的有关教学组织和管理的主要原则和策略；（3）课程知识，特指掌握适用于教师作为"职业工具"的材料和程序；（4）学科教学法知识，指学科内容知识与教育专业知识的混合物；（5）有关学生及其特性的知识；（6）有关教育脉络的知识，包括班级或小组的运转、学区的管理与财政、社区与文化的特征等；（7）有关教育的目的与目标、价值、哲学与历史渊源的知识。舒尔曼认为在上述知识范畴中，学科教学法知识（pedagogical content knowledge，PCK）是特别重要的，因为它确定了教学与其他学科不同的知识群，体现了学科内容与教育学科的整合，是最能区分学科专家与教师的不同的一个知识领域。[1]

（二）教师的专业能力

专业能力是通过专业的学习和训练，日渐形成的操作技巧和思维活动能力，包括动作能力和智力能力两个方面。对于教师需要具备的专业能力，采用不同的指导思想、不同的认识角度、不同的思考方法，会形成不同的专业能力分类。《小学教师专业标准（试行）》提出的教师的专业能力包括：（1）教育教学设计能力；（2）组织与实施能力；（3）激励与评价能力；（4）沟通与合作能力；（5）反思与发展能力。前三项能力依照教育教学的过程逐次展开；沟通与合作能力是组织与实施、激励与评价能力得以实现的保障；反思与发展能力涉及教育研究和教师专业发展，该项能力的提出是终身学习理念的具体要求。

（三）教师的专业情意

教师的专业情意主要指教师对教育事业适不适合、愿不愿意、喜不喜欢、热不热爱，以及教师在教育活动中是否获得光荣感和自我实现的成就感。教师的专业情意包括以下几个方面：[2]

1. 专业理想

教师的专业理想是教师对成为一个成熟的教育教学专业工作者的向往与追求，它为教师提供了奋斗的目标，是推动专业发展的巨大动力。教师具有专业理想，就会对教学工作产生强烈的认同感和投入感，愿意终生为教育事业献身。教师具有专业理想，就更容易对教学工作抱有强烈的情感，致力于改善教育素质以满足社

---

① 教育部师范教育司. 教师专业化的理论与实践 [M]. 北京：人民教育出版社，2001：34.
② 教育部师范教育司. 教师专业化的理论与实践 [M]. 北京：人民教育出版社，2001：45-47.

会对教育专业的期望，努力提高专业才能及专业服务水准，努力维护专业的荣誉、形象等。

2. 专业情操

教师的专业情操是教师对教育教学工作带有理智性的价值评价的情感体验。教师的专业情操包括：理智的情操，即由于对教育功能和作用的深刻认识而产生的光荣感与自豪感；道德的情操，即由于对教师职业道德规范的认同而产生的责任感和义务感。

3. 专业性向

教学工作的专业性向是教师成功从事教学工作所应具有的人格特征，或者说适合教学工作的个性倾向。美国心理学家霍兰德（T. L. Holland）认为，社会型的劳动者喜欢从事为人服务和教育他人的工作，其个性适合做教师，因为他们热情慷慨，善于交际，关心他人，人际关系融洽。他们总在寻求与群众接触的机会，渴望发挥自己的社会作用；他们给人的印象是向上的、乐于助人的、有责任心的、合作的、理想主义的、合群的、耐心的、友好的、仁慈的、善解人意的、慷慨的、有说服力的和温暖的。

4. 专业自我

与传统上强调教师的知识和能力倾向相反，在教师专业情意领域，人们越来越重视教师的自我意识或自我价值。专业自我是教师个体对自我从事教学工作感受、接纳和肯定的心理倾向，这种倾向将显著地影响教师的教育教学行为和教育教学工作效果。从这个意义上说，教师专业发展的过程也是教师专业自我形成、专业自觉性不断增强的过程。

[思考和实践]

1. 阅读以下材料，从教师专业素养的角度，想一想：这位教师存在哪些方面的问题？你由此还想到了哪些问题？

如此学生怎么教

今天是一个令人不高兴的日子。

上午第三节数学课，本来没我什么事，然而在办公室坐了不到15分钟就来了两件令人头痛的事。首先是班长来找我，说是数学老师叫我下去一趟。原来是一个捣乱者在上课不到两分钟的时间里接连吃了好几口苹果，老师提醒他注意场合。他说："我吃我的苹果，又不要你出一分钱，不要你管。"而且他还故意站起来大嚼起来。同学回过头去看他时，他破口大骂。我只好把他带到办公室来。没想到还没等我问清楚怎么回事，班长又来了。这回是另一个男同学在老师正讲课时从最后一个座位走到第一个座位，老师说了他几句，他把书一扔，头一甩，走出教室去了……

我气得不知道怎么形容才好。然而更可气的是：我一连打了五个电话给他们家，请他们的家长来一趟。电话里家长们答应得挺好的，可我等了足有一个小时（没有回家吃饭），却没有见到一个人影。

此事就这样让我给"处理"了。我不知道他们何时会再犯同样的毛病，更不知道今后出现这种情况该怎么办……

2. 阅读以下资料，想一想在你身上还存在哪些缺失或不足，试着规划自己的专业成长道路和方式。

有研究者认为，不胜任（不合格）教师有五种类型：第一种是技术上的缺失，包括教师无法有效管理班级秩序、教学方法不佳、学科知识不足、缺乏课程规划的能力、不能很好地设计教案等方面；第二种是行政上的缺失，即教师不遵守学校或教育行政机关的规定；第三种是道德上的缺失，即教师行为不符合教师职业道德标准，包括严重伤害学生身心、消极对待学生、对自己的教学工作不负责任等；第四种是教学结果的缺失，即教师教学无法收到令人满意的效果，包括学生学业成绩退步、学生对教师所教授的内容毫无兴趣、班级学习气氛不佳等；第五种是个人的缺失，即教师个人缺乏某些进行有效教学所必需的"认知""情感""身体"方面的素质，如情绪不稳、有暴力倾向、身体健康状况不佳等。①

---

① 周成海，孙启林. 美国有关中小学不胜任教师处理问题研究的若干主题 [J]. 比较教育研究，2007（2）：65.

专题二 新教师的岗位适应

一、如何进行教学准备

[学习活动]

阅读下面的故事：

一位新教师面临的三个挑战[①]

当我拿到北师大版数学教材第一册的时候，心里七上八下，沉甸甸的。因为在大学阶段我为了做好成为一名数学教师的准备，泛读了小学数学的12本教材，精读了一些章节，但是当看见改版的教材时，我知道教材的改版绝不仅仅是知识的重组与删减，更是一种评价标准、指导理念的升华，所以我面临的第一个挑战便是：教材的改版！

在我走进课堂，自认为讲了一节环节到位、声情并茂的课后，批改学生作业时，却发现学生的掌握情况不尽如人意。细细思来，我面临的第二个挑战是：一节课重难点的把控与突破！

"老师，他拿我的直尺。""老师，我想上厕所。""老师，你为什么不点我回答问题？"……孩子们这样那样的问题在课堂上此起彼伏。小孩子的注意力一会儿就可以从课堂转移到天边的云彩，窗外的昆虫、树木，某个小女孩头上的蝴蝶结。我所面临的第三个挑战是：课堂纪律的管理与学生注意力的调控。

思考和讨论：从这位新教师遇到的三个挑战中，你感受到了什么？你认为新教师在教学前应做好哪些方面的准备？

从教师专业发展的角度看，由师范生至初任教师的导入阶段对教师至关重要。它不仅决定教师的去留，而且影响他们将成为什么样的教师。美国国家教育研究所曾论述这个阶段的重要性："一个人第一年教学的情况如何，对他所能达到的教学效能水平有重大影响，而且要持续数年；会影响到整个40年教师职业生涯中对教师行为起调节作用的教师态度；也确实影响教师是否留在教学专业的决策。"[②] 因此，教学的第一年至关重要。本节将对这一问题展开讨论。

教学是有目的、有计划的活动，在进行教学之前，新教师一定要有充分准备。故事中的数学教师并非"个案"，他面临的三个挑战反映了新教师在教学准

---

① 此案例由成都市青羊区金沙小学教师钟娟提供。
② 叶澜，白益民，王枬，等. 教师角色与教师发展新探 [M]. 北京：教育科学出版社，2001：289.

备中遇到的普遍问题。那么，新教师在教学前应进行哪些方面的准备呢？

（一）钻研教材

教材是课程标准要求的体现，是课程标准的具体化，是教学内容的载体，是教学过程的支架。因此，教师在教学过程中要通读并有效把握教材。

1. 通读并把握教材

新教师在教学前一定要通读教材，至少通读一个学段的教材。这样做有利于教师更清楚地理解该学段的教学结构和顺序安排。如果不是接手起始年级，教师至少应把前面的教材读一读，这样才能做到心中有数。新教师把握教材最简捷、最有效的方式就是多听课，看老教师是如何做的，因为老教师不仅熟悉教学内容，知道教学的重点、难点，而且能够更加深刻地理解和尊重教材的编写意图。

2. 精心思考教学设计

在进行教学设计时，首先教师应想清楚这节课的核心内容是什么，学生学习这些核心内容要达到的水平要求是什么（教学目标是什么），师生应完成哪些教学任务。其次教师要思考为了达成这一目标，有哪些可以利用的资源。在进行教学设计时，教师可以从比较宏观的方面，考虑一个大的教学路线，然后再从微观方面考虑细节；设计教学，应该从设计学生活动出发，认真思考为了达成教学目标学生需要什么样的学习活动。

3. 掌握教学的重点、难点

在通读教材的基础上，教师可以阅读教师用书、学生用书，用不同的视角审视教学的重点和难点，然后思考用什么样的教学方法和语言，设计怎样的教学环节，把握重点，突破难点。教师要着重关注教材中的教学建议。另外，教师还应查阅优秀教师的教案或向有经验的教师请教，根据实际情况调整自己的教案。

（二）了解学生

正如案例中的数学教师一样，走进课堂，经常会出现"孩子们这样那样的问题在课堂上此起彼伏"的现象，使得自己精心设计的教案不能顺利地实施。究其原因，问题还是出在课前准备不足，尤其是教师对学生缺乏了解，无法与学生对话，无法引领学生。解决这一问题可以从三个方面进行。

1. 预先了解班级的大概状况

向班主任询问班级情况，比如：这是一个怎样的班级？有多少名学生？男女生各占多少比例？性格特点怎样？对不同教师的态度怎样？学习习惯如何？有没有特殊和特别的学生？新教师对这一系列情况都要事先深入了解，这样面对学生时心里就有了底，教学也会比较顺畅。

2. 了解学生的学习起点

不仅要找自己班或同年级班学生询问，了解他们的认知冲突点，还要想一想：学生已经知道了什么？他们在想什么？现在的认知水平在哪里？他们和文本、和教师的教学、和群体学习会有哪些差距？教师要有儿童的视角、儿童的立场，注意换位思考，不能以为自己感动学生就一定感动，自己喜欢学生就自然欢迎。

3. 关注学生能否达成教学目标

对照教学目标，教师不仅要假设：如果我是学生，安排5分钟的复习时间够吗？多长时间才是全体学生都适应的？还要推想：学生的困难是什么？该准备哪些"台阶"帮助他们"走"上来？班级的差异有多大？怎样使差异变成教学的资源？怎样设置和布置作业，学生才会喜欢和学得有效，才能达到教学目标？教师对于教学预设的所有重要问题和过程，都要设想学生的各种反应；对于学生可能出现的困难，都要准备教学受阻的解决办法，以及出现意外的引导办法。

（三）知晓自我

在教学准备中，除钻研教材、了解学生外，还有一个很重要的方面，那就是要知晓自我，锻炼自我。

1. 剖析自己的优势与不足

在教学准备中，新教师应对自己的能力素质进行一次全方位的扫描与审视，真正找到自己的优势，认清自己的不足。每个人都有自己的优势，如：记忆优势、表达优势、朗读优势、表演优势、绘画优势、音乐优势等。教师在教学前系统地剖析自己，可以扬长避短。如在教学《小蝌蚪找妈妈》时，擅长绘画的教师，就在黑板上画一画；擅长表演的教师，就带学生演一演；擅长朗读的教师，就当堂示范读一读。

2. 精心设计、反复试教"第一堂课"

对新教师来说，"第一堂课"至关重要。因此，新教师首先要精心备好第一堂课，在教学过程中，做到教学目标明确、教学层次清楚、重点突出、难点突破；在教学语言上，力求做到语言生动形象、活泼有趣、通俗易懂；在教学形式上，尽量做到方法灵活、步骤紧凑等。然后，新教师在一定范围内进行"预演"，提前模拟进入角色，通过"预演"，及时发现存在的问题，并逐个进行纠正。

3. 重视课后小结

新教师执教后，每上完一节课，都应及时进行自我分析：在本堂课中有哪些环节较好地实现了原定计划？还有什么不足？哪些内容备课时没有考虑到？学生在学习中有哪些反应？下堂课教学要着重注意些什么？等等。新教师应将分析的结论记录下来，作为下一阶段备课和上课的参考，这样做的同时，也增加了自己的教学经验。

另外，新教师也要学会欣赏自己，不要被困难吓倒，没有人天生就是优秀教师，大家都是一步一步走过来的。有问题和不足是必然的，关键是事后要总结、修正，以后不犯同样的错误。

二、如何适应工作环境

[学习活动]

阅读以下故事：

我的第一节课①

我兴致勃勃地来到了教室，声音洪亮地喊道"Class begins!"。

完全出乎我的预料，学生们不是应声齐刷刷地站起来，而是不知所措地你看看我，我看看你，有的站起来了，有的还在座位上东张西望。

我又接着喊了一句"Class begins!"。

学生们更糊涂了。有的说："快站起来。"有的说："老师说啥呢？要干啥？"一个学生干脆大声地问道："老师，你说啥了？俺们咋听不懂呀？你到底让俺们干啥呀？"另一个学生接话说："看你那个傻样，啥都不懂，老师是让你们都站起来，一看你就是个土老帽儿。""就你不傻，就你不是土老帽儿，瞅你那一脸土气，还说人家土。"

教室里一片哗然，学生们顿时活跃起来，你一句，我一句，炸开了锅。

面对完全没有预料到的情景，我简直不知道如何是好，十分不解，怎么会这样呢？我感到自己作为教师的尊严受到了严重的威胁。为了挽回威信和控制局面，我不由自主地模仿起当年自己老师的样子来，随手拿起黑板擦在讲台上咚咚咚咚地敲起来。

教室里静下来了。

我厉声说："你们这是干什么？不知道这是在上课吗？还以为在你们家的热炕头呢？一点规矩都没有！所有的人都把手背过去，坐直了，不准随便接话，有问题举手。"

我感到了极大的失败，极力地控制着自己的情绪。"接下来要做什么？"我不断地问自己。

课前备课时的思路这时早已被打乱了。我停下来翻看教案整理思路，学生们则静静地坐在座位上，迷惑而专注地望着我。

---

① 王枬. 教师印迹：课堂生活的叙事研究 [M]. 北京：教育科学出版社，2008：218–219. 标题为编者所加，选用时有删改。

紧张之下，我的大脑一片空白，越着急就越不知如何继续。猛一抬头，看到那一双双瞪着的渴求知识的眼睛，莫大的无能感向心头袭来，真想立刻找个地缝钻进去。我的脸一下子红了起来。为了保住尊严，我必须隐藏自己的心虚，必须显示出自信和教师的权威。

唉，40分钟怎么这样漫长！

终于熬到下课了。我拿起书和教案，几乎是灰溜溜地逃出了教室，步履沉重地向办公室走去。路上几位老师向我微笑致意，可我却感到他们好像是在嘲笑我。我的情绪低落到了极点。

思考和讨论： 从这一故事中，你觉得新教师在刚开始工作时，应如何尽快适应工作环境？如何解决在工作中遇到的困难？

正如上述故事中的"我"一样，许多新教师在走上工作岗位时都是满腔热忱、踌躇满志的。但是，人生的旅途不可能一帆风顺。当面临的客观现实和自己的想象反差较大时，新教师往往会产生挫折感，甚至会因为一点挫折而一蹶不振。这就需要新教师认清自己，及时调整心态，尽快适应工作环境。

（一）转换角色

从求学的大学校园到工作的中小学校园，从师范生到新教师，从以学习为主到教书育人、为人师表，环境变了，角色变了，使命也随之发生了变化。当踏入工作的学校校门时，我们就应清楚，自己的身份已经改变，要扮演好当下的角色，实现如下两个主要方面的转换：

1. 身份的转换

正如一个男人在家可能是儿子的父亲、妻子的丈夫，在商场是一位顾客，在公共汽车上是一位乘客一样，人们在不同场合扮演不同的社会角色，与此相应的是言语、行为等也要与之相一致，甚至衣着服饰也要做一些调整。在走进教室之前，新教师要整理着装，调整心态，显现教师角色的良好形象，提高自己的职业威信。

2. 期望值的转换

新教师往往对自己的职业生涯有很高的期望值，有很美好的职业向往。但由于对教学困难估计不足，新教师需要对原有的教学期望进行调整。新教师的教育生活犹如"小马过河"。小马过河的结论是"原来河水既不像老牛说的那样浅，也不像松鼠说的那样深"。生活与教育的结论同样是：它既不像那些优秀教师说的那般容易，也不像那些处于困境中的教师所说的那样不堪。你有你的情况，观察他人、学习他人，但教育的"河"还需要你自己去"过"。①

（二）正视挫折

从初涉讲坛的新手，到在课堂教学中游刃有余的引领者，是一个长期的、反复的过程。新教师大多对此缺乏足够的心理准备，对其困难和反复估计不足，常会出现患得患失、优柔寡断、瞻前顾后等起伏不定的心理状态。那么，新教师该如何正视挫折呢？

1. 正确认识，反躬自省

如果说生命是一把披荆斩棘的"刀"，那么，挫折就是一块不可缺少的"砺石"。要使人生之"刃"更加锋利，就必须经得起挫折这块"砺石"的打磨。如果没有挫折的考验，就难以造就不屈的人格。所以，我们在遇到挫折时应冷静分析自己的所作所为，反躬自省，但不要轻易否定自己，不要轻易认定自己不适合当教师。优秀教师都是从挫折中走出来的，只有不断成长的优秀教师，没有天生的优秀教师。

2. 增强自信，接纳批评

战胜挫折，首先必须要有坚强的意志和高度的自信。勇敢和自信是人生迈向成功之路的第一步。有勇敢精神的人不一定都能取得成功，但懦弱自卑、缺乏自信的人注定将一事无成。也许同事和领导会对你的某些做法表示失望，甚至提出批评，对此应辩证分析，失望源于期望，批评是为了少走弯路。作为新教师，不论在什么情况下，都不能动摇这样一个信念——没有爬不过的山，没有趟不过的河，没有战胜不了的困难和挫折。

拓展阅读《幸福的能力与教师的准备》

3. 转移情绪，发愤图强

从发展心理学的角度看，新教师正处于成人初期，正面临着脱离对父母的经济与心理依赖而独立、扮演完全的成人角色、应付全新的工作环境等多种角色的转变，身心发展和心理调适的负担比较重。所以，当自己实在承受不住的时候，不妨找亲朋好友谈谈心，或是找一些自己喜欢的事去做，如唱歌、跳舞、看电视等，从而转移情绪，放松心情，让自己摆脱挫折所带来的痛苦；同时，也应科学地调整自己，积极寻求战胜挫折的方法。不要在挫折面前消极苦闷，怨天尤人，甚至自暴自弃。否则，苦难永远是苦难，挫折始终是挫折。

（三）谦虚好学

大学时代结束，进入教师队伍，这并不意味着学习的终结。新教师在从教后仍要不断学习。首先，要向老教师特别是学校的骨干教师多多请教，争取尽快胜

---

① 陈大伟，郭彦华. 警惕"知识的诅咒"，尽力理解他人：寓言《小马过河》的启示 [J]. 福建教育，2020（36）：20.

任学校的教育教学工作。其次，科学技术的迅猛发展和各学科知识的迅速更新，都要求新教师从各方面汲取营养，更新知识储备，完善知识结构，切不可自以为学历高而骄傲自满，不思进取。最后，制订读书计划，向书本学习。这是一个终身学习的时代，新教师要充实自己，就要多读书，读好书，不仅要给自己规定每年读书的数量，还要设计读书的类型，如专业类、教育教学类、自我修养类等。

三、如何适应人际关系

[学习活动]

阅读以下故事：

想起伍老师①

那时我刚升入小学五年级。开学时，我们班换了一位男班主任——伍老师。从小学一年级到四年级，我们所有的任课老师都是女性，第一次有男老师给我们上课，我心里既有些紧张，又有些莫名其妙的冲动。

伍老师站在讲台上，环顾教室之后，用他富有磁性的浑厚男中音说："同学们，努力用功啊，今后我们将一起学习。"

听到这句话，我的心不禁为之一振。因为以前的老师新学期的开场白，大多是"这学期我担任你们的班主任""这学期我带你们××课"之类，老师们总是强调"我"和"你们"，让人听了就觉得老师和学生天生是两个不同层次的人，让人无形中有一种距离感和隔阂感。伍老师可不同呢，"努力用功啊，今后我们将一起学习"，只此一句，就拉近了我们和他的距离。因为，老师原本就是高高在上教学生的，伍老师却谦虚地说和我们一起学习，那就是说师生平等，也就是说我们可以把他当成朋友，多让人感到亲切和温暖哟。

放学的时候，伍老师要我们一一和他握手道别。这是我第一次握老师的手，那一瞬间，我从伍老师的手中感到了无穷的信任、热情和力量。因为对于小孩子来说，握手，是大人们的一种礼节，那也就是说，伍老师不仅把我们学生平等对待，而且也把我们看成已长大成人。

我不知道伍老师的这一句话和这一个动作是精心设计的，还是无意而为之的，但敏感的我却从中强烈地体会到了平等、热情，也增添了学习和生活的力量。

思考和讨论：故事中良好的师生关系给了你怎样的启示？在学校中，除了师生关系，还存在着哪些人际关系？你觉得应该如何适应并处理好这些关系？

---

① 成尚荣. 阳光下的塑造 [M]. 南京：江苏教育出版社，2003：23-24.

故事中伍老师对学生的尊重，使学生不仅体会到了师生之间的平等，而且增添了他们学习的信心和动力。作为新教师，在学校里，除了适应师生关系，还要适应与同事之间的关系、与领导之间的关系、与学生家长之间的关系。只有适应并处理好这些关系，自己才能身心愉悦，快速成长。

（一）新教师与学生的关系

新教师在处理与学生的关系中，首先是尊重，尊重是人与人相处的基本原则，有了尊重的基础，才更容易理解学生、和学生做朋友。教师不能把学生当成"假想敌"。心理学证明，自我暗示对一个人的影响是很大的，当把学生当成"假想敌"时，会在潜意识里有一些反应，从而妨碍与学生之间正常的交流。

其次，新教师要平等地对待每一个学生，不因学生的家庭背景、学习成绩等原因把学生分等级，要对学生应一视同仁，正视差异，相信每一个学生都有长处和不足。学会把感情与理智分开，爱学生是在尊重和平等的基础上，为学生多想一点，多关心一点，多付出一点。

最后，新教师要严格要求。新教师必须要求学生遵守规则，知道并理解规则的内容，根据规则批评和教育学生，培养学生按规则做事的意识。否则，班级就不稳定，教学就会失控。

（二）新教师与同事的关系

同事关系也是学校人际关系的一种，一个人除了要面对家人、亲友、师长等亲情、友情关系外，更多的是整天与同事相处、配合、协作，彼此之间会产生同事之情。工作的效益、心情，事业的成功、顺畅，在很大程度上受同事关系的影响。由于教育工作的群体性、工作过程的协作性等特点，教师更需要一种和谐、团结、协作的同事关系，才能达到提高自己和共同提高的目的。进入职场后，新教师在适应同事关系时，需要注意以下几个方面：

1. 同事皆朋友

新教师刚到一个学校，会对新同事有一种陌生感和距离感，加上刚毕业，还有一种初入社会的畏怯感，于是，不敢主动大胆地和同事交往，往往只把交往的圈子局限于少数几个同事，或只跟其他新来的教师交往，或独来独往。这样不利于自己尽快融入学校这个大集体，也不利于让更多的同事了解你、认可你，久而久之，甚至会让多数人觉得你不合群、孤僻，不好接近，不易沟通。因此，新教师要尽快消除这种陌生感、距离感和畏怯感，主动利用各种工作、生活和休闲的机会与同事接触，扩大交往范围。

2. 向同事学习

教师要始终以己之短，比人之长。每个同事都有自己的长处，新教师要虚心向同事请教，虚心对待同事的意见和建议，多听同事的课，多进行专业方面的讨论；但也不要刻意逢迎，不要为了尽快取得同事的欢迎，而刻意改变自己去适应别人。常言道，"路遥知马力，日久见人心"，只要认真工作，与人为善，同事就一定会接纳你的。

3. 尊敬老教师

老教师在教学、生活中积累了丰富的经验，有的是教育教学的"专家"，有的是学校历史的"活档案"。无论他们是什么人，他们都是为教育发展做出过贡献的人，都可以成为请教和学习对象。

（三）新教师与领导的关系

新教师都希望自己能尽快得到领导的肯定和赏识，这是人之常情。处理与领导的关系，应注意以下几个方面：

1. 摆正心态，自然相处

新教师首先要确立一个信念——只要认真工作，努力做出好的成绩，就会得到领导的赏识。不要对领导有惧怕心理，例如有的新教师见到学校领导就绕着走，开会时总要坐到领导看不见的角落。长期如此，会造成领导对你的忽略，或者对你的能力的怀疑。但也不必装出一种讨领导喜欢的样子，那样会很累。领导也是普通人，要和领导自然相处，逐步了解领导的管理风格，入职初期需要努力适应，主动配合；对领导安排的工作要尽力而为，并及时做出回应。

2. 相互尊重，相互理解

一些学校领导工作繁忙，在工作中难免会出现急躁情绪，有时评价教师不留情面。新教师要理解领导的工作特性，要能够尽职尽责、高效地完成领导安排的工作任务，同时，要学会体谅领导，及时和领导进行沟通。比如对于急脾气的领导布置的工作，新教师要及时告知是否明白，如果完成起来有难度，要委婉地提出。当领导不能客观地处理问题时，对于领导的误解和不符合实际的批评，可以寻找适当的机会作出解释。

3. 多提建议，少提意见

新教师往往带着"初生牛犊不怕虎"的工作热情，以前在大学里接触了许多新的知识和技术工具，现在看到一些不如意的事情也总是急于否定，想尽快改变，但在表达时一定要注意方式方法，一定记住：提问题的同时要提建议；如果没有想好改进的方法和建议，可以缓提意见。

（四）新教师与学生家长的关系

一般来说，新教师与学生相处时有一种心理优势，因为学生是未成年人，尚未形成稳定的人格特征，所以学生对教师表现出很强的依赖性和顺从性；与学校同事和领导相处，也有一定的心理基础，都是"自己人"或"内部人"。但与家长相处就复杂多了，既不是未成年与成人之间的关系，也不是"自己人"或"内部人"的关系，因此，新教师在与家长沟通交流时就会产生一定的心理压力。

1. 与家长坦诚交流

新教师与家长初次接触，不可避免地会有生疏感。想要打破"生疏"的壁垒，新教师就需要主动担负起建立彼此相互信任的责任，主动向家长介绍学校的情况，学生在学校各个方面的表现，诸如学生的健康、情绪、行为、人际关系等，以及学校最近开展的活动及要求，包括教师为解决学生的问题而采取的一些措施等。这样做的目的是让家长感受到，你对他的孩子充满了关切，让家长觉得把孩子交给你是可以信赖的。同时新教师要注意倾听家长的声音，要分析家长的性格，然后决定该如何更好地沟通。不要随意在家长面前告学生的状，更不要随意责难、训斥家长。

2. 主动消除家长的顾虑

当学校出现问题或学生出现意外情况时，新教师应主动及时告诉家长，以便弥补不足，千万不能心存侥幸心理。如果家长发现问题再来询问，自己会很被动，且易发生误会，家长反而会斤斤计较孩子身上发生的小事。同时，新教师要注意与家长沟通、交流的方式，不要动辄批评，伤害家长的感情。

3. 保持教师人格的高尚性

新教师要抵制社会不正之风的侵蚀，不利用地位向家长谋求私利。一视同仁，不因家长社会地位的高低而有亲疏之分，远近之别。

[思考和实践]

1. 访问走上教师工作岗位的师兄、师姐，听一听他们在适应教师工作中的困惑和问题，学习他们的成长经验。

2. 阅读以下案例：

新教师小王在第一次走进教室之前，憧憬着学生们那种足以激起自身职业自豪感的渴求知识的眼神。但当他踏着上课铃声走进教室时，学生们的反应完全出乎他的预料：几个男生做出了怪模样并发出怪叫声，使得同学们哄堂大笑，教室里乱成了一锅粥。

假如你是新教师小王，你怎么看待学生的举动？你会怎么办？第一次和学生见面，新教师需要做好哪些准备？

专题三　教师专业发展的路径和方式

一、专业发展的心态

[学习活动]

阅读以下材料：

对教育，你有这份虔诚吗？①

他是一位农村小学教师，虽身居乡下，但身上却没有我们所看到的一些农村教师的"土气"，而是充满了快乐、阳光。当我告诉同事他来自一所农村小学的时候，大家都惊讶地说"不像"，因为他身上有一种气质。什么气质？我觉得是自信，是高贵，是一股书卷气——腹有诗书气自华！

虽然条件并不富裕，但他自己进行了大量阅读，所以有很多自己的想法；他迫切希望能有更多的走出去学习的机会，哪怕自己花钱也在所不惜，但实际上他很少得到这样的机会。感动于他的学习精神，我告知他近期泰安将举行"全国十大读书人物泰山读书论坛"的消息，他二话没说就决定参加。他辗转数百里乘车到济南，又从济南乘车到泰安，带着无比激动的心情走进了会场。

承办会议的教科所领导被他感动，说不要他交会议费，并提供会议午餐。他不知道该怎样表达感激之情，就用节省下来的会议费、午餐费全都买了书，一大包，远远超出了会议费的价值。而他自己却到街上找了个价格很便宜的旅店。

四场报告，他始终坐在第一排，听得很入迷。他的笔记本上，苍劲有力的字迹记录着他的收获，还有他的思考。当会议安排代表与刘良华、张圣华等专家互动的时候，他第一个站了起来，提出自己的困惑，热情大方。原来，在这之前，他早就从网络上听过几遍刘良华老师的报告，已经有了些思考，这次亲自聆听了刘老师的报告，他激动不已；能够直接与刘老师对话，更是千载难逢的机会。会后我让他去和刘老师合个影，他有些羞涩，"我怎么敢去和刘老师合影？"但刘老师的平和使他站在了刘老师身边，握手，合影，微笑，幸福……

一次偶然的机会，让他发现网络上竟然有精彩的东西可以学习，在网络

---

① 孙明霞. 对教育，你有这份虔诚吗？[M] //刘祥，刘恩樵. 与优秀教师同行. 上海：华东师范大学出版社，2008：36-38. 选用时略有改动。

上还可以交流、探讨，于是，他自己买了笔记本电脑，也在家里安装了宽带，开始上网学习。

…………

虽然生活的环境比较恶劣，但他没有怨天尤人的牢骚话，而是对教育充满了热情和渴望，对孩子充满了无限的爱。从他对教育的思考中，从他谈论的陶行知、苏霍姆林斯基中，从他手里那很重的一包书中，我看到了一个真正有骨气、有追求的勤奋的教师形象，他对待教育是那样虔诚！

思考和讨论：从中你获得有关教师专业成长的路径和方式的哪些启示？

作家马尔科姆·格拉德韦尔（Malcolm T. Gladwell）在《异类：不一样的成功启示录》中提出了天才成才的"一万小时原理"：天才之所以卓越非凡，并非天资超人一等，而是付出了持续不断的努力；一万小时的锤炼是任何人从平凡变得超凡的必要条件。

想想自己遇到的教师，再看看自己，可以算一算，如果每天八小时，一周五天，成为一个领域的专家需要五年。这样一算，可能有的教师会问："我已经工作二十年了，为什么还没有成为专家？"答案在于：成为天才、成为专家的一万小时是刻意训练、不断提升的一万小时，而不是只在这个行业工作了一万小时，刻意地进行、有质量地进行专业训练一万小时，才可能使你成为这个行业的专家。从这种意义上，要更有效地实现专业成长，本身就需要专业的方式。教师需要刻意训练而成。

（一）空杯心理

有这样一个故事：一位学者向一位禅师问禅，老禅师开始并不说禅，而是将茶水不断注入学者的茶杯里，杯子满了还继续注水，问禅的学者看到茶水不断溢出杯子，忍不住大声说："已经漫出来了，不能再装了。"禅师说："你如果像这只杯子，里面装满了自己的东西，怎么装得下我给你说的禅？""虚室生白"是庄子说过的一句话，意思是说：如果一间屋子里塞满了家具等一应杂物，阳光不能渗透进来，那么，屋子里就会显得很昏暗；反之，假如屋子里是空的（虚室），阳光照进来，就会立即变得明亮起来（生白）。教师要实现专业发展，需要有"空杯心理"，需要准备好"虚室生白"。

（二）"不满意"的问题意识

演说家丹尼斯·韦特利（Denis Waitley）有这样的观点：只要你还嫩绿，你就会继续成长；一旦你已经成熟，你就开始腐烂。从专业发展的态度和方法来看，没有对现在自身教育教学活动的不满，就没有力求改变的基础，也就不愿意付出努力去学习其他东西，自然也就学不到其他东西。当然，这种对教育教学实践的"不满"不是抱怨，不是针对社会、针对他人，而是针对自己，针对"不满意"而改进和发展。可以说，对自己的现状"不满意"是自身发展和变革的重要前提。

二、工作、学习、生活一体化

[学习活动]

这是一位教师的来信：

我已经从事教育工作16年了，一直以来就兢兢业业，对学生也是认真负责。但现在随着年龄的增长，我觉得自己精力不够用了，不仅要上四个班每星期的20节课，还要改完200多人的作业，一点时间都没有，晚上回家才有空备课、做课件。我也很想让自己多看书，多学习别人的教学心得，好好备出高效的教案。可我觉得光是应付这些课都应付不过来，质量上又怎么保证呢？我觉得自己快成机器了，怎么会有幸福的感觉呢？[①]

思考和讨论：你将如何缓解学习、工作和生活之间的矛盾？

专业发展是贯穿教师整个职业生涯的修炼过程，它包括职前专业学习，入职见习、实习与研习，职后继续学习。其中，职后继续学习贯穿教育教学活动始终，有效的职后继续学习要求教师"工作、学习、生活一体化"。"工作、学习、生活一体化"是把工作、学习和生活紧密结合起来，彼此相互影响、相互促进，以提升工作、学习、生活质量，知行合一，使工作、学习、生活交相辉映的一种生活方式，其基本要求是"工作学习化，学习工作化，生活学习化，学习生活化"。

学习视频《教师专业成长的意识》

（一）"工作学习化"

"工作学习化"就是通过工作的经历获得成长与进步，在工作中学会工作，在工作中学习更好地工作。当"工作学习化"时，工作不仅是谋生的手段，而且是获得进步的机会。工作的过程就是学习的过程，工作不再是一种累赘，不再是一种无可奈何的选择，而是一种体会进步快乐的方式。通过工作的经历，教师从工作中学习新技能、新方法，掌握新的工具和技术，获得工作的经验，积累经验并转化成智慧。"工作学习化"要求教师在工作中不断创造和更新，不断尝试，

---

① 陈大伟. 观课议课与课程建设[M]. 上海：华东师范大学出版社，2011：132.

不断超越，不断进步。

（二）"学习工作化"

"学习工作化"即把学习视作每天的一项必要工作，如同认真对待工作一样认真对待学习，养成热爱学习、终身学习的习惯。同时，教师要带着问题学习，在学习中发现问题、研究问题、解决问题，理论联系实际，以学习带动创新，努力成为创新型教师。

（三）"生活学习化"

教师首先需要树立生活就是成长，生活需要学习，生活方式是学习，生活质量在学习中得到提升的观念；其次，学会在生活中学习、向生活学习，充分认识学习的范围和对象是整个生活世界；最后，自觉地在生活世界中寻找学习的动力和源泉，用实践推动学习，用问题解决推动学习、提升学习。

（四）"学习生活化"

终身学习是21世纪的生存概念，学习是21世纪生存的基本方式，"学习生活化"意味着学习是生活的常态，是生活的一种方式；学习将改变人的生存状态和生存方式，通过学习发现新的生活，创造新的生活；"学习生活化"将学习的目的定位于更好地生活，形成新的生活方式，提高生活质量。

三、专业发展的主要方式

> **［学习活动］**
>
> 这是一位校长的来信：
>
> 教研既是提高教学质量的重要保证，也是教师专业发展的重要途径，同时又是学校适应变化的重要基础。但现有的教研活动总的来说是虚的东西多，形式上的东西多，没有起到其应有的作用。我们很希望把教研活动做得更有实效，也就是把教研作为载体将学生发展、教师发展和学校发展有机结合起来，使教研真正发挥改进教学、发展教师、改善学校的作用。我们可以做出哪些改变呢？[①]
>
> 思考和讨论：你会如何回答这位校长的问题？

---

① 陈大伟. 观课议课与课程建设[M]. 上海：华东师范大学出版社，2011：132.

　　"实践反思""同伴互助""专业引领"是专业发展的主要方式，教师自己、工作中的同伴、给予专业引领的书本和专家都是影响教师专业发展的重要因素。"实践反思"是教师把自身的实践作为研究的对象，通过反思性教学改进教学、学会教学的成长途径和方法；"实践反思"是教师与实践的对话，是当下经验与过去经验的对话。"同伴互助"是教师与同行的对话，它是指在两个或两个以上教师间发生、以专业发展为指向、通过多种手段开展的，旨在实现教师持续主动地自我提升、相互合作并共同进步的教学研究活动；"同伴互助"以彼此信任和依赖为前提，以开放合作为基础，以对话研讨为主要方式。"专业引领"主要表现为教师以自身实践与教育相关理论的对话；起专业引领作用的可以是教育领域的专家，可以是相关图书期刊，也可以是能嫁接理论与实践"桥梁"的身边同事和朋友。

　　在三者的关系中，"实践反思"既是"同伴互助""专业引领"的目的，又是实现教师专业发展的根本和基础。"同伴互助"既是学校建设合作文化的手段和目标，又是促进教师进行实践反思的动力，它有利于教师突破个体实践反思的自我局限，在同伴交流分享中提升实践反思的质量。"专业引领"则是提升实践反思和同伴互助质量的关键。

（一）在实践反思中发展

　　实践反思的途径多种多样，反思性教学是其根本途径。熊川武先生认为，反思性教学是指教学主体借助行动研究，不断探究与解决自身和教学目的以及教学工具等方面的问题，将"学会教学"与"学会学习"结合起来，努力提升教学实践的合理性，使自己成为学者型教师的过程。[1]反思性教学不仅要求教师思考、质疑或评价自己教学的有效性，而且还要求教师运用反思的结果矫正其不良的教学行为，并在今后的教学实践中加以运用。行动研究、叙事研究是反思性教学的重要实现方式。

学习视频《教师成长公式解读（一）》

（二）在同伴互助中共同发展

　　马克思认为："一个人的发展取决于和他直接或者间接进行交往的其他一切人的发展。"[2]虽然在实际教学过程中，教师的教学风格是个人化的，教师在其实践中也大多处于孤立的状态之中；但是，就教师的专业发展而言，教师发展其专业知识与能力并不全然依靠自己，在实践中，教师在同伴身上得到的东西更多。也就是说，教师并非孤立地形成和改进教学的策略和风格，它依赖同伴间的

拓展阅读《走向有效的观课议课》

① 熊川武. 反思性教学 [M]. 上海: 华东师范大学出版社, 1999: 3.
② 马克思, 恩格斯. 马克思恩格斯全集: 第3卷 [M]. 中共中央马克思恩格斯列宁斯大林著作编译局, 编译. 北京: 人民出版社, 1960: 515.

"教学文化"或"教师文化",合作也是教师专业发展的理想方式。通过同伴互助促进教师专业发展在我国有很好的传统,在实践中已经有了很多行之有效的途径和方法,比如教研组活动、师徒制等。

(三)借助专业引领实现发展

学习视频《教师成长公式解读(二)》

"专业引领"的作用,可以用"萝卜与肉"的关系来说明。在教师专业发展过程中,如果只有教师与自我的对话——"实践反思",或者与同伴的对话——"同伴互助",那么结果犹如"萝卜炖萝卜",很难炖出好的味道。当教师的目光投向理论,开始理论与实践的对话——"专业引领"——的时候,就犹如在"炖萝卜"的过程中加进了"肉",只要调配合理,一般来说,不仅味道好,而且营养价值高。专业引领、实践与理论对话的方式既包括参加学术交流活动、听取专家报告、请专家进行临床诊断和指导,也包括更经常和更普遍的教师专业阅读。

对于读书的收获和变化,闫学老师的感受让人怦然心动:①

当一个人的生活没有书籍的参与,没有阅读可能对生活带来的影响时,这个人的生活只是完成了很少的一部分——更准确地说,这很少的一部分只是一种生存,是一种难以突破的现实局限;而人生中更大的那一部分,即人的精神生活和心灵生活,则会因为阅读而变得无限丰富:那些足以刻骨铭心的爱恨情仇,那些你今生今世可能永远无缘体验的心灵瞬间,那些曾经与你一样生活在这个世界上的芸芸众生究竟书写了怎样的人生轨迹……你可能会因为阅读改变了你周围的一切,包括你自己的一切。就这样,生命因为阅读的参与而开始变得不确定,变得不再是一潭死水,不再是面前只有一条路,你完全可以换一种眼光,甚至换一种生活,……这唯一的一次生命,就因为阅读被我们无限地丰富了,拉长了。……

在这些年的阅读中,在这个精神世界中,我活过很多次,也不断经历"死亡",有时沉入"绝望的深渊",有时又攀上幸福的巅峰。但无论如何,这一切都是我从现实生活庸庸碌碌中突围的记录,是一个人至死无悔的生命历程。因为阅读,我对生活变得甘心;也因为阅读,我对生活又总是充满渴望。我甘心将自己浸入这个世界,现实的与精神的双重世界;我什么都满足,充满欢欣地参与其中;我又什么都想尝试,渴望挑战,有时自我挑战。我成了一个矛盾的统一体,我在反复纠结中化茧为蝶。而这一切,都是因为阅读。

汪国真对于读书有这样的诗意表达:"这是前人的智慧/这是未来的储备/这里有夕阳晚照/洞箫的长吹/这里有晨风拂柳/湖畔的明媚/此时,舒卷便是舒心/此刻,饮茶宛如寻醉/明镜从来不染尘/书本岂容落薄灰/何必皓首枉叹息/读是远见/不读是悔。"②不读是悔!

① 闫学. 我们选择阅读时在选择什么 [J]. 教师月刊, 2011 (7/8): 24.
② 转引自苏立康. 漫谈阅读和高效阅读 [J]. 人民教育, 2011 (15/16): 14.

四、运用信息技术实现专业发展

[学习活动]

回顾以下经历：

2020年初，前所未有的新型冠状病毒肺炎疫情突如其来。为阻断疫情向校园蔓延，确保师生的生命安全和身体健康，教育部作出了"停课不停学"的重大决策和部署，全国的中小学教师、学生、学生家长一起进行了一场大规模的"互联网+"教育实验。

思考和讨论：你如何运用信息与网络技术获得专业成长？

现代信息技术高速发展，处在这样的生活和工作环境中，教师的学习和生活方式也正在并将持续发生深刻的变化。信息技术正在成为影响教师专业发展的重要方式和手段，用信息技术手段实现自身发展正成为很多教师的自觉选择。"大规模在线开放课程"（MOOC）的开发和提供，网上论坛、网络博客、QQ群／微信群交流等都开辟了教师专业发展的新途径。"互联网+"、线上线下、正式和非正式……混合学习开辟了教师学习的新途径。我们要善于运用先进的技术手段更有效地学习，更快捷地成长和进步。

[参考阅读]

中小学教师资格定期注册暂行办法

（节选）

第二条　教师资格定期注册是对教师入职后从教资格的定期核查。中小学教师资格实行5年一周期的定期注册。定期注册不合格或逾期不注册的人员，不得从事教育教学工作。

第八条　满足下列条件的，定期注册合格：

（一）遵守国家法律法规和《中小学教师职业道德规范》，达到省级教育行政部门规定的师德考核评价标准，有良好的师德表现；

（二）每年年度考核合格以上等次；

（三）每个注册有效期内完成不少于国家规定的360个培训学时或省级教育行政部门规定的等量学分；

（四）身心健康，胜任教育教学工作；

（五）省级教育行政部门规定的其他条件。

第九条　有下列情形之一的，应暂缓注册：

（一）注册有效期内未完成国家规定的教师培训学时或省级教育行政部门规定的等量学分；

（二）中止教育教学和教育管理工作一学期以上，但经所在学校或教育行政部门批准的进修、培训、学术交流、病休、产假等情形除外；

（三）一个注册周期内任何一年年度考核不合格。

暂缓注册者达到定期注册条件后，可重新申请定期注册。具体办法由省级教育行政部门根据实际情况制定。

第十条　有下列情形之一的，注册不合格：

（一）违反《中小学教师职业道德规范》和师德考核评价标准，影响恶劣；

（二）一个定期注册周期内连续两年以上（含两年）年度考核不合格；

（三）依法被撤销或丧失教师资格。

[思考和实践]

1. 请同伴用录像或录音设备，帮助你记录一节随堂课，观看（或收听）自己的课堂教学，整理课堂实录，反思教学得失。

2. 阅读以下案例：

一天，贾老师正在兴致勃勃地给学生上数学课，一名学生"咚"的一脚把门踢坏了并破门而入。进门以后，他把书包往桌子上一扔，旁边同学桌子上的书包、铅笔被碰到了地上。贾老师非常气愤，当时就停止了讲课。贾老师严厉批评了这名学生的违纪行为，列举了他上课迟到、没礼貌、破坏公物、目无老师等一系列错误行为，提出了对他处理的三条措施：第一，要求他在全班做检查，深刻认识错误的严重性；第二，通知家长，请家长对他的行为进行批评帮助；第三，赔偿损坏的公物和同学的物品。

对于贾老师的做法，正在听课的郑老师有不同的意见。郑老师认为应该不急于给这名学生的行为定性，而是首先想到：这个孩子怎么了？他为什么要这样做？他是不是遇到了令他非常生气的事情？然后安抚一下迟到的这名学生，并引导全班同学关心遇到困难或麻烦的同学。郑老师认为应该对全班学生说："今天他一定遇到了非常不愉快的事情，大家一定非常想知道他为什么会这么生气，咱们让他说说好吗？我相信，同学们一定会帮助他找到解脱困境的方法！"①

你认为，以上两种教育方法各体现了什么样的学生观念和教育价值观念？你更倾向于选择哪一种？为什么？

---

① 杨芷英. 教师职业道德 [M]. 新编本. 北京：高等教育出版社，2007：238.

专题四 创新教育实践和教育研究中的道德

一、以研究的方式做教育

［学习活动］

阅读以下材料：

李吉林老师的研究和行动[①]

李吉林老师说："说我煞费苦心，或用心良苦，甚至带着一种焦虑去思考，都是毫不夸张的。"她的30年是"且行且思，且思且行"的30年，她说："看出了问题不碰它，我实在是坐不住。"她常在看似"沉默"的"头脑风暴"中爆发出新的、璀璨的智慧火花，并时时处处"琢磨"儿童，耐心地、热情地、无微不至地为儿童"把脉"，贴近其胸膛倾听他们的心声。儿童许多寻常的音容笑貌、举手投足都让她发现了"童年的秘密"。她说："我不是农民，却是一个播种者；我不把谷子撒进泥土，却把另一种金色的种子播在孩子的心田上……"她这一生就是像农民一样忠实地守着自己的园子，不断地耕耘，不断地播种，不断地收获。李老师的实践过程实际上就是她实验与研究的过程，她的研究是"实践着的研究"或者是"研究着的实践"。

在思想中抽丝剥茧，织出绚烂"云锦"，李老师既是一位"缫丝工"，又是一位"织锦人"。"缫丝工"说的是李老师十分善于对自己丰富有效的实践经验进行"萃取"，李老师的思考和研究绝不停留在感性的层面，而是经由长期以来逐渐养成的理性习惯、理论思维和逻辑思辨，对这些感性经验进行反思、沉淀、澄清，在这一过程中，教育思想的"理智深度"也日益增加。"织锦人"说的是在对经验进行抽象概括的基础上，李老师非常重视构建自己的教学模式，重视构建自己的教育体系。如1980年前后，她就相继概括出创设情境的六条途径，即以生活展示情境、以实物演示情境、以语言描绘情境、以图画再现情境、以音乐渲染情境、以表演体会情境。到20世纪90年代，她又明确提出情境教育的四大基本原理，即暗示诱导原理、情感驱动原理、角色转换原理和心理场整合原理。

李老师直面原始问题，在研究中早行。鲁洁教授说她"是真正从实践中提出问题，做了一段时间后又发现了更深层次、更高层次的问题，而且是从

拓展阅读《教育科研的"返魅"和"祛魅"》

---

① 冯卫东. 在"学、思、行、著"中攀登［M］//郑慧琦，胡兴宏，王洁. 做有思想的行动者：研究型教师成长的案例研究. 上海：上海教育出版社，2008：106–112. 标题为编者所加。

自己的实践中找出答案来"的人。她研究的是真正的"原创问题",因此绝不会拾人牙慧,或者步人后尘,而总是早行一步甚至遥遥领先。

思考和讨论:从李吉林老师的教育研究中,你获得了成为研究型教师的哪些启示?

(一)研究是教师的责任和义务

"看出了问题不碰它,我实在是坐不住。"李吉林老师如是说。正是出于对儿童现状和发展的关心、出于对教师责任和使命的自觉,李老师走上了教育研究和实践创新的道路。几十年如一日,她在教育领域做出了富有开拓性和独创性的贡献,丰富和发展了我国当代教育理论和教育改革实践。她创立的"情境教学""情境教育""情境课程",已经成为我国素质教育的一个重要模式。

一方面随着时代的改变,知识在不断丰富和增加,社会和家长对教育的要求在变,教育的技术手段和方式方法在变,教师需要以研究的方式适应外部的变化。另一方面,更为关键的是,教师面对的是学生,现实中的学生生活不仅是丰富多彩的,而且是发展变化的。就学生发展变化的过程和结果看,不仅他们的发展变化是主动选择和自我实现的,而且引起发展变化的原因多种多样,除了智力因素,还有情感因素、意志因素等。面对如此复杂的教育实践,教师只有通过研究才能胜任工作,教师参与研究最为根本的意义在于为学生提供更加合理的教育和教学。教师有参与教育教学研究的责任和义务。

(二)在研究中有所创新

研究的目的在于创新,创新可以使"天天上课不致变成一种单调乏味的义务"(苏霍姆林斯基语)。教师的教育创新可以体现在新知、新事、新人几个方面。①

新知是指在研究中获得对行动和行动结果关系和联系的认识,得到关于自己、关于学生、关于教、关于学、关于教材等方面的新认识。这是一个修正和更新、完善和丰富研究者原有教育认知的过程。在这个过程中,研究者原有的知识内容、知识结构都将随之改变,并得以重新建构。研究本身就会带来专业发展。

作为实践者,教师主要的研究任务不在于认识现象,而在于改造行动、改造实践。新事指运用新知于实践,改变实践的方式,建立在研究新的发现基础上,研究者将在教育教学的目标、内容、手段和方式等方面作出改变。

新人指在新的目标、内容、手段和方式方面带来了不一样的实践效果。比

学习视频《教师的研究伦理》

拓展阅读《爱学习更要爱研究、会研究》

拓展阅读《做"明白"的教师》

---

① 陈大伟. 教育科研与教师成长 [M]. 上海:华东师范大学出版社,2009:44-52.

如，学生学得更加愉快，收获更加丰富，教师由此收获更多由追求理想、实现理想、发现和更新自我带来的幸福。这是人自由自觉的本质力量的一种实现和体现，是一种美的创造和展示，是生活幸福的表现。

（三）成为研究型教师的路径

新知、新事、新人的发现和创新实践将改变教师的生活方式，帮助教师走上研究型教师的生活道路。郑慧琦等人通过对20位研究型教师成长案例进行研究，认为研究型教师就是对自己所从事的教育工作有研究、有思考，并以很大的热情和严谨的实践不断追求教育工作完美的"有思想的行动者"。[①] 我们认为，研究型教师对教育研究有充分的自觉，把研究作为一种生活方式，并能体会到教育研究的乐趣。李吉林老师把研究和教育教学实践结合起来，把研究作为自己的生存状态和生活方式，终身学习、思考、行动、著述，为我们指明了成为研究型教师的路径。

拓展阅读《把研究与自身发展结合起来》

二、遵守研究的道德规范

> 📖 [学习活动]
>
> 阅读以下材料：
>
> 教育部2012年发布了《学位论文作假行为处理办法》，第三条规定以下行为为学位论文作假行为：（1）购买、出售学位论文者组织学位论文买卖的；（2）由他人代写、为他人代写学位论文或者组织学位论文代写的；（3）剽窃他人作品和学术成果的；（4）伪造数据的；（5）有其他严重学位论文作假行为的。
>
> 思考和讨论：论文作假的危害有哪些？教师进行研究时应该遵循哪些学术道德规范？

（一）研究中的儿童权益维护

第一，教育研究者要注意保护学生的受教育权。《未成年人保护法》第十六条规定："未成年人的父母或者其他监护人应当尊重未成年人受教育的权利，保障适龄未成年人依法入学接受并完成义务教育。"第二十八条规定："学校应当保障未成年学生受教育的权利，不得违反国家规定开除、变相开除未成年学生。"教育研究者不能借用研究的名义把某些学生排除在教学计划规定应该参与

[①] 郑慧琦，胡兴宏，王洁. 做有思想的行动者：研究型教师成长的案例研究 [M]. 上海：上海教育出版社，2008：3-4.

的教学活动之外。

第二，教育研究者要保护学生受教育的平等权。《教育法》第九条规定："中华人民共和国公民有受教育的权利和义务。公民不分民族、种族、性别、职业、财产状况、宗教信仰等，依法享有平等的受教育机会。"第三十七条规定："受教育者在入学、升学、就业等方面依法享有平等权利。学校和有关行政部门应当按照国家有关规定，保障女子在入学、升学、就业、授予学位、派出留学等方面享有同男子平等的权利。"对经实践证明有成效的教学方式和方法，不能只对部分学生使用，好的教学方式和方法应该"阳光普照"所有学生。

第三，教育研究者要注意保护未成年人的个人隐私。《未成年人保护法》第四条规定："处理涉及未成年人事项，应保护未成年人隐私权和个人信息。"第四十九条规定："新闻媒体应当加强未成年人保护方面的宣传，对侵犯未成年人合法权益的行为进行舆论监督。新闻媒体采访报道涉及未成年人事件应当客观、审慎和适度，不得侵犯未成年人的名誉、隐私和其他合法权益。"第六十三条规定："任何组织或者个人不得隐匿、毁弃、非法删除未成年人的信件、日记、电子邮件或者其他网络通讯内容。"第一百一十条规定："公安机关、人民检察院、人民法院讯问未成年犯罪嫌疑人、被告人，询问未成年被害人、证人，应当依法通知其法定代理人或者其成年亲属、所在学校的代表等合适成年人到场，并采取适当方式，在适当场所进行，保障未成年人的名誉权、隐私权和其他合法权益。"在交流和表达研究成果时，教育研究者要采取必要的处理办法，避免造成对学生隐私的侵犯和可能的侵害。

（二）坚持实事求是

实事求是就是在整个研究中，不能为了证明研究假设、达到研究目的，人为地捏造和篡改研究数据，不得夸大研究成效，不得更改原始文字记录或图片，不能在成果中做出虚假的报告，不得剽窃他人的劳动成果。在自然科学研究中，强调科学现象和结论的可重复性、可验证性。而在教育研究中，很难以可重复性、可验证性来要求研究成果中的真实性，这更需要教育研究者实事求是的道德自觉和自律。

在研究活动中为什么会出现造假现象？最根本的原因是受功利主义思想的影响。比如，有了急功近利的想法，就很难耐住性子搜集证据，做严谨的研究；又比如，为了晋升、争取项目、获奖、发表论文，往往容易夸大成果，有时甚至剽窃别人的成果；再如，为了自己的面子，怕承担失败的责任，怕被别人说自己没有水平，就容易把失败的研究说成成功的研究，就会千方百计寻找和伪造虚假的证据来证明自己的成功。默顿（Robert King Merton）认为，普遍性、公有性、无私利性和有条理的怀疑主义等作为惯例的规则构成了现代科学的精神气质。[1]
无私利性就是不计功利、只求真理的精神，培养实事求是的研究品格，首先需要
培养无私利性的科学精神。

（三）尊重他人的劳动和劳动成果

在研究过程中要发扬学术民主、鼓励学术争鸣，尊重同行，不得阻挠和妨碍
他人的研究。在进行讨论和学术争论时，我们应坦诚直率，科学公正。以课堂教
学讨论为例，教学活动具有无限丰富性和多种选择性，在复杂的课堂教学活动面
前，我们都必须抱有"我们未必了解别人""我们未必正确""即使我们正确，正
确的方法也未必一种"的谦逊。因为未必了解情况，所以不能简单下结论，而是
需要询问，需要倾听，少用句号，多用问号。因为自己未必正确，自己不可能完全
从逻辑上把握、规定和制约教学活动，所以对话和交流时就不能强加和压制。因
为正确的方法未必只有一种，所以需要容忍多样性、鼓励多样性、探讨多样性。[2]
在争论过程中，"不管在何人手里寻到真理，我都会表示欢迎和亲近，并且会轻
松愉快地向真理缴械。当我看见真理远远向我走来时，我会立刻作出投降的姿
态"[3]。我们应既不固执己见，也不轻易盲从，坚持服从真理和尊重事实。

引注他人成果要遵守相应规范。引注他人成果应按照《著作权法》的规定，
并注明出处，否则视为抄袭行为；要尽量引用原始文献；在引用时，要防止断章
取义，为我所用；要采用标准著录格式，以方便查阅和检索。

研究成果的署名要实事求是，对做出实质性贡献的研究者不能不署名，署
名的研究者应对本人负责的部分负责，署名顺序要按照实际贡献大小排列。对
未参加实质研究的人员不能在研究成果中署名。对研究提供过支持和帮助的，
但对取得相关成果没有做出实质贡献的参与者，可以说明他们在实际研究中的
工作并致谢。

发表研究成果要对投稿刊物和读者负责，不能"一稿多投"，所投的稿件不
能粗制滥造、低水平重复，要考虑稿件对教育实践和教师产生的可能影响。

三、修炼成为研究型教师

苏霍姆林斯基说："如果你想让教师的劳动能够给教师带来乐趣，使天天上
课不致变成一种单调乏味的义务，那你就应当引导每一位教师走上从事一些研究

---

[1] 刘大椿. 现代科技的伦理反思 [N]. 光明日报, 2001-01-02 (B04).
[2] 陈大伟. 走向有效的观课议课 [J]. 人民教育, 2007 (23): 35-40.
[3] 蒙田. 心灵的歌吟 [M]. 正歌, 译. 喀什: 喀什维吾尔文出版社, 2004: 156.

这条幸福的道路上来。"① 为了获得有效而幸福的教师生活，成为研究型教师应该是教师专业发展中的一种修炼。

（一）富有人文关怀的慈心

教师的教育研究就是运用思想和行动结合起来的力量，让自己的教育生活变得舒适和美好。因此，研究的目的是为了让自己的教师生活更加舒适和美好，研究的方法是把思想和行动结合。当教师在研究中融入自己的生命、学生的生活，使之成为一种生命责任的时候，教育研究就可能别有洞天。

列宁曾经说："没有'人的感情'，就从来没有，也不可能有人对真理的追求。"② 因此，首先研究者要树立以人为本的思想，确立人文关怀的信念。只要真正把人的处境和困难看在眼里，放在心上，有了慈心，就会生出慧眼，我们就会对人周围的一切敏感，就会有不竭的研究动力和不尽的研究问题。比如，看到学生课业负担过重，我们会想到自己可能而且应当承担的责任，从而把实施有效教学、切实减轻学生课业负担确立为自己的研究方向；看到学生在课堂上的压抑和紧张，我们会把促进学生健康快乐成长作为自己研究的课题……

其次研究者要把研究的成果用在自己和学生身上。教育研究不是纸上谈兵，而是要付诸实践、付诸行动，真实地去影响人，改变人。只有当研究真实地影响了自己，改变了学生，这样的研究才是有意义、有价值的。如果自己和学生因为研究而有了向着美好方向的改变，那么我们就都能够从中获得成就感，并体验到幸福。

（二）怀有理想主义的信念和想象力

教育研究的过程需要实事求是，需要严谨科学。但从事研究的人还应该有一种理想主义的精神，不能缺失教育的想象力。

教育研究热情应该从追求理想生活中来，从对研究作用的信任中来。只有渴望更加理想的生活，只有相信研究是实现追求理想生活的最为有效的途径，我们才会相信研究，愿意研究，并在研究中改变，实现更加理想的生活。

要解决教育教学生活中的种种问题，教师还不能缺乏想象力。墨守成规，就像"坐井观天"中的"青蛙"跳不出自己的"井"，也就很难有像样的突破和改变。研究需要教育想象力，需要发挥教师的想象力和创造力，教师要敢于实践和尝试。尽管我们总是说心想事成，只是心想不一定事成，但心不想一定事不成。

---

① 苏霍姆林斯基. 给教师的建议 [M]. 杜殿坤, 编译. 2版. 北京: 教育科学出版社, 1984: 494.
② 苏霍姆林斯基. 给教师的建议 [M]. 杜殿坤, 编译. 2版. 北京: 教育科学出版社, 1984: 153.

事实上，只要愿意，我们总能找到一些可以改变的地方，让未来的生活变得更加美好。

（三）富有理性批判和怀疑精神

在小学课文《两个铁球同时着地》中，当同时代的人都信奉亚里士多德时，伽利略对亚里士多德的"两个铁球，一个10磅重，一个1磅重，同时从高处落下来，10磅重的一定先着地，速度是1磅重的10倍"进行了质疑：如果这句话是正确的，那么把这两个铁球拴在一起，落得慢的就会拖住落得快的，落下的速度应当比10磅重的铁球慢；但是，如果把拴在一起的两个铁球看作一个整体，就有11磅重，落下的速度应当比10磅重的铁球快。正是这样的质疑和相关的实验使伽利略发现了铁球着地速度和铁球的质量无关。

没有质疑就没有研究，没有研究就没有科学的进步，教师的研究和进步也不例外。所以，教师要善于发现当下诸多教育行为的不合理、不理想，不轻信、不迷信，凡事都要进行理性审视，通过理性审视和研究实现新的发现与突破。

（四）有不畏艰难的研究勇气

教育研究可能帮助教师创造幸福生活，但教育研究的过程不只是春光明媚，鸟语花香。做教育研究意味着需要更多的思考、更多的付出、更多的劳动。要成为优秀的研究型教师，需要有克服困难的坚持和战胜困难的勇气，要不怕失败，不怕别人的不理解甚至是冷嘲热讽，要耐得住寂寞，需要有"板凳需坐十年冷"的思想准备。如果遇到困难就大失所望，垂头丧气，不愿意坚持，那就难有研究的成功和荣耀。

（五）学习和运用科学有效的方法

教育研究要尊重规律，遵守一定的研究方法和规范。教育研究方法是作为一个系统而存在的，有哲学层面的研究方法、一般科学研究的方法以及行动研究的方法。

在方法体系中，哲学层面的研究方法是研究方法中最具普适性和根本性，也是第一层次的方法。哲学层面的研究方法是在对教育研究最根本问题的深刻思考以后对方法问题的回答，比如系统科学方法、事物变化的矛盾分析方法等。第二层次的研究方法是一般科学研究方法，比如有发现问题、提出假设、设计研究、实施行动、反思总结的一般流程和方法。第三层次的研究方法是具体的科学方法，它适用于具体研究，比如行动研究方法、调查研究方法、案例研究方法等。只有不断学习、反复实践，教师进行研究才能够得心应手，研究带来的幸福才能够更有保障。

[思考和实践]

把最使你尴尬或焦虑的学生行为及特征列出来，和同伴讨论如何研究和处理这些问题。

拓展研读

[1] 何菊玲. 教师专业成长的现象学旨趣 [J]. 教育研究，2010（11）.

[2] 王坤庆，方红. 多重身份下的教师知识立场及其境界追求 [J]. 教育研究，2012（8）.

[3] 葛文山. 做一个有思想力的行动者 [J]. 人民教育，2010（Z2）.

[4] 陈大伟. 人因思而变 [J]. 人民教育，2010（24）.

[5] 陈大伟. 教育科研与教师成长 [M]. 上海：华东师范大学出版社，2009.

[6] 冯卫东. 今天怎样做教科研：写给中小学教师 [M]. 北京：教育科学出版社，2011.

[7] 叶澜，白益民，王枬，等. 教师角色与教师发展新探 [M]. 北京：教育科学出版社，2001.

[8] 杨鑫，解月光. 智慧教学能力：智慧教育时代的教师能力向度 [J]. 教育研究，2019（8）.

[9] 蔡春，卓进，麻健. 教师的哲学诉求：兼论教师教育的路径问题 [J]. 教育研究，2018（3）.

主要参考文献

［1］吴刚平，陈华. 为了未来：教师职业道德读本：中小学教师分册［M］. 北京：高等教育出版社，2013.

［2］顾明远，王智秋. 小学教师专业标准（试行）解读［M］. 北京：北京师范大学出版社，2013.

［3］中小学教师通识培训教材编写组. 中小学教师职业道德研修读本［M］. 北京：高等教育出版社，2012.

［4］檀传宝. 教师伦理学专题［M］. 北京：北京师范大学出版社，2000.

［5］吴刚平，陈华. 中小学教师职业道德研修手册［M］. 北京：高等教育出版社，2012.

［6］唐凯麟，刘铁芳. 教师成长与师德修养［M］. 北京：教育科学出版社，2007.

［7］檀传宝. 走向新师德：师德现状与教师专业道德建设研究［M］. 北京：北京师范大学出版社，2009.

［8］余维武，朱丽. 教师的职业道德素养［M］. 福州：福建教育出版社，2011.

［9］陈大伟. 师德修养与教育法规［M］. 北京：北京师范大学出版社，2012.

［10］钱焕琦. 教师职业道德［M］. 2版. 上海：华东师范大学出版社，2011.

［11］教育部师范教育司. 教师专业化的理论与实践［M］. 北京：人民教育出版社，2001.

［12］傅维利. 教师职业道德教育指南［M］. 2版. 北京：高等教育出版社，2009.

［13］苏霍姆林斯基. 给教师的建议［M］. 杜殿坤，编译. 2版. 北京：教育科学出版社，1984.

［14］杜威. 民主主义与教育［M］. 王承绪，译. 2版. 北京：人民教育出版社，2001.

［15］陈大伟. 幸福教育与理想课堂八讲［M］. 上海：华东师范大学出版社，2013.

［16］张乐天. 教育法规导读［M］. 3版. 上海：华东师范大学出版社，2007.

［17］张光杰. 法理学导论［M］. 上海：复旦大学出版社，2006.

［18］张乐天. 教育政策法规的理论与实践［M］. 4版. 上海：华东师范大学出版社，2020.

［19］亚里士多德. 尼各马科伦理学［M］. 苗力田，译. 北京：中国人民大学出版社，2003.

［20］赵汀阳. 论可能生活［M］. 2版. 北京：中国人民大学出版社，2010.

［21］弗罗姆. 爱的艺术［M］. 刘福堂，译. 上海：上海译文出版社，2019.

［22］叶澜，白益民，王枬，等. 教师角色与教师发展新探［M］. 北京：教育科学出版

社，2001.

[23] 唐凯麟. 西方伦理学名著提要 [M]. 南昌：江西人民出版社，2000.

[24] 林崇德. 教育的智慧 [M]. 北京：北京师范大学出版社，2005.

[25] 连秀云. 新世纪教师职业道德修养 [M]. 北京：教育科学出版社，2002.

[26] 王定华，韩筠. 师之楷模　国之栋梁：学前·小学·特教卷 [M]. 北京：高等教育出版社，2017.

[27] 王定华，韩筠. 师之楷模　国之栋梁：中等教育卷 [M]. 北京：高等教育出版社，2017.

[28] 王定华，韩筠. 师之楷模　国之栋梁：高等教育卷 [M]. 北京：高等教育出版社，2017.

[29] 陈大伟. 影像中的教育学：从电影中体悟教育与人生 [M]. 北京：中国人民大学出版社，2017.

[30] 左志宏. 幼儿园教师职业道德 [M]. 2版. 北京：北京师范大学出版社，2020.

郑重声明

高等教育出版社依法对本书享有专有出版权。任何未经许可的复制、销售行为均违反《中华人民共和国著作权法》，其行为人将承担相应的民事责任和行政责任；构成犯罪的，将被依法追究刑事责任。为了维护市场秩序，保护读者的合法权益，避免读者误用盗版书造成不良后果，我社将配合行政执法部门和司法机关对违法犯罪的单位和个人进行严厉打击。社会各界人士如发现上述侵权行为，希望及时举报，我社将奖励举报有功人员。

反盗版举报电话　　（010）58581999　58582371

反盗版举报邮箱　dd@hep.com.cn

通信地址　北京市西城区德外大街4号　高等教育出版社法律事务部

邮政编码　100120

读者意见反馈

为收集对教材的意见建议，进一步完善教材编写并做好服务工作，读者可将对本教材的意见建议通过如下渠道反馈至我社。

咨询电话　400-810-0598

反馈邮箱　gjdzfwb@pub.hep.cn

通信地址　北京市朝阳区惠新东街4号富盛大厦1座

　　　　　高等教育出版社总编辑办公室

邮政编码　100029